Unternehmenskultur

Andreas Wien • Normen Franzke

Unternehmenskultur

Zielorientierte Unternehmensethik
als entscheidender Erfolgsfaktor

Andreas Wien
Normen Franzke

Brandenburgische Technische Universität
Cottbus – Senftenberg
Cottbus, Deutschland

ISBN 978-3-658-05992-7   ISBN 978-3-658-05993-4 (eBook)
DOI 10.1007/978-3-658-05993-4

Die Deutsche Nationalbibliothek verzeichnet diese Publikation in der Deutschen Nationalbibliografie; detaillier-
te bibliografische Daten sind im Internet über http://dnb.d-nb.de abrufbar.

Springer Gabler

Gedruckt auf säurefreiem und chlorfrei gebleichtem Papier

Springer Gabler ist eine Marke von Springer DE. Springer DE ist Teil der Fachverlagsgruppe Springer
Science+Business Media
www.springer-gabler.de

für Martha

Vorwort

Die Unternehmensethik gewinnt heutzutage immer mehr an Bedeutung und wird von Unternehmen auch vermehrt implementiert. Die Forderung nach einer Einbindung ethischer Prinzipien in Unternehmen kam Anfang der neunziger Jahre immer mehr auf und wurde von zahlreichen Wissenschaftlern unterschiedlich bewertet. Grundsätzlich steht die Unternehmensethik als solche in einem Konflikt bzw. in einem Spannungsverhältnis zum betriebswirtschaftlichen Gewinnstreben. Unternehmen, die sich am Markt orientieren und versuchen, einen möglichst hohen Profit zu erwirtschaften, handeln oftmals völlig legal, auch wenn ihre Tätigkeiten negative externe Effekte verursachen. Wenn man allerdings diese externen Effekte genauer betrachtet, wird deutlich, dass sich unter ethischen Gesichtspunkten so gut wie jeder Sachverhalt neu und vielleicht auch ganz anders bewerten lässt. Wie aus etlichen Definitionen zur Unternehmensethik gut abgeleitet werden kann, geht es in der Unternehmensethik darum, etwaige konfliktreiche Auswirkungen des Gewinnstrebens von Unternehmen sinnvoll zu begrenzen. Wenn man sich mit der Unternehmensethik beschäftigt, wird schnell deutlich, dass hierbei die durch eine Unternehmenskultur vorgegebenen Normen einen hohen Stellenwert einnehmen. In Unternehmen werden diese Normen häufig in Form von bestimmten Verhaltens-Kodizes aufgenommen. Durch derartige Vorgaben und Regelwerke können Unternehmen gezielt auf das Verhalten ihrer Mitarbeiter einwirken und ihnen damit eine Anleitung an die Hand geben, an der sie sich orientieren können.

In der sich immer schneller wandelnden Welt der Unternehmen, Organisationen und Gesellschaften stehen alle Beteiligten tagtäglich vor der Aufgabe, die Stakeholder und Shareholder mit ihren unterschiedlichen Interessen zusammenzuhalten. Aufgrund der multivariablen Zielstellungen vieler Unternehmen und der sich ständig ändernden Rahmenbedingungen setzt die Akzeptanz aller Beteiligten eine bis zu einem gewissen Grad ausgeprägte Unternehmenskultur voraus. Dies verlangt aber zugleich eine genaue Kenntnis der konzeptionellen Hintergründe von Veränderungen sowie das Beherrschen von Werkzeugen, welche Veränderung und damit auch eine Weiterentwicklung im Unternehmen ermöglichen. Den theoretischen Hintergrund hierfür bieten dabei Erklärungs- und Vorgehensmodelle, die mittlerweile zum Standardrepertoire der Unternehmensethik bzw. der Lehre von der Unternehmenskultur gehören. Das vorliegende Lehrbuch hat sich zum Ziel gesetzt, den aktuellen Forschungsstand der Unternehmenskultur – als Basis für die Überlegungen und praktischen Ausarbeitungen – darzustellen. Um die vorgestellten Theorien und Literaturansätze aus wissenschaftlicher und praktischer Sicht für den Leser einprägsamer und übersichtlicher darzustellen, wurden im vorliegenden Buch zahlreiche Schaubilder verwendet.

Das vorliegende Werk richtet sich vorwiegend an Studierende, ist aber auch für Unternehmenspraktiker geeignet. Die Studierenden erhalten Einblick in die komplexen Themen, welche im Rahmen einer Unternehmenskultur betrachtet werden und die in einen Gesamtzusammenhang eingebunden werden müssen. Praktiker können anhand der kompakten Darstellung ihr Wissen auf dem Gebiet der Unternehmenskultur und des Führungsverhaltens auffrischen.

im Mai 2014   Prof. Dr. Andreas Wien
Hildesheim/Cottbus   Dipl.-Bw. Normen Franzke

Inhaltsverzeichnis

Die Autoren

Prof. Dr. jur. Andreas Wien ist Volljurist mit der Befähigung zum Richteramt und höheren Verwaltungsdienst. Er lehrt Wirtschafts- und Internetrecht an der Brandenburgischen Technischen Universität Cottbus – Senftenberg und ist Verfasser mehrerer Lehrbücher.

Fotograf: Klemens Renner

Dipl.-Bw. Normen Franzke ist an einer Landesbehörde tätig. Zudem arbeitet er an vielen Fachpublikationen mit und ist selbständiger Dozent für die Themengebiete Personal- und Organisationsmanagement sowie Personalcontrolling an verschiedenen Bildungseinrichtungen.

Abbildungsverzeichnis

Einführung

1

Unternehmen sind heutzutage mehr noch als früher einem kulturellen Wandel unterworfen. Dies ist isoliert betrachtet auch normal. Doch ist ein solcher Wandel oftmals parallel sowohl in der Unternehmenskultur als auch im kulturellen Umfeld in der Region des Unternehmensstandorts zu bemerken. Das Konstrukt der Unternehmenskultur gewann in den letzten Jahrzehnten in diversen wissenschaftlichen und populärwissenschaftlichen Veröffentlichungen immer mehr an Bedeutung. Seit dem herausragenden Erfolg der Buchveröffentlichung „Auf der Suche nach Spitzenleistungen" von Peters und Waterman Anfang der achtziger Jahre, hat auch der Begriff der Unternehmenskultur eine herausragende Popularität erlangt. Der Begriff der Unternehmenskultur überträgt das Prinzip des Kulturbegriffs auf das Unternehmen, ist aber in der einschlägigen Literatur nur schwer eindeutig definierbar. Das vorliegende Buch hat sich zum Ziel gesetzt, die unterschiedlichen Definitionen und Sichtweisen verschiedener Autoren zum Themengebiet der Unternehmenskultur darzustellen und die Unternehmenskultur unter verschiedenen Gesichtspunkten näher zu betrachten.

Die in Wissenschaft und Literatur vertretenen unterschiedlichen Definitionen von Unternehmenskultur haben eines gemeinsam: Sie werfen alle einen innovativen Blick auf die Organisationen. Das Unternehmen wird als eine Miniaturgesellschaft gesehen, welche sich über ihre eigenen Wertvorstellungen, Normen und Charakteristika zu definieren sucht. Hierbei handelt es sich um eine Eigenart, welche zuvor lediglich Völkern oder Stämmen zugeschrieben wurde. Die Unternehmung wird dementsprechend als ein von Menschen geschaffenes soziales Konstrukt wahrgenommen und die Realität innerhalb des Unternehmens wird von Werten, Denkweisen und Verhaltensmustern ihrer Mitarbeiter geprägt und bestimmt. Insofern wird der Mensch automatisch in das zentrale Blickfeld der Unternehmung gerückt.

In der Diskussion um Unternehmenskultur unterscheidet man zwischen starken und schwachen Kulturen. Um eine derartige Differenzierung vorzunehmen, also um zu be-

© Springer Fachmedien Wiesbaden 2014
A. Wien, N. Franzke, *Unternehmenskultur*, DOI 10.1007/978-3-658-05993-4_1

Abb. 1.1 Aspekte der
Unternehmenskultur

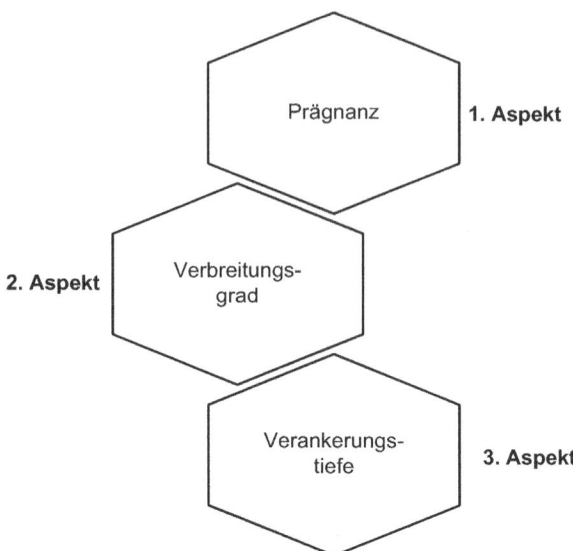

urteilen, ob eine Kultur schwach oder stark ist, wird auf verschiedene Faktoren zurück-
gegriffen: nämlich auf Resonanz, Verbreitungsgrad und Verankerungstiefe. Zum besseren
Verständnis werden diese drei Aspekte im Folgenden kurz dargestellt (Abb. 1.1).

Im Rahmen der **Prägnanz** werden Kulturen danach unterschieden, wie klar sie Werte
vermitteln und diese durchsetzen können. Grundvoraussetzung dafür ist, dass die Werte
konsistent und nachvollziehbar sind, so dass sie von jedem Mitarbeiter verstanden und
internalisiert werden können. Kulturelle Standards müssen darüber hinaus relativ umfassend und weit reichend sein, so dass sie auf unterschiedliche Situationen in der Unternehmung einwirken können so werden beispielsweise die Wertvorstellungen in einer starken
Kultur jedem Mitarbeiter verinnerlicht.

Das zweite Kriterium, der **Verbreitungsgrad**, stellt das Ausmaß dar, in welchem die
Mitarbeiter die Unternehmenskultur teilen. In einer starken Kultur wird das Handeln möglichst aller Mitarbeiter von Werten und Orientierungsmustern der Unternehmenskultur geprägt. In einer schwachen Kultur handeln Mitarbeiter nach individuellen Normen. Folglich zeichnet sich eine starke Kultur aufgrund ihres Verbreitungsgrades auch durch ein
hohes Maß an Homogenität aus.

Auf die Internalisierung aller kulturellen Muster zielt das dritte Kriterium, die **Verankerungstiefe**, ab. Es bringt zum Ausdruck, inwieweit kulturelle Rituale bereits zum
selbstverständlichen Bestandteil der Unternehmung geworden sind. Die daraus resultierende Stabilität, Erfahrung und Vertrautheit sind Merkmale einer starken Unternehmenskultur (vgl. Steinmann und Schreyögg 2005, S. 723).

In der heutigen Zeit wird der Frage um die Bedeutung und Wirkung der Unternehmenskultur insbesondere auch deshalb verstärkt nachgegangen, weil festgestellt wurde,
dass die Kultur eines Unternehmens wesentlich zu dessen Erfolg beiträgt. Insbesondere
für die Betriebswirtschaft, welche bis zu Beginn der achtziger Jahre durch Max Webers
rationales Verständnis einer Unternehmung geprägt war, haben sich die Perspektiven im

Laufe der Zeit stark geändert. Dabei ist das Phänomen der Unternehmenskultur nicht erst in der heutigen Zeit zum ersten Mal aufgetreten. Bereits 1951 hatte Jacques mit seinem Werk „The Changing Culture of a Factory" die Kultur in die Unternehmensdiskussion eingeführt. Er definiert Unternehmenskultur „als gewohnte und tradierte Weise des Denkens und Handelns in Unternehmen, die sämtliche Verhaltensbereiche der Mitglieder prägt" (zitiert nach Marré 1997, S. 3). Verglichen mit den modernen Definitionen lassen sich keine Unterschiede erkennen. Dennoch hat sich der Begriff in den darauf folgenden Jahren technokratischer und zweckrationaler Unternehmensführung nicht durchsetzen können (vgl. Marré 1997, S. 3). Die Tatsache, dass dies erst seit Beginn der achtziger Jahre passierte, kann auf verschiedene Einflussfaktoren zurückgeführt werden. In Anlehnung an von Rosenstiel hat Marré hierfür drei Ursachen aufgeführt:

a. Den Wertewandel, der sich vom Materialismus zum Postmaterialismus vollzog,
b. die verschärfte Wettbewerbssituation auf den internationalen Märkten und
c. den Aufstieg Japans zur Weltwirtschaftsmacht (vgl. Marré 1997, S 4 ff.).

Dies sind harte Faktoren. Aber auch weiche Faktoren wie Motivation und Teamgeist spielen im Rahmen der Unternehmenskultur eine große Rolle. Betrachtet man diese Kulturbewegung nach innen gerichtet, so wächst auch der Anspruch der Mitarbeiter gegenüber dem Unternehmen an. Der Mensch ist bestrebt sich weiter zu entwickeln. Er stellt sich neuen Herausforderungen mit dem Ziel, sich im Vergleich zu der aktuellen Situation zu verbessern.

Diese Schnelllebigkeit, Informationsselektion und das Streben nach Know-how-Vorsprung führt vom Grundsatz her zu einer Unruhe im wirtschaftlichen Handeln. Viele Außenstehende aber auch viele Praktiker nehmen z. B. das Agieren an den Weltbörsen als diffuse Handlungen wahr. Durch die Steigerung der Geschwindigkeit im wirtschaftlichen Handeln wachsen parallel die Risiken an. Ein Ausgleich ist nur noch bedingt möglich. Mit den noch jungen Ansätzen einer Unternehmenskultur wird der Versuch unternommen, hier Abhilfe zu schaffen.

1.1 Entstehungsgeschichte

Der Begriff Unternehmenskultur und all die damit in Verbindung stehenden Instrumente und Methoden sind Bestandteile der modernen Betriebswirtschaftslehre. Die Bedeutung der kulturellen Aspekte wurde durch die traditionelle Betriebswirtschaftslehre nur unzureichend als Erfolgspotenzial identifiziert. Das soziale System – hier zu verstehen als Ergebnis der Unternehmenskultur – innerhalb einer Unternehmung wurde in der alten Betrachtungsweise insoweit eingegrenzt, als lediglich gesellschaftliche Normen und Werte für ein soziales Miteinander übernommen wurden. Somit wurden kulturelle Aspekte einer Gesellschaft für ein Unternehmen abgeleitet.

Erst mit der modernen Betriebswirtschaftslehre wurde die Unternehmenskultur von der Wissenschaft und der Praxis als ein strategischer Erfolgsfaktor erkannt und wurde damit

zum Gegenstand zahlreicher wissenschaftlicher Untersuchungen. In diesem Zusammenhang sind die so genannten weichen Faktoren benannt, welche verschiedenen Studien in
den siebziger Jahren bei erfolgreichen japanischen Unternehmen feststellten. Dies führte
dazu, dass auf dem Gebiet der Unternehmenskultur weiter geforscht wurde; wobei dies
zunächst in den USA und erst Ende der achtziger Jahre in Deutschland verstärkt unter
betrieblichen Gesichtspunkten betrachtet wurde. Mittlerweile hat sich die Unternehmenskultur als eine der wissenschaftlichen Teildisziplinen und damit als fester Bestandteil der
Betriebswirtschaftslehre etabliert. Zwar erfolgt die Betrachtung immer noch in Abhängigkeit des Kulturverständnisses der jeweiligen Gesellschaft, ist aber in Bezug auf die anzu-
wendenden Methoden und Instrumente insoweit standardisiert, dass diese universell in
den Unternehmen Anwendung finden können.

Ein Forschungsprojekt des Bundesministeriums für Arbeit und Soziales legte bereits
im Jahre 2008 offen, dass die Unternehmenskultur in Deutschland aus Mitarbeitersicht in
den Merkmalen Kundenorientierung und Leistungsorientierung am stärksten ausgeprägt
ist (vgl. Hauser et al. 2008, S. 23 f.). Mehr als 70 % der Mitarbeiter sehen hier bestimmte
Verhaltensweisen, welche die Unternehmen positiv erscheinen lassen. Aber nur 60 % der
Arbeitnehmer sehen die Unternehmenskultur als ein insgesamt homogenes und prägnantes
Konstrukt, welches klare Grundsätze der Arbeit und der Zusammenarbeit beschreibt. Durch
50 % der Mitarbeiter wird die Arbeitsqualität, Führungskompetenz, Entwicklungsorientie-
rung, Teamorientierung, Fairness sowie die Kommunikationskultur als positiv bewertet.
Jeder zweite Mitarbeiter sieht vor dem Hintergrund der steigenden Wettbewerbsintensität
die Fähigkeit zur Innovation und Veränderung als nicht ausreichend. Die Fürsorge durch
den Arbeitgeber wird durch die Mitarbeiter mit 48 % sehr kritisch bewertet (vgl. Hauser
et al. 2008, S. 23 f.). Am stärksten ist durch die Mitarbeiter ein faires und diskriminierungs-
freies Verhalten mit 86 % ausgeprägt. 84 % der Mitarbeiter geben darüber hinaus an, dass
die Kundenorientierung als Leitsatz für das Handeln des Unternehmens ein wichtiger Bestandteil der Unternehmenskultur darstellt. Kritisch wurde die Beteiligung der Mitarbeiter
am Unternehmenserfolg beurteil. Nur jeder vierte Mitarbeiter fühlt sich hier ausreichend
beteiligt. Es besteht eine kritische Wahrnehmung bezüglich einer angemessenen Bezah-
lung und im Rahmen der gerechten Verteilung verantwortungsvoller Positionen. Der Trend
einer Work-Life-Balance, Gesundheitsförderung, Einbeziehungen in Entscheidungen, welche die eigene Arbeit betreffen sowie die Anerkennung für gute Leitungen wird unzureichend von den Mitarbeitern wahrgenommen. Die Ausprägung der Unternehmenskultur,
unter genauerer Betrachtung der Mitarbeiterorientierung und der Arbeitsqualität zeigt auf,
dass erhebliche Verbesserungspotenziale bestehen (vgl. Hauser et al. 2008, S. 24 f.).

1.2 Zuordnung ethischer und ökonomischer Rationalität

Bereits seit den siebziger und achtziger Jahren wird in Wissenschaft und Literatur das Thema der Wirtschaftsethik nachhaltig diskutiert. Im Rahmen dieser Diskussion hat sich eine
große Anzahl neuer Strömungen und Tendenzen herausgebildet. Die große Anzahl der verschiedenen hierbei entstandenen Modelle, Ansichten und Grundthesen lassen das Thema

Unternehmenskultur sowohl für Studierende als auch für Personen, die eine praktische Anwendung hieraus herleiten wollen, nahezu unüberschaubar werden. Die wirtschaftlichen Abhandlungen beschreiben eine Vielzahl ethischer Positionen. Sie sind gekennzeichnet durch den Pluralismus von philosophisch-ethischen und theologisch-ethischen Ansätzen. Bereits Gottfried TRAUB beschreib in seiner Schrift „Ethik und Kapitalismus" im Jahr 1904, dass der Pluralismus der Begründungen und Konkretisierungen ethischer Positionen zu einem Merkmal einer modernen Gesellschaft geworden ist. Mit der Hervorhebung unterschiedlicher Verantwortungsebenen des wirtschaftlichen Handelns lässt eine weitere Kategorisierung und Klassifizierung zu. Die Systemgegensätze vor 1989 von marktwirtschaftlichen und zentralverwaltungswirtschaftlichen Ordnungen stellte im Kern die Frage nach der strukturellen Ordnung des wirtschaftlichen Handelns. Dies stand im Zentrum der Diskussion. Die strukturelle Ordnung der Institutionen des gesellschaftlichen Zusammenlebens bestimmt das Handeln der ökonomischen Akteure. Dabei wird zugleich die Qualität des personalen Ethos bestimmt. Die ethische Reflektion der ordnungspolitischen Bedingungen spielt für das wirtschaftliche Handeln eine wichtige Rolle. Wissenschaftliche Vertreter, welche sich dieser Thematik im deutschsprachigen Raum angenommen haben sind Georg WÜNSCH und Arthur RICH. Mit der Marktneuorientierung ab 1989 beziehen sich die Diskussionen nicht mehr auf die traditionellen Systemgegensätze, sondern vielmehr auf die kulturellen und historisch geprägten marktwirtschaftlichen Ordnungen. Konvergenzen und Diversitäten in den verschiedensten Ausprägungen werden in den wirtschaftlichen Ordnungsmodellen thematisiert. Neben der Ordnungsebene wird in den wirtschaftsethischen Publikationen das soziale Verhalten und moralische Handeln einzelner Akteure analysiert und beschrieben. Darüber hinaus wird der Bereich der Unternehmensethik seit den achtziger Jahren umfassend diskutiert. Die hierbei zugrunde liegende Ethik reflektiert das ethisch verantwortungsvolle Handeln von Organisationen und das ethisch verantwortungsvolle Handeln in Organisationen.

1.3 Begriff und Wesen der Unternehmenskultur

Die Unternehmenskultur umfasst die Thematik, den gesellschaftlichen Frieden zu gewährleisten und dieses mit den ökonomischen Handlungen eines Unternehmens zu verbinden bzw. in Einklang zu bringen (Abb. 1.2).

Die Unternehmenskultur beschreibt in ihrer Basis das menschliche Handeln – und zwar Aktion und Reaktion. Dementsprechend liegen die Ansätze der Konzepte, die das Verhalten beeinflussen sollen, sowohl in den gesellschaftlichen Normen, Einstellungen und Werten, als auch in den religiösen und weltanschaulichen Überzeugungen. Unternehmensaktivitäten, die mit dem Ziel der Gewinnmaximierung rechtliche Rahmenbedingungen falsch interpretieren und dabei Konflikte mit dem internen und externen Umfeld provozieren, werden mit Hilfe einer festgelegten und gelebten Unternehmenskultur vermieden. In der Betriebswirtschaftslehre existieren theoretische Erklärungsansätze für die Bedeutung der Unternehmenskultur nur in geringem Umfang. So geht zum Beispiel eine Erklärungshypothese von der Theorie der Verfügungsrechte aus, indem alle Aufbauhierarchien durch

---

Merke

Definition Unternehmen: Unternehmen sind intelligente, sich selbst organisierende soziale
Handlungseinheiten, die auf die langfristige Erreichung gemeinsamer Ziele ausgerichtet sind.
Zu den Eigenschaften eines Unternehmens gehören folgende Aspekte:

- Einmaligkeit, die sich in der Bezeichnung der Unternehmenskultur und –identität wiederfindet,
- Offenheit gegenüber der Umwelt, welche eine kontinuierliche Anpassung der sich ändernde
  Rahmenbedingungen durch Flexibilität erlaubt,
- Eine aktive Rolle im Umgang mit der Umwelt, in welcher Unternehmen bei der Veränderung und
  Gestaltung mitwirken,
- Verantwortung für das eigene Handeln, als Resultat einer aktiven Rolle in der Interaktion mit der
  Umwelt,
- Komplexität, die aufbauorganisatorisch (Hierarchie) und ablauforganisatorisch (Prozess) zum
  Ausdruck kommen,
- Intelligenz als Fähigkeit zum optimalen und erfolgreichen Handeln sowie zum Lernen und zur
  Veränderung.

Abb. 1.2 Definition Unternehmung (Vgl. hierzu weiterführend: Reisenauer, T. M.: Moralische Unternehmensführung. Ethische Analyse der Weltwirtschaftskrise, Hamburg 2011, S. 63 f.)

Rechte und Pflichten der Instanzen und Stellen geprägt ist. Dementsprechend können durch die Verfügungsrechte bestimmte Erwartungen und Anforderungen an den jeweiligen Stelleninhaber abgeleitet werden. Diese sind wiederum durch Werte und Normen der jeweiligen Gesellschaft gekennzeichnet (Abb. 1.3 und 1.4).

Die Bezeichnung der Kultur (lat. Cultura) geht auf das lateinische „colere" zurück. Dies bedeutet so viel wie pflegen oder bebauen. Anfänglich bezog sich die Bezeichnung ausschließlich auf die Landwirtschaft. Die systematische Viehhaltung und die Pflege der Ackerflächen wurden unter dem Begriff substituiert. Erst mit Beginn des 17. Jahrhunderts wurde der Begriff weitergefasst zur „cultura animi". Es umfasste die soziale Erziehung für ein gesellschaftliches miteinander. Die freien Künste wurden ebenfalls mit eingeschlossen, sodass der Kulturbegriff die Norm für ein ehrbares und gesellschaftsfähiges Leben beschreibt. Eine weitere Begriffsausdehnung erfolgte durch die Anthropologen. Sie bewerteten ebenfalls die Kultur als eine Grundnorm, sahen aber in ihr auch eine Bedingungsstruktur für das soziale miteinander. Wenn man alle Aspekte zusammenfasst kann daraus abgeleitet werden, dass die Kultur aus folgenden Elementen besteht (Abb. 1.5):

Die Ethik wird in der Wissenschaft von Ethos und Moral beschrieben, die das Handeln eines jeden Menschen in „GUT" und „BÖSE" unterscheidet. Die Begrifflichkeiten der Ethik kann in 4 Arbeitsfelder unterschieden werden:

- Methodenlehre (Arbeitsfeld der Unternehmenskultur),
- deskriptive Ethik,
- normative Ethik und
- Metaethik.

Formeller Charakter der Unternehmenskultur
Historisch: • Der Prozess der Sozialisation erfolgt in mehreren Jahren. In Bezug auf die Unternehmenskultur ist hier das daraus resultierende Erfahrungswissen zu verstehen. Dementsprechend beeinflussen Erkenntnisse der Vergangenheit das zukünftige Handeln einer Unternehmung.
Emotional: • Aus den gesellschaftlich allgemein verbindlichen Werte nund Normen resultieren neben dem entsprechend erwarteten Verhalten automatisch auch Emotionen. Diese können je nach Beachtung bzw. Abweichung von den gesells chaftlichen Ansichten intensiv sowohl im negativen als auch im positiven Sinne ausfallen.
Interaktiv: ▪ Aus der sozialen Struktur einer Unternehmung beziehungsweise aus einer Organisation resultieren gegenseitige Anforderungen, die als Ergebnis der verbalen und nonverbalen Kommunikation zwischen den Mitarbeitern entstehen.
Kollektiv: • Als Voraussetzung einer Unternehmenskultur müssen sowohl die direkten als auch indirekten Spielregeln von allen Mitarbeitern akzeptiert und gelebt werden.
Implizit: • Für die Entwicklung bzw. Festigung einer Unternehmenskultur muss der Ablauf von Geschäftsprozessen von den Mitarbeitern insoweit verinnerlicht werden, dass diese zu entsprechenden Normen im Ablaufprozess werden.

Abb. 1.3 Übersicht zum formellen Charakter

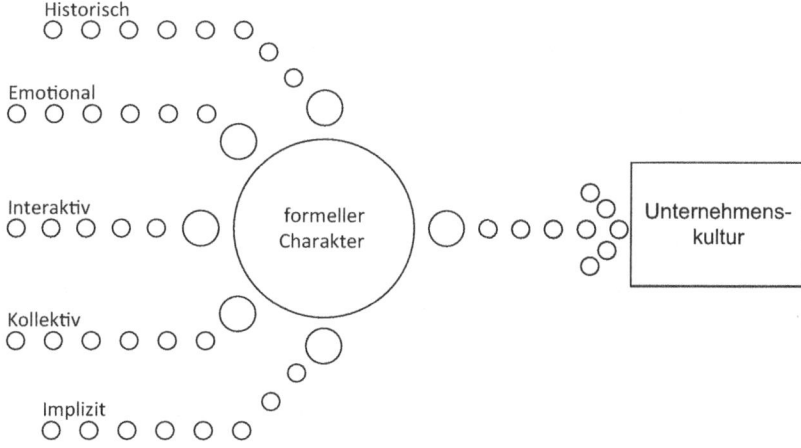

Abb. 1.4 Struktur des formellen Charakters

Abb. 1.5 Elemente des
Kulturaspektes

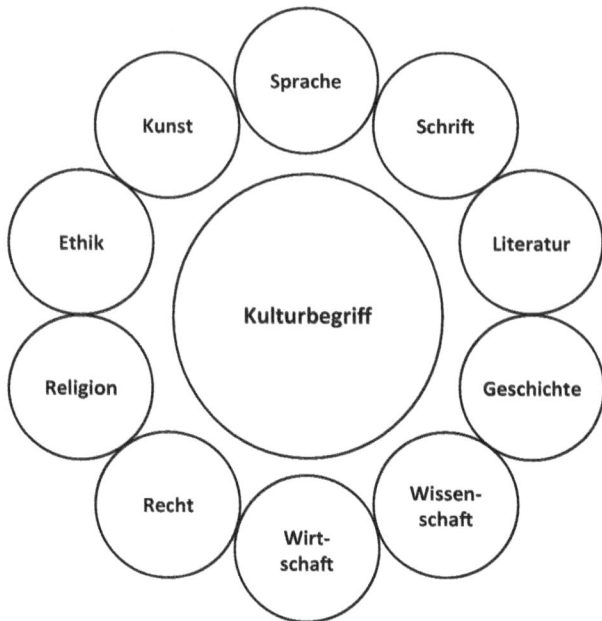

Eine weitere Differenzierung kann nach 3 Ebenen erfolgen:

- Micro-Ebene (Individualethik),
- Meso-Ebene (Ebene der Unternehmenskultur) und
- Makro-Ebene (Ordnungsethik) (vgl. hierzu auch: Garmer 2003, S. 18 ff.).

Aufgrund der nachfolgenden Definitionen dieser einzelnen Teildisziplinen wird die Unternehmensethik inhaltlich der Methodenlehre und der Meso-Ebene zugeordnet (vgl. hierzu weiterführend: Reisenauer 2011, S. 11 f.) (Abb. 1.6).

1.3.1 Deskriptive Ethik

Die deskriptive Ethik beschreibt die Moralvorstellungen der verschiedenen Gesellschaftsschichten und Gruppen. Die vergangenen und herrschenden Moralvorstellungen werden bewertet und beeinflussen somit unser zukünftiges Handeln. Eine Beschreibung von gegensätzlichen Moralempfindungen in den einzelnen Kulturen durch die deskriptive Ethik bewirkt, dass eigene moralische Vorstellungen überprüft und moralische Grundnormen als zentrales Weltethos, wie zum Beispiel die Menschenrechte, festgelegt werden. Die Methodik der deskriptiven Ethik, Moralvorstellungen ausschließlich zu bewerten, findet in der vorherrschenden Fachliteratur nur unzureichend Akzeptanz, da vergangene und bestehende Werte und Normen als unverändert definiert und diese ebenso ungenügend hinterfragt werden.

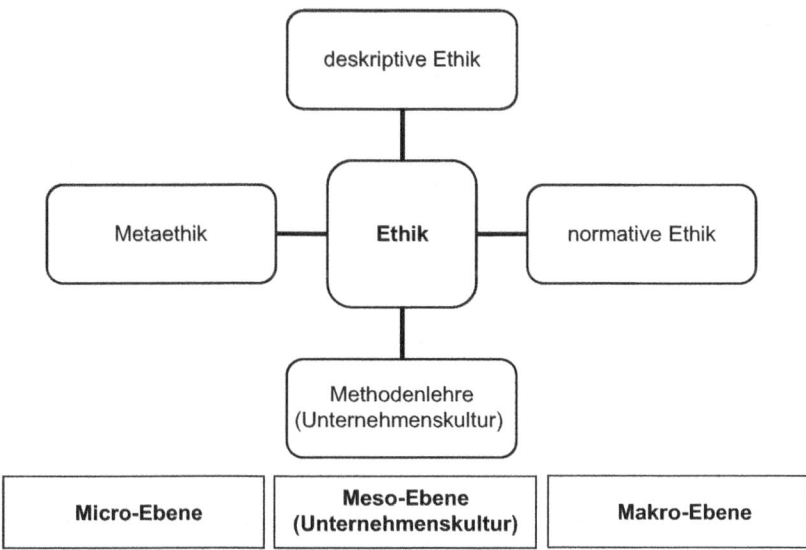

Abb. 1.6 Einordnung der Unternehmenskultur

1.3.2 Normative Ethik

Mit der normativen Ethik wird der Hauptkern der Ethiklehre beschrieben. Das benötigte Input wird über die Beschreibungen der vorherrschenden Moralvorstellungen der deskriptiven Ethik erreicht. Es werden verbindliche und fundierte Aussagen über Handlungs- und Haltungsnormen, Werte und Tugenden getroffen (Abb. 1.7).

Es ist eine verbindliche Aussage für das Gute beziehungsweise für das Richtige getroffen. Dabei werden die aktuellen Moralvorstellungen bewertet, wobei diese bei Bedarf angepasst werden. Diese sittlichen Soll-Aussagen stellen im Kern die normative Ethik dar, um den handelnden Menschen einen klaren Maßstab für das Richtige beziehungsweise für das Gute zu vermitteln.

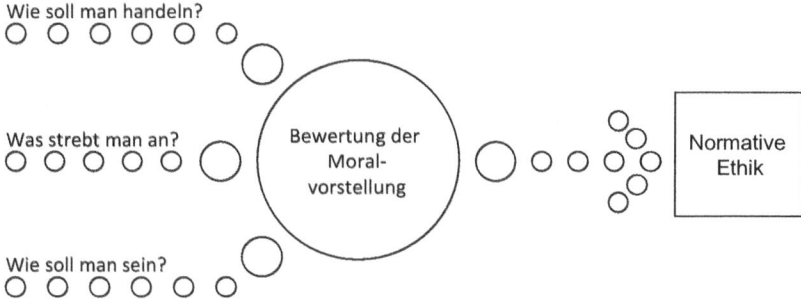

Abb. 1.7 Bewertung der Moralvorstellungen der normativen Ethik

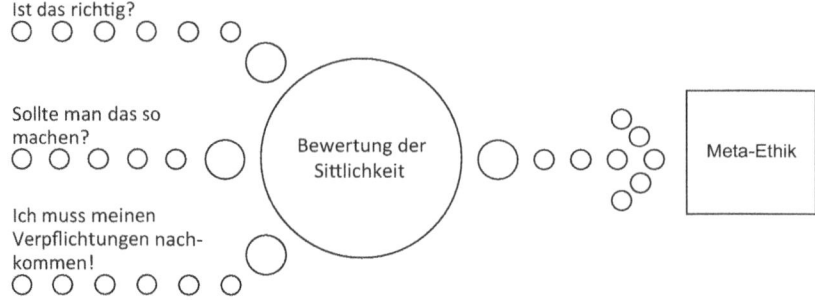

Abb. 1.8 Bewertung der Sittlichkeit durch die Meta-Ethik

1.3.3 Meta-Ethik

In der Meta-Ethik ist die Ethik an sich der Forschungsgegenstand und nicht die Moral. Es werden keine Aussage über das Richtige oder das Falsche getroffen. Im Kern ist die Meta-Ethik eine Sprachanalyse. Es werden sittliche Prädikate der Ethik hinsichtlich ihrer Bedeutung untersucht (vgl. hierzu weiterführend: Reisenauer 2011, S. 11 f.) (Abb. 1.8).

Zusätzlich werden ethische Aussagen auf ihre Wahrheitsfähigkeit untersucht. Es ist schwierig, eine allgemeingültige Definition für eine universale Unternehmenskultur festzulegen, da in der Literatur verschiedene Ansätze existieren. In der betriebswirtschaftlichen Wissenschaft wird die Thematik der Unternehmenskultur oft in Verbindung mit anderen Teilbereichen der Betriebswirtschaftslehre erklärt. Aus diesem Grund ist eine eindeutige Abgrenzung der Unternehmenskultur sinnvoll. Das wirtschaftliche Handeln einer Unternehmung lässt sich aus den Unternehmenshauptzielen und dementsprechend aus den Subzielen ableiten. Eine solche Zielerreichung ist nur möglich, wenn seitens der Mitarbeiter ein Verständnis für den Zielinhalt existiert. Hierdurch wird im nächsten Schritt bei den Mitarbeitern, die mit den gesetzten Unternehmenszielen einhergehen, ein entsprechendes Verhalten und Handeln erzeugt (Abb. 1.9 und 1.10).

Mit der Identifikation der Unternehmensziele durch die Mitarbeiter wird ein Verständnis für bestimmte Abläufe im Unternehmen geschaffen, die automatisch zur Unternehmenskultur umfunktioniert werden.

Alle Normen und Werte, die in der Gesamtheit ein Unternehmen prägen, werden auch als Unternehmensphilosophie bezeichnet. Mit dem Etablieren einer Unternehmenskultur

Merke
Ziel der Unternehmung: Künftiger Zustand/Situation, der vom Träger des Ziels angestrebt wird. Die Zieldefinition unterteilt sich in Zielinhalt, -ausmaß und –zeitpunkt. Man unterscheidet das Formal- und das Sachziel.

Abb. 1.9 Ziel der Unternehmung

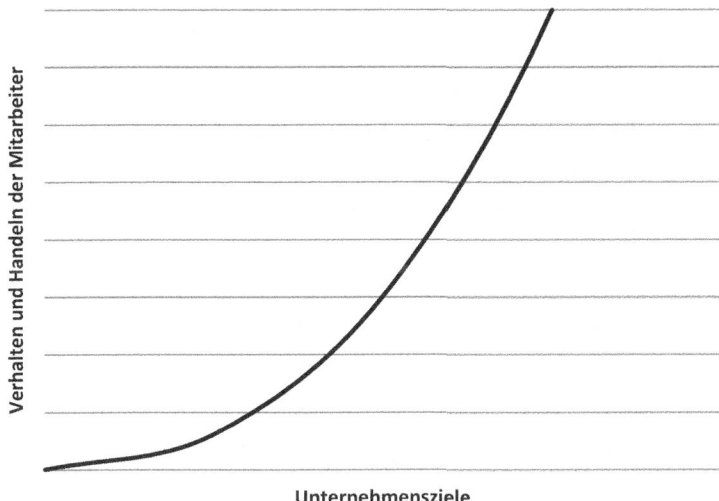

Abb. 1.10 Komplementäre Zielerreichung

wird das Verhalten der Mitarbeiter beeinflusst. Das Verhalten ist die Summe aller individuellen Überzeugungen, die sich durch Grundannahmen und Werte im jeweiligen Kontext
aufzeigen. Untersuchungen von TROMPENAARS und WOOLLIAMS zeigten auf, dass
die Unternehmenskultur nur gering die Mitarbeiter beeinflusst. Als maßgebliche Bestim-
mungsgrößen nehmen hier Land, Religion und Branche den stärksten Einfluss auf den
Mitarbeiter. Weitere Untersuchungen durch WOOD ergaben wiederum die Erkenntnis,
dass Menschen mit ähnlichen Ansichten und Persönlichkeitsstrukturen lieber zusammenarbeiten. Auch dies macht die Notwendigkeit einer Unternehmenskultur für effektive
Unternehmen deutlich (vgl. hierzu auch: Garmer 2003, S. 10 ff.).

1.4 Definition und Eingrenzung

Ab den achtziger Jahren wurde in der Organisationsforschung der Begriff der Unternehmenskultur näher untersucht und es wurde sich mit dem Phänomen tiefgreifend auseinandergesetzt. Unter den Stichworten Unternehmenskultur oder Organisationskultur sind
aktuelle Forschungsergebnisse zu finden. Es werden hier zwei verschiedene Begrifflichkeiten verwendet, welche das gleiche Phänomen beschreiben. Die Organisation ist als
Begrifflichkeit im institutionellen Sinn zu verstehen. Mit der institutionellen Organisation
wird nicht die Ordnung einer Institution sondern ein soziales Gebilde beschrieben. Eine
Vielzahl der Konzepte und Modelle sowie die Herangehensweise zur Unternehmens- und
Organisationskultur sind in ihrem Grundschema zum größten Teil übereinstimmend, so
dass beide Begriffe häufig synonym verwendet werden können. Jede Unternehmung weist
eine entsprechende Organisation auf. Im Gegensatz zu anderen Organisationsformen, wie

z. B. öffentliche Einrichtungen oder Vereine, sind diese auf Erzielung eines wirtschaftlichen Gewinns ausgerichtet. Im weiteren Verlauf des Buches wird auf die Begrifflichkeit der Unternehmenskultur abgestellt, da diese im deutschsprachigen Raum gebräuchlicher ist (vgl. hierzu weiterführend: Reisenauer 2011, S. 11 f., 63 f.).

Die Unternehmenskultur ist das geistige Zentrum in Organisationen. Sie kann als ein Sammelsurium von Vorstellungen (wie beispielsweise Glauben, Werte, Normen, Ideen, Denkmustern) gesehen werden, welche das Handeln der Organisationsmitglieder bewusst oder unbewusst stark beeinflussen. Unternehmenskultur ist die Summe der gelebten Werte in einer Organisation.

Unternehmenskultur offenbart sich immer dann, wenn ein neuer Mitarbeiter fragt, warum im Unternehmen etwas auf eine bestimmte Art und Weise durchgeführt wird. Wenn die Antwort der langjährigen Mitarbeiter heißt: „Das haben wir schon immer so gemacht.", tritt hier eine bestimmte Unternehmenskultur zu Tage. Das Verhalten der Mitarbeiter wird als normal empfunden – ohne sich der Gründe hierfür bewusst zu sein. Zusammengefasst kann gesagt werden, dass die Unternehmenskultur Dinge beschreibt, wie diese in Unternehmen durchgeführt werden sollen. Diese vereinfachte Formulierung beschreibt die Basis zahlreicher Definitionen.

Eine der bekanntesten Definitionen und zugleich Basis der Unternehmenskulturforschung stellt Edgar H. SCHEIN auf:

> A pattern of basic assumptions – invented, discovered, or developed by a given group as it learns to cope with is problems of external adaption and internal integration – that has worked well enough to be considered valid and, therefore, to be taught to new members as the correct way to perceive, think, and feel in relation to hose problems. (Schein 1985, S. 9)

Bei SCHEIN nehmen die Grundannahmen eine wichtige Funktion ein, welche in drei Ebenen unterschieden werden. Auf der obersten Ebene befinden sich die vorherrschenden Verhaltensweisen, die so genannten Artefakte. Sie sind der Teil der Unternehmenskultur, welcher am einfachsten zu beobachten ist. Die zweite Ebene umfassen die gemeinsamen Werte. Hier orientiert sich das Handeln. In der dritten Ebene liegen die sogenannten Grundannahmen vor. Sie sind in Unternehmungen sehr stark verwurzelt und werden bei den Mitarbeitern nicht hinterfragt. In der Argumentation von SCHEIN nehmen die Grundannahmen die wichtigste Rolle ein (Abb. 1.11).

BLEICHER definiert die Unternehmenskultur wie folgt:

> Unter der Bezeichnung Unternehmenskultur werden allgemein das kognitiv entwickelte Wissen und die Fähigkeiten einer Unternehmung sowie die affektiv geprägten Einstellungen ihrer Mitarbeiter zur Aufgabe, zum Produkt, zu den Kollegen, zur Führung und zur Unternehmung in ihrer Formung von Perzeptionen (Wahrnehmungen) und Präferenzen (Vorlieben) gegenüber Ereignissen und Entwicklungen verstanden. (vgl. Bleicher 2004).

BLEICHER beschreibt in seiner Unternehmenskultur zwei weitere wichtige Aspekte. Unternehmenskultur kann sowohl durch kognitive Prozesse (Denken) als auch durch

Abb. 1.11 Erklärungsmodell
nach SCHEIN (1985)

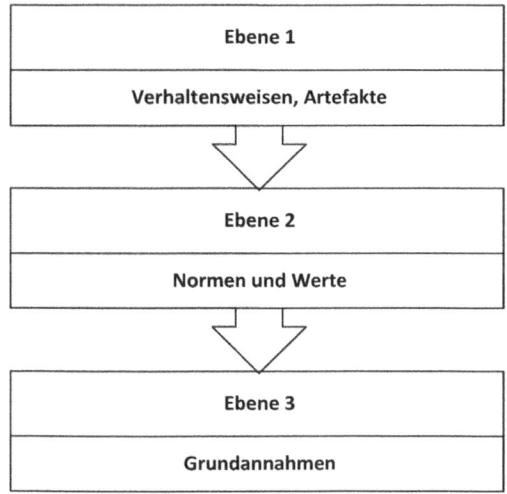

affektive Reaktionen (Handlung) entstehen. Desweiteren ist die Unternehmenskultur sowohl geprägt durch die Wahrnehmung als auch von Vorlieben der Mitarbeiter. Dieser Bezug von BLEICHER schreibt der Team- und Projektarbeit einen hohen individuellen Stellenwert zu (vgl. Scholz 187, S. 22, zitiert aus Bonk et al. 2010). Mit der Definition von SCHOLZ werden die Wechselwirkungen – Verhalten prägt Kultur – und – Kultur steuert Verhalten – hervorgehoben.

> Unter Unternehmenskultur wird das implizite, kollektive Bewusstsein eines Unternehmens verstanden, das sich einerseits aus dem Verhalten der Unternehmensmitglieder ergibt, das andererseits aber auch das Verhalten der Unternehmensmitglieder steuert.

Diese Definition unterstreicht die Schwierigkeit einer Differenzierung von Unternehmenskultur und Verhalten. Eine Vielzahl weiterer Definitionen zum Begriff der Unternehmenskultur ist geringfügig abweichend und weist eine einheitliche Basis auf. Staehle z. B. beschreibt die Unternehmenskultur als den kleinsten gemeinsamen Nenner. Kultur ist für ihn „ein System gemeinsam geteilter Werte, Normen, Einstellungen, Überzeugungen und Ideale" (Staehle 1999, S. 498). Für Unternehmensberatungen ist die Definition von Jost interessant. Er sieht die Unternehmenskultur als „die Summe der Geschichten, die man sich erzählt." (Jost 2003, S. 13).

1.5 Charakteristika einer Kultur

Die Kultur kann man nicht als feststehende Determinante beschreiben. Die Kultur ist ebenfalls keine beliebig steuerbare und gestaltbare Variable. Die Kultur ist auch keine Erscheinung, welche außerhalb oder neben Organisationen und Menschen bzw. einer Gesellschaft

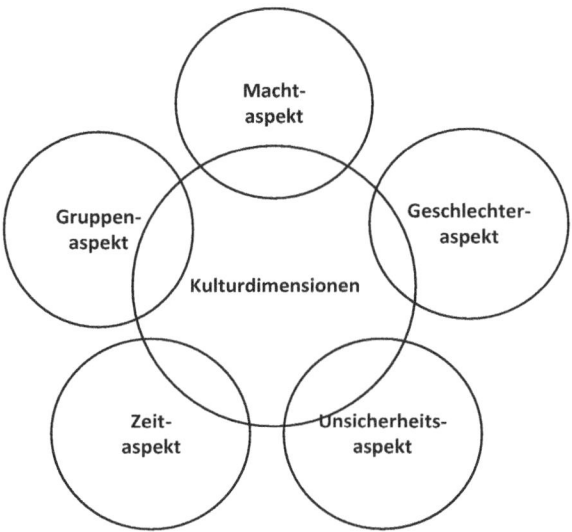

Abb. 1.12 Aspekte der wichtigsten Kulturdimensionen

steht. Kultur ist lebendig und dynamisch. Sie ist die Grundlage jeder Veränderung und sogleich auch dessen Ergebnis. Kultur wird von einer sozialen Gruppe gefertigt. Im gleichen Zuge formt sie das Verhalten aller Beteiligten. Wenn man in einem sozialen Konstrukt eine Kultur suchen möchte, kann dies durch die Erfassung von Bestandteilen erfolgen. Die Interpretation der einzelnen Bestandteile ist dabei aber nicht zielführend. Man muss vielmehr das Zusammenspiel verschiedener Elemente betrachten. Ein Menü kann auch nicht durch striktes Lesen der Zutatenliste als schmackhaft bezeichnet werden. Es ist vielmehr die Kombination der Zutaten, welche auf Erfahrungswerte resultieren, die den Rückschluss zulässt, ob das Menü schmeckt. Genauso muss die Erfassung einer Kultur verstanden werden. Eine reine Interpretation aus der Ferne einer Kultur ist nur unzureichend möglich. Man muss sie vor Ort erfassen, Zusammenhänge verstehen und Erfahrungswerte der Kulturträger betrachten. Kultur kann nicht von einem einzelnen Menschen ausgehen. Dies würde bedeuten, dass durch die Neubesetzung einer Machtposition, sich die Kultur ändert. Gemeinsame Annahmen werden durch Kulturelle Gruppen geteilt. HOFSTEDE untersuchte seit 1980 die Ausprägung und die Charakteristika der Unternehmenskultur. Hierbei betrachtete er den Weltkonzern IBM. Die Erkenntnisse in den verschiedenen Niederlassungen in den unterschiedlichen Ländern ermöglichten ihm Rückschlüsse auf die Gemeinsamkeiten und Unterschiede kultureller Gruppen. Die erfassten Kenntnisse wurden durch weitere Forscher ergänzt. Im Ergebnis dessen kann festgehalten werden, dass wichtige Kulturdimensionen aus einer Machtdistanz, aus Individualismus vs. Kollektivismus, aus maskulin vs. feminin, aus Unsicherheitsvermeidung und aus Langzeitorientierung vs. Kurzzeitorientierung entstehen können (vgl. hierzu weiterführend: Reisenauer 2011, S. 63 f.) (Abb. 1.12).

Der **Zeitaspekt** beschreibt eine Lang- und Kurzzeitorientierung und deren Auswirkung auf die Kultur. Bei einer Kurzzeitorientierung stehen Vergangenheit und die Gegenwart im Zentrum der Kultur. Unter Betrachtung einer Langzeitorientierung steht im Vergleich zu einer Kurzzeitorientierung das Pflegen von Tugenden, welche auf zukünftige Erfolge ausgerichtet sind, im Mittelpunkt. Der **Machtaspekt** betrachtet das Zusammenspiel und die Interaktion zwischen dem Mitarbeiter und dem Vorgesetzten. Fügen sich beide wie Bausteine zusammen oder herrscht eine emotionale Distanz? Bei ausschließlichen Zweckbeziehungen stehen die Regeln und Normen im Mittelpunkt der Kulturdimension. Bei Vorhandensein einer geringen emotionalen Distanz wird nach SCHEIN das Wachsen der Kultur durch seine Mitglieder verfolgt. Unter Betrachtung des **Geschlechteraspekts** ist die eindeutige Rollenabgrenzung zu verstehen. In maskulinen Gesellschaften ist eine klare Abgrenzung zwischen Mann und Frau erkennbar. Hingegen bei femininen Gesellschaften ist eine Verwischung der Rollen erkennbar. Der **Unsicherheitsaspekt** beschreibt, dass Mitglieder einer Kultur, welche mit nicht eindeutigen oder unbekannten Situationen konfrontiert werden, sich unsicher in ihrem Verhalten fühlen. Unter dem **Gruppenaspekt** werden der Individualismus und der Kollektivismus betrachtet. So hat der Mitarbeiter zwei verschiedene Möglichkeiten. Entweder er sorgt für sich alleine oder er verhält sich gegenüber einer Gruppe loyal, so dass diese im Gegenzug für ihn sorgt. Vergleichbare Untersuchungen wurden durch TROMPENAARS und WOOLLIAMS durchgeführt, wobei ebenfalls Widersprüche herausgearbeitet wurden, welche in einer Organisationskultur aufeinandertreffen können. Ergänzt um die Ergebnisse, bei welchen es in der Praxis zu Abweichungen der bestehenden Theorien und Annahmen kommt, werden die Faktoren einer Unternehmenskultur wie folgt beschrieben (Abb. 1.13):

Die Widersprüche der Unternehmenskultur lassen sich weiterführen, z. B.: zentral vs. dezentral, global vs. lokal, Gleichheit vs. Hierarchie. Im Allgemeinen beschreiben die Widersprüche die Einmaligkeit einer Unternehmenskultur. Keine ist wie die andere. Jede für sich ist abgestimmt auf seine Mitglieder.

SCHEIN als Vorreiter der Kulturdebatte beschreibt die Kultur in drei Schichten. In der untersten Schicht verbergen sich die grundlegenden Annahmen. Der mittleren Schicht werden die gemeinsamen Wertevorstellungen und Normen zugeordnet. Die obere Schicht beinhaltet die Artefakte, welche sich als Ergebnis der darunterliegenden Ebenen ergeben (Abb. 1.14).

Die Aufteilung einer Kultur ist als vereinfachtes Modell zu verstehen. In der untersten Stufe werden die impliziten **Grundannahmen** beschrieben. Hier finden sich Merkmale für das eigene Leben in Form des persönlichen Weltbildes, der Gefühle und Ansichten wider. Diese Ebene wird durch äußere Einflüsse geformt und findet meist unbewusst statt. In der mittleren Ebene werden die Annahmen in **Werte und Normen** gefasst, welche durch eine Gemeinschaft gemeinsam getragen werden. Hier ergibt sich eine Wertung, ob die eigenen Ansichten den Anforderungen der Gruppe entsprechen. Es wird bewertet, was gut oder schlecht ist. Die gemeinsamen Normen, unabhängig ob sie in Gesetzen niedergeschrieben sind oder nicht, legen das eigene Verhalten innerhalb einer Gruppe fest. An der Spitze der Kulturbestandteile sind die Artefakte zu finden. Dieser sichtbare Bereich ist das Resultat der darunterliegenden Ebenen. Als Artefakte können hier z. B. Kleidung, Sprache, und Verhalten verstanden werden. Sie bringen eine bestimmte Kultur und Gruppenzugehörigkeit zum Ausdruck. Bei der Einordnung ist jedoch zu beachten, dass ein gleiches Verhalten nicht unbedingt der mittleren Ebene – also den gemeinsamen Werten und Nor-

Faktor	Beschreibung
Motivation und Kontrolle	Die Kultur kann sich in einer Organisation selbst heranbilden und wachsen, so dass diese durch die Mitglieder selbstbestimmt wird. Analog hierzu ist eine Fremdbestimmung möglich, sodass diese sich den Umweltbedingungen bestmöglich anpasst.
Umgang mit der Zeit	Kultur kann eine Kurz- oder Langzeitorientierung aufweisen. Je nachdem welche Orientierung angestrebt wird, haben diese Auswirkungen auf die Aufgabenorganisation und demnach ebenfalls auf die Aufgabenerledigung.
Erreichen eines Status	Anerkennung kann man erreichen durch Leistung und Zielstrebigkeit, wobei man sich in der Hierarchie einer Organisation hocharbeiten kann. Andersrum ist es möglich, dass dieses Verhalten automatischeiner Person zugeschrieben wird, welche z.B. ein bestimmtes Alter, Geschlecht oder familiären Hintergrund hat.
Aufgabe und Beziehung	Der Faktor der Aufgabe und Beziehung wird in Organisationen unterschiedlich gehandhabt. Wohingegen in einigen Organisationen das Zusammenspiel von Arbeit und Freizeit, Beruf und Familie gefördert wird, sind ebenfalls Trends ersichtlich, in denen dieses strikt auseinanderhalten wird. Dieses Spannungsfeld findet in solchen Organisationen keine Beachtung.
Zeigen von Emotionen	In neutralen Organisationen werden keine Emotionen nach außen und gegenüber den Mitarbeitern kommuniziert. Affektive Organisationsformen setzen eine Kommunikation der Gefühle voraus. Es werden andere Mitarbeiter in die eigenen Gefühle und Emotionen mit eingebunden.
Bedeutung der Person	Unter Betrachtung des einzelnen Individuums steht das persönliche Wohlbefinden ausschließlich im Mittelpunkt und die eigene Leistungsfähigkeit wird in den Vordergrund gestellt. Bei einem Gruppenverhalten, welches auf Zusammenhalt aufgebaut wird, steht die Übereinstimmung aller Mitglieder im Vordergrund. Die persönliche Leistung hat einen geringen Stellenwert.
Umgang mit Regeln	Universalisten bauen allgemeine und verbindliche Regeln auf. Partikularisten hingegen entscheiden im Einzelfall.

Abb. 1.13 Widersprüche einer Unternehmenskultur

men zuzuordnen sein muss. Aufgrund der unterschiedlichen Essenskultur kann zum Beispiel „Fast Food" in Deutschland als schnelles Essen verstanden werden, wohingegen es in Sibirien als Ausdruck des westlichen Lebensstils interpretiert wird und mit Wohlstand subsumiert wird. Für Organisationen ist eine Unternehmenskultur von hoher Wichtigkeit. Ein intaktes soziales Konstrukt einer Organisation kann entscheidend zum Unternehmenserfolg beitragen. Die Ressource Mensch kann in einem durch alle Organisationsmitglieder akzeptierten sozialen Umfeld zielorientiert arbeiten. Schnittstellen werden automatisch reduziert, das partnerschaftliche Verhalten untereinander wird garantiert und nicht zuletzt wird auch die Motivation gesteigert (vgl. hierzu vertiefend: Berschneider 2003, S. 74 ff.,

Abb. 1.14 Bestandteile einer Kultur nach SCHEIN

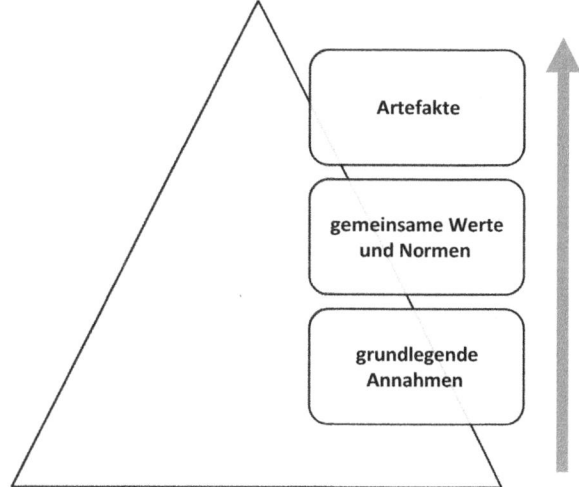

vgl. ebenso: Müller 2004, S. 148 ff.). Mit einer durch alle Mitglieder getragenen Kultur wird die Führungsaufgabe erleichtert. Die Kultur steuert indirekt und informell das Verhalten der Mitarbeiter und ersetzt dadurch einen Teil der Führungsaufgabe. Um aber eine Unternehmenskultur in Organisationen zu verwirklichen, ist es notwendig, dass es für alle Interessensgruppen Vorteile zur Teilnahme aufweist (vgl. hierzu vertiefend: Maus 2009, S. 140 ff.) (Abb. 1.15).

Im Weiteren ermöglich eine Kultur die vereinfachte Interpretation und Beurteilung von Situationen. Ebenso legitimiert und stabilisiert sie Entscheidungen. Ein weiterer Vorteil einer Kultur liegt in der Standardisierung von bestimmten Verhaltensweisen. So können z. B. bei Konflikten allgemeingültige Lösungsansätze zu Grunde gelegt werden. Durch die Schaffung eines sozialen Gebildes schafft sie für die Mitarbeiter eine gewisse soziale Sicherheit. Um den genannten Anforderungen einer Kultur zu entsprechen, muss man in Unternehmen oft auch in eine tiefere Ebene schauen. Einzelne Abteilungen oder Bereiche bilden oft eine eigene Kultur, die Subkultur. Sie können innerhalb eines Unternehmens inhaltlich voneinander abweichen. Die Gefahr einer Aufspaltung in verschiedene Kulturen besteht darin, dass untergeordnete Gruppen sich die übergeordneten Aspekte zu Eigen machen, diese aber anders interpretieren sowie umformulieren. Dabei kann es zu einem Zielkonflikt der verschieden Subkulturen in einer Organisation kommen. Folgende Gründe können zu einer bewussten Unternehmenskultur führen (Abb. 1.16):

1.6 Die Notwendigkeit der Werte

Die Diskussion über die Notwendigkeit von Werten und Normen ist mit der gegenwärtigen Krise, die sich zu einer globalen Wirtschaftskrise, für manche Wirtschaftsakteure sogar zu einer existenziellen Krise entwickelt hat, Schwerpunktthema so mancher Diskussion. Woran sollen sich Führungspersonen orientieren? Geht es hierbei um die Steigerung

Abb. 1.15 Anforderungen an einer Unternehmenskultur

Ökonomische Faktoren	Sozio-kulturelle Faktoren	Organisationsinterne Faktoren
• Verstärkter Wettbewerb	• Wertewandel	• Starkes Wachstum
• Internationalisierung	• Wertevielfalt	• Produktivitätsprobleme
• Strategische Allianzen	• Multioptionsgesellschaft	• Starke Subkulturen
• Technologische Entwicklung	• Demografische Entwicklung	• Wechsel an der Spitze
• Knappe öffentliche Budgets		• Hohe Mitarbeiterfluktuation

Abb. 1.16 Gründe zur bewussten Gestaltung einer Unternehmenskultur

---

Definition Werte:

Werte sind Maßstäbe für das individuelle Handeln, für das gemeinschaftliche Interagieren und Handeln, sowie für die Bewertung der gesellschaftlichen Wirklichkeit. Werte charakterisieren die Wirklichkeit zum Besseren oder zum Schlechteren durch die Beurteilung des individuellen, gemeinschaftlichen und des politischen Tuns und Handelns.

Abb. 1.17 Definition Werte

des eigenen Vorteils oder um die Realisierung des maximalen Gewinns des Unternehmens? Ist die Führung automatisch mit der Übernahme einer Verantwortung gegenüber den Mitarbeitern verbunden?

Werte beeinflussen Menschen in ihrem Verhalten. Viele Werte wurden in rechtlich-verbindliche Regeln mit entsprechenden Sanktionen bei Nichtbeachtung überführt. Alle anderen Werte ergeben sich aus dem zwischenmenschlichen Zusammenspiel. Versucht man den Begriff der Werte zu definieren, so stößt man in der einschlägigen Literatur auf eine Vielzahl möglicher Definitionsansätze. So werden beispielsweise in der Philosophie Werte als abstrakte Gutheit, die mit dem konkret Guten zusammenfällt, verstanden. Die Haltung des Menschen wird hier auch als Wert verstanden, indem er auf das Gute reagiert. Eine weitere Interpretationsmöglichkeit der Werte sieht vor, dass diese geeignet sind, positive Vorstellungen über erreichbare Lebenszustände zu kommunizieren (vgl. hierzu weiterführend: Reisenauer 2011, S. 69 f.) (Abb. 1.17).

Die Vielzahl der unterschiedlichen Werte, welche in verschiedenen Religionen, Regionen und Kulturen existieren, lässt eine vollständige Aufführung nicht zu. Einzelne Aspekte, welche als übergreifend angesehen werden können sind z. B.:

- die Menschenwürde,
- die Freiheit,
- die Gerechtigkeit,
- die Solidarität und
- der Frieden.

Werte sind nicht mit Tugenden gleichzusetzen. Denn hier sind z. B. die Tapferkeit, die Klugheit, die Besonnenheit sowie die Mäßigung als so genannte Kardinaltugenden gemeint. Tugenden sind demnach Eigenschaften, welche durch Übung erlernt werden können. Sie ermöglichen es, sich an den Werten zu orientieren. Weitere Tugenden, welche auch als Sekundärtugenden beschrieben werden sind u. a. Pünktlichkeit, Zuverlässigkeit, Sparsamkeit, Höflichkeit und Genauigkeit.

Eine generelle Zuordnung, welche Werte wo zur Anwendung kommen, lässt sich nur bedingt erfassen. Dies setzt eine umfassende Befragung voraus, welche de facto nicht realisierbar ist. In Deutschland sind diese Werte in der Grundordnung des Gemeindewesens verankert. Die Verfassung beinhaltet Organisations- und Verfahrensvorschriften sowie eine Werteordnung (vgl. hierzu auch: Garmer 2003, S. 10 ff.) (Abb. 1.18).

Grundgesetz – Artikel 1

(1) Die Würde des Menschen ist unantastbar. Sie zu achten und zu schützen ist Verpflichtung aller staatlichen Gewalt.

(2) Das Deutsche Volk bekennt sich darum zu unverletzlichen und unveräußerlichen Menschenrechten als Grundlage jeder menschlichen Gemeinschaft, des Friedens und der Gerechtigkeit in der Welt.

(3) Die nachfolgenden Grundrechte binden Gesetzgebung, vollziehende Gewalt und Rechtsprechung als unmittelbar geltendes Recht.

Abb. 1.18 Auszug aus dem Grundgesetz zur Menschenwürde

Grundgesetz – Artikel 2

(1) Jeder hat das Recht auf die freie Entfaltung seiner Persönlichkeit, soweit er nicht die Rechte anderer verletzt und nicht gegen die verfassungsmäßige Ordnung oder das Sittengesetz verstößt.

(2) Jeder hat das Recht auf Leben und körperliche Unversehrtheit. Die Freiheit der Person ist unverletzlich. In diese Rechte darf nur auf Grund eines Gesetzes eingegriffen werden.

Abb. 1.19 Auszug aus dem Grundgesetz zur Freiheit der Person

Grundgesetz – Artikel 20

(1) Die Bundesrepublik Deutschland ist ein demokratischer und sozialer Bundesstaat.

(2) Alle Staatsgewalt geht vom Volke aus. Sie wird vom Volke in Wahlen und Abstimmungen und durch besondere Organe der Gesetzgebung, der vollziehenden Gewalt und der Rechtsprechung ausgeübt.

(3) Die Gesetzgebung ist an die verfassungsmäßige Ordnung, die vollziehende Gewalt und die Rechtsprechung sind an Gesetz und Recht gebunden.

(4) Gegen jeden, der es unternimmt, diese Ordnung zu beseitigen, haben alle Deutschen das Recht zum Widerstand, wenn andere Abhilfe nicht möglich ist.

Abb. 1.20 Auszug aus dem Grundgesetz zum Rechtsstaatsprinzip und zur Solidarität

In den weiteren Artikeln des Grundgesetzes wird ebenfalls die Freiheit der Person beschrieben. Dieses kommt insbesondere in der allgemeinen Handlungsfreiheit des Art. 2 GG zum Ausdruck. Diese Vorschrift zeigt aber auch bestehende Grenzen auf (Abb. 1.19):

In Artikel 20 GG ist die Gerechtigkeit in Gestalt des Rechtsstaatsprinzips und die Solidarität in Gestalt des Sozialstaatsprinzips aufgeführt (Abb. 1.20).

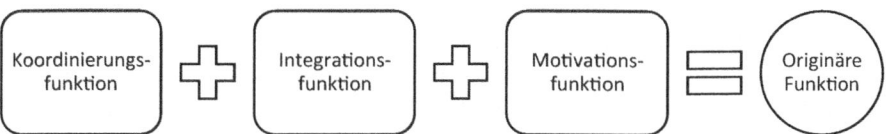

Abb. 1.21 Originäre Funktionen der Unternehmenskultur

1.7 Funktionen und Ziel der Unternehmenskultur

Im Allgemeinen besteht Einigkeit darüber, dass die Unternehmenskultur als eine Gesamtheit der unternehmensbezogenen Werte und Normen, welche von allen Organisationsmitgliedern gleichermaßen getragen wird, verstanden werden kann. Somit kann die Unternehmenskultur als Persönlichkeit des Unternehmens bezeichnet werden. Die verschiedenen Konzepte und Modelle zur Unternehmenskultur stehen hinsichtlich ihrer positiven und negativen Wirkungen in der betriebswirtschaftlichen Diskussion. Die Unternehmenskultur kann in ihrer Funktion nach originären und derivativen Funktionen unterschieden werden. Die originären Funktionen resultieren aus der direkten Unternehmenskultur. Die **derivativen Funktionen** folgen den **originären Funktionen** und werden nur unmittelbar von der Unternehmenskultur beeinflusst (vgl. hierzu weiterführend: Reisenauer 2011, S. 56 ff., vgl. ebenso: Berschneider 2003, S. 74 ff.). Aus der gemeinsamen Wirkung von Werten und Normen, welche auf das interne Beziehungsgefüge in Unternehmen einwirken, ergibt sich die **originäre Funktion** der Unternehmenskultur. Entscheidungen, Handlungen und Verhalten der einzelnen Mitarbeiter werden direkt beeinflusst. Insgesamt kann man von drei zentralen originären Funktionen einer Unternehmenskultur sprechen (Abb. 1.21).

Unter der **Koordinierungsfunktion** ist die Abstimmung der verschiedenen Organisationseinheiten in Unternehmen zu verstehen. Hierbei ist die Abstimmung und Unterstützung zwischen den einzelnen Mitarbeitern, Teams, Bereichen und ganzen Abteilungen zur Realisierung von übergeordneten Zielsetzungen mit möglichst geringen Schnittstellen anzustreben. Jedes Unternehmen weist strukturelle Regelungen auf, die von jedem Organisationsmitglied zur Kenntnis genommen und eingehalten werden müssen. Ziel und Aufgabe der Koordinierungsfunktion ist hier die Interpretation, also das Denken und Handeln aller Organisationsmitglieder, welche im Sinne der Unternehmenszielsetzung manipuliert werden. Die gute Unternehmenskultur führt zu einer Identifikation der Mitarbeiter mit den Unternehmenszielen. Sie darf nicht als ein Instrument der strukturellen Kommunikation verstanden werden. Mit der Schaffung einer durch die Mitarbeiter akzeptierten Basis für die Unternehmensziele, welche durch die Unternehmenskultur gelebt wird, wirkt zum einen motivationsfördernd und schafft zum anderen gemeinsame Werte und Normen, welche die Entscheidungsfindung verkürzen (vgl. hierzu vertiefend: Müller 2004, S. 148 ff., vgl. ebenso: Lohaus und Habermann 2012, S. 65 ff., vgl., ebenso: Maus 2009, S. 140 ff.).

Bei der **Integrationsfunktion** wird analog zur Koordinierungsfunktion der Zweck einer Harmonisierung unterstellt. Sie betrachtet nicht den gegenwärtigen Ablaufprozess in Unternehmen, sondern versucht zukünftige Ereignisse zu antizipieren. Es werden mit ihr die organisatorischen Prozesse insoweit ausgerichtet, dass keine – oder nur geringe – Schnittstellenprobleme und Störungen bei der Integration im Ablaufprozess auftreten. Unter Betrachtung der Aufbauorganisation von Unternehmen besteht nämlich die Gefahr, dass einzelne Abteilungen oder Bereiche ihre eigene Unternehmenskultur aufbauen, so dass das ganze Unternehmen als solches in den Hintergrund tritt. Diese Bildung der Subkulturen müssen unterbunden werden, da sich sonst eigene Werte und Normen herausbilden, die nicht mit den Unternehmenszielen in Einklang gebracht werden können. Diese Subkulturen stören den betrieblichen Ablaufprozess und können im Extremfall den Zerfall einer Gesamtorganisation zur Folge haben. Eine gute Unternehmenskultur lässt Einzelinteressen zum Wohl des Ganzen zurücktreten.

Die Arbeitsmotivation wird durch die **Motivationsfunktion** in der Unternehmenskultur gefestigt (vgl. hierzu vertiefend: Meifert 2010, S. 148 ff.). Dabei beschränkt sich die Motivation auf die stellenbezogenen Aufgaben sowie auf die Pflichten innerhalb der Organisation. Um aber eine Motivation bei den Mitarbeitern zu gewährleisten, müssen die Werte und Normen der Unternehmenskultur vermittelt werden. Des Weiteren muss daraus ein Verständnis des unternehmerischen Handelns für die Mitarbeiter vermittelt werden. Dadurch wird die Identifikation mit dem Unternehmen gestärkt und zugleich wird die Unzufriedenheit abgebaut. Dies führt letztendlich zu einer Erhöhung der Mitarbeitermotivation und steigert die Arbeitseffizienz im Unternehmen (vgl. hierzu vertiefend: Brandstätter und Otto 2009, S. 356 ff.).

Aufbauend auf der originären Funktion der Unternehmenskultur resultiert die **derivative Funktion** nicht direkt aus den kulturellen Werten und Normen der Unternehmung. Sie resultiert aus der Wirkung der originären Funktion. Dies äußert sich z. B. in einer

- effizienten Kommunikation,
- hohem Arbeitseifer,
- Identifikation mit dem Unternehmen,
- Kreativität und
- in geringem Kontrollaufwand.

Darüber hinaus können neue Projekte und Vorhaben schneller im Arbeitsprozess implementiert werden. Der strake Einfluss einer Unternehmenskultur kann sich positiv auf den Unternehmenserfolg auswirken. Die Schaffung einer Unternehmenskultur dient der Erreichung konkreter Ziele. Sie unterliegt keinem Selbstzweck. Das Unternehmensziel lässt sich aus dem Hauptziel ableiten. Hierzu zählen unter anderem die Unternehmenssicherung und der wirtschaftliche Erfolg. Die Hauptziele werden in Teilziele untergliedert. Diese Teilzeile finden sich in der genannten Funktion und Wirkung der Unternehmenskultur wieder.

1.8 Unternehmenskultur und Wirtschaften

Fortschritt heißt immer Weiterentwicklung. Diese Entwicklung hat keine Zielsetzung. Aber wohin soll diese noch gehen? Charlie Chaplin sagte einmal „Die Zeiten sind hart, aber modern." Soll das heißen, dass moderne Zeiten eine Zumutung für alle Akteure darstellen, da nur die Rendite und Effizienz im Vordergrund stehen? Verallgemeinert lässt sich aber festhalten, dass die Gewohnheiten und Traditionen in unserem Leben vernachlässigt werden. Jeder ist für seine Traditionen und Rituale selbst verantwortlich. Die kulturelle Modernisierung führt mitunter zum eingangs beschriebenen Unmut. Soziale Aspekte nehmen nur einen geringen Stellenwert ein, so dass das Spannungsfeld zwischen Existenzkampf und Lebensverwirklichung zunimmt. Die individuellen Anstrengungen haben Auswirkungen auf das gesamte gesellschaftliche Gefüge und die so genannte gesellschaftliche Modernisierung. „Was die kulturelle, gesellschaftliche und wirtschaftliche Modernisierung im Kern verbindet, ist ihre emanzipatorische Ausrichtung: Wir sollen uns aus fremdbestimmtem Denken und Handeln jeder Art befreien und als freie Bürgerinnen und Bürger leben können." (Ulrich 2005, S. 46). Dieser Ansatz ist vor dem Hintergrund der Weiterentwicklung des Wirtschaftens nur bedingt zu verwirklichen. Mit jener Fortentwicklung und der Steigerung des Technisierungsgrades wird der Mensch in seinem eigenen Tun und Handeln eingeschränkt. Er muss sich sogar den automatischen Prozessen anpassen und sein Leben dementsprechend organisierten. Dem hier geforderten Anspruch an die Autonomie kann nicht entsprochen werden. Wenn die Modernisierungswelle sich linear so weiterentwickelt, wird der Anpassungsdruck zunehmen, werden traditionelle Lebensweisen einbrechen und das Tempo des sozioökonomischen Strukturwandels beschleunigen (Abb. 1.22).

Wirtschaftliche Modernisierungsprojekte waren schon seit jeher politisch und in Bezug auf ihre Weltanschauung umstritten. Ströme des Widerstandes resultieren immer aus Erfahrungen der Vergangenheit. Fortschritt ist nicht mit dem Begriff des Modernen gleichzusetzen. Fortschritt kann auch die Besinnung zum Althergebrachten sein. Max Weber interpretierte im 20. Jahrhundert als Erster den so genannten Rationalisierungsprozess. Rationalisierung meint hierbei, die Umstellung von traditionellen Gesichtspunkten hin zu rationalen Aspekten. Diese Rationalisierungsorientierung lässt sich in drei Punkten wie folgt darstellen:

1. **Traditionskritik:** Mit der kulturellen Modernisierung erfolgt eine aufklärerische Kritik an den vorherrschenden Mythen und religiösen Deutungen. In ihrem Begründungs- und Handlungsansatz wird auf die Vernunft abgestellt.
2. **Gesellschaftskritik:** Die gesellschaftlichen Strukturen und politischen Herrschaftsansprüche werden hinterfragt. Eine einzige Autorität steht nunmehr einem freien und mündigen Bürger gegenüber.
3. **Sachgesetzlichkeiten:** Es werden Handlungs- und Gesellschaftsbereiche sowohl aus der technischen als auch wirtschaftlichen Modernisierung herausgelöst. Mit der Versachlichung können so genannte gesellschaftliche Subsysteme herausgebildet werden.

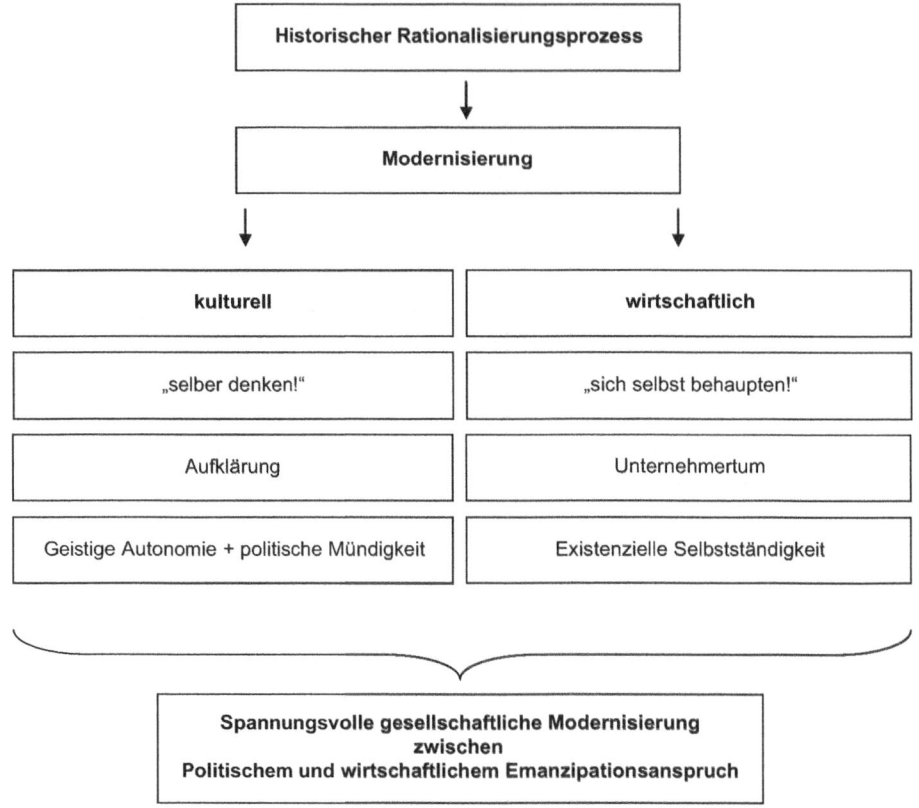

Abb. 1.22 Zwei Dimensionen der gesellschaftlichen Modernisierung (In Anlehnung an Ulrich 2005, S 47)

Jeder der im modernen marktbasierten Wirtschaftssystem Erfolg haben will, muss sich an der Kapitalverwertung orientieren und über Real- oder Finanzkapital verfügen. Das Anbieten des eigenen Humankapitals allein macht die Behauptung auf dem Markt nur bedingt möglich, wenn nicht sogar unmöglich (Abb. 1.23).

Das Bürgertum war einst der Träger der Modernisierungsdynamik. Die Kaufleute bildeten im Kern das städtische Bürgertum. Dadurch stiegen das wirtschaftliche Bewusstsein und die somit entstehende Unabhängigkeit, welche zum Teil mit der politischen Befreiung einherging. Der Ausdruck „Stadtluft macht frei!" spiegelt diese Entwicklung wider. Mit der Errichtung politisch unabhängiger Staaten und Stadtstaaten, welches besonders gut bei den Hansestädten zu erkennen ist, wurde ein Fundament zur kulturellen Modernisierung gelegt. Der französische Ökonom Frédéric BASTIAT (1801–1850) beschrieb die Modernisierung in seinem Werk „Harmonies économiques" von 1849 wie folgt:

Ich glaube, dass Er, der die materielle Welt geordnet hat, auch die Ordnung der sozialen Welt nicht auslassen wollte. Ich glaube, dass Er die frei Agierenden ebenso zu kombinieren und

Merke
Das *formale Wirtschaftlichkeitsprinzip* beschreibt:
- dass die Bedürfnisbefriedigung mit knappen Mitteln ein planvolles Handeln erfordert,
- dass Güter planmäßig eingesetzt werden (= wirtschaften) und
- dass Voraussetzung ein Entscheidungsprozess über Produktion und Konsumtion ist.
Das *ökonomische Prinzip* beschreibt:
- eine Zielerreichung mit einem minimalen Mitteleinsatz oder
- eine maximale Zielerreichung mit dem gegebenen Mitteleinsatz.

Abb. 1.23 Definition Wirtschaftlichkeitsprinzip

in harmonische Bewegung zu setzen wusste wie die leblosen Moleküle. [...] Ich glaube, dass die unbesiegbare soziale Tendenz die einer konstanten Annäherung der Menschen an ein gemeinsames physisches, interkulturelles und moralisches Niveau ist, wobei dieses Niveau fortschreitend und unbegrenzt ansteigt. Ich glaube, es ist für die allmähliche und friedliche Entwicklung der Menschheit ausreichend, wenn diese Tendenzen ungestörte Bewegungsfreiheit erlangen. (Bastiat 1855, S. 19. Vgl. hierzu vertiefend auch Büscher 1991, S. 123–144) Wenn die göttlichen Gesetze harmonisch sind, so indem sie frei wirken, sonst wären sich nicht aus sich heraus harmonisch. Sofern wir einen Fehler in der Harmonie der Welt bemerken, kann er also nur mit einem Mangel an Freiheit, mit fehlender Gerechtigkeit, zusammenhängen. (Bastiat 1855, S. 16) Unablässig und ohne Mitleid sollen wir uns deshalb dafür einsetzen, den ganzen Bereich privater Aktivität freizusetzen vom Vordringen der Macht; allein unter dieser Voraussetzung werden wir die Freiheit oder das freie Spiel der harmonischen Gesetze gewinnen, die Gott für die Entwicklung und den Fortschritt der Menschheit bereitgestellt hat. (Bastiat 1855, S. 18)

Die religiöse Fortschrittverheißung kommt bei Bastiat sehr stark zum Ausdruck. Eine Wirtschaftsliberalisierung ohne politische Eingriffe für die Entwicklung eines freien Marktes wird propagiert. Max WEBER beschrieb diese Ansichten als

[...] Tatsache: dass die Protestanten [...] eine spezifische Neigung zum ökonomischen Rationalismus gezeigt haben, welche bei den Katholiken weder in der einen noch in der anderen Lage in gleicher Weise zu beobachten war und ist (Weber 1988, S. 23) [Eine auffallend häufige Erscheinung ist], dass aus Pfarrhäusern kapitalistische Unternehmer größten Stils hervorgehen (Weber 1988, S. 26). [...] Es ist nicht nur Geschäftsklugheit was dort gelernt wird, [...] es ist ein Ethos, welches sich äußert (Weber 1988, S. 35 f.). [Es sei deswegen], das summum bonum dieser Ethik: der Erwerb von Geld und immer mehr Geld, unter strengster Vermeidung alles unbefangenen Genießens [...], so rein als Selbstzweck gedacht. [...] Der Mensch ist auf das Erwerben als Zweck seines Lebens, nicht mehr das Erwerben auf den Menschen als Mittel zum Zweck der Befriedigung seiner materiellen Lebensbedürfnisse bezogen. (Weber 1988, S. 175 f.)

Der hier durch Weber beschriebene Geldsegen, welcher durch wirtschaftliches Handeln eintritt, kann demzufolge als ein Segen Gottes verstanden werden. Demzufolge haben sich die Akteure im wirtschaftlichen Liberalismus von Gott berufen gefühlt. Somit konnte man das wirtschaftliche Handeln über jede Gesellschaftskritik heben und rechtfertigen. Alexander RÜSTOW beschrieb dies wie folgt:

> Denn wenn der wirtschaftliche Eigennutz auf geheimnisvolle Weise einen unmittelbaren göttlichen Auftrag besitzt, von Gottes unsichtbarer Hand selbst geleitet wird, so hat er es schließlich nicht mehr nötig, sich von Menschen ethisch kontrollieren und einschränken zu lassen. (Rüstow 2001, S. 93 f.)

Adam SMITH erwiderte diese Betrachtungsweise.

> Die Verwaltung des großen Systems des Universums, die Sorge für die allgemeine Glückseligkeit aller vernünftigen und fühlenden Wesen, ist indessen das Geschäft Gottes und nicht das des Menschen. (Smith 1985, S. 400)

Der freie Markt ist somit Bestandteil der geordneten Schöpfung durch Gott. Kritiker der kapitalistischen Marktwirtschaft stellen sich nunmehr nicht nur gegen das Wirtschaftssystem, sondern demzufolge auch gegen Gott. Somit werden diese durch den Teufel als Sinnbild des Schlechten und Bösen geführt. Ab der zweiten Hälfte des 19. Jahrhunderts wurden die Verlierer des marktwirtschaftlichen Wettbewerbs mit ihren prekären Lebenslagen und Existenzproblemen betrachtet. Die Liberalen vertraten weiterhin die Ansicht, dass eine soziale Integration innerhalb der Wirtschaft erfolgen muss. Eine neue Gesellschaftsordnung formte sich mitunter durch die Arbeiterbewegung. Karl Polanyi beschrieb dies wie folgt:

> Die Wirtschaft ist nicht mehr in die sozialen Beziehungen eingebettet, sondern die sozialen Beziehungen sind in das Wirtschaftssystem eingebettet. (Polanyi 1978, S. 88 f.)

Literatur

Bastiat F (1855) Harmonies économiques, Bd VI, 3. Aufl. Paris
Berschneider W (2003) Sinnzentrierte Unternehmensführung. Was Viktor E. Frankl den Führungskräften der Wirtschaft zu sagen hat. Lindau am Bodensee
Bleicher K (2004) Das Konzept integratives Management
Brandstätter V, Otto J-H (Hrsg) (2009) Handbuch der Allgemeinen Psychologie. Motivation und Emotion, Bd 11. Göttingen
Büscher M (1991) Gott und Markt. Religionsgeschichtliche Wurzeln Adam Smiths und die „Invisible Hand" in der säkularisierten Industriegesellschaft In: Meyer-Faje A, Ulrich P (Hrsg) Der andere Adam Smith. Bern

Garmer M (2003) Moral macht erfolgreich. Ethische Unternehmensführung als Antwort auf die Krise. Berlin

Hauser F, Schubert A, Aicher M (2008) Unternehmenskultur, Arbeitsqualität und Mitarbeiterengagement in den Unternehmen in Deutschland. Ein Forschungsprojekt des Bundesministeriums für Arbeit und Soziales. Köln

Jaques (1951) zitiert nach Marré, R., Die Bedeutung der Unternehmenskultur für die Personalentwicklung. Frankfurt a. M. (1997)

Jost (2003)

Lohaus D, Habermann W (2012) Führung im Mittelstand. Ein praxisorientierter Leitfade. München

Marré R (1997) Die Bedeutung der Unternehmenskultur für die Personalentwicklung. Frankfurt a. M.

Maus H-A (2009) Herausforderung Motivation. Denkpräferenzen und ihr Einfluss auf Engagement und Handeln im Beruf. Bielefeld

Meifert M-T (Hrsg) (2010) Psychologie für Führungskräfte, 3. Aufl. Freiburg im Breisgau

Müller U (2004) Controlling aus verwaltungswissenschaftlicher Perspektive. Ein Beitrag zur Verwaltungsreform. München

Polanyi K (1978) The Great Transformation. Politische und ökonomische Ursprünge von Gesellschaften und Wirtschaftssystemen (1944). Frankfurt a. M.

Reisenauer TM (2011) Moralische Unternehmensführung. Ethische Analyse der Weltwirtschaftskrise. Hamburg

Rüstow A (2001) Das Versagen des Wirtschaftsliberalismus, 3. Aufl. Marburg

Schein EH (1985) Organizational culture and leadership, 1. Aufl. San Francisco

Scholz (2010)187, S. 22, zitiert aus Bonk et al.

Smith A (1985) Theorie der ethischen Gefühle (1759). In: Eckstein W (Hrsg) Hamburg

Staehle (1999)

Steinmann H, Schreyögg G (2005) Management: Grundlagen der Unternehmensführung – Konzepte, Funktionen, Fallstudien, 6. Aufl. Wiesbaden

Ulrich P (2005) Zivilisierte Marktwirtschaft. Eine wirtschaftsethische Orientierung. Breisgau

Weber M (1988) Die Protestantische Ethik und der Geist des Kapitalismus (1904–1905). In: Gesammelte Aufsätze zur Religionssoziologie I, 9. Aufl. Tübingen

Grundlagen der Unternehmenskultur

2

2.1 Modell nach SCHEIN

Edgar H. SCHEIN sind die Ansätze der heutigen Unternehmenskultur zu verdanken. Er war auf diesem Gebiet ein Vorreiter und verbreitete Mitte der achtziger Jahre die Philosophie einer Organisationskultur. Das hierbei zu Grunde liegende Modell nach SCHEIN (1984) gibt verschiedene Ebenen einer Kultur wieder und zeigt die entsprechenden Beziehungen zueinander auf (vgl. hierzu vertiefend: Georgsdorf 2010, S. 64) (Abb. 2.1).

Das Fundament des Modells, die unterste Ebene, bilden die Grundannahmen. Ihnen werden die grundlegenden Orientierungs- und Verhaltensmuster zugeordnet, welche die Wahrnehmung und nicht zuletzt auch das Handeln von Menschen einer Kultur beeinflussen. Diese Grundannahmen kann man auch als Weltanschauung verstehen. Derartige Einflüsse finden unbewusst statt und erfordern keine direkte Reflexion. Die erlernten sozialen Grundnormen werden nicht in Frage gestellt, sondern sie werden als normal empfunden. Ein konkretes Nachdenken über solche verinnerlichten Normen und Regeln wird als nicht erforderlich angesehen. Im Speziellen beziehen sich diese Grundannahmen auf die Umwelt, das menschliche Handeln sowie auf zwischenmenschliche Beziehungen und auch auf das Verständnis von Wahrheit und Zeit (vgl. hierzu vertiefend: Kerpen 2007, S. 35) (Abb. 2.2).

Im Allgemeinen kann man die Grundannahmen auch als Verteidigungsmechanismen gegen jegliche Art von Veränderungen verstehen. Für ein erfolgreiches Change-Management in Organisationen bedarf es nach SCHEIN hier eines Ansatzpunktes zur Schaffung einer Mitarbeiterakzeptanz. Die abgeleitete Weltanschauung aus den Grundannahmen findet sich aufbauend in der zweiten Stufe, den Werten und Normen wider. Hier werden Verhaltensstandards gebildet. Diese Standards umfassen Verhaltensrichtlinien, Maximen, Verbote und Gebote, welche alle Mitglieder einer Kultur bzw. einer Organisation miteinander teilen, akzeptieren und dementsprechend leben.

© Springer Fachmedien Wiesbaden 2014
A. Wien, N. Franzke, *Unternehmenskultur*, DOI 10.1007/978-3-658-05993-4_2

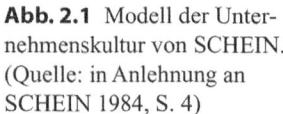

Abb. 2.1 Modell der Unternehmenskultur von SCHEIN. (Quelle: in Anlehnung an SCHEIN 1984, S. 4)

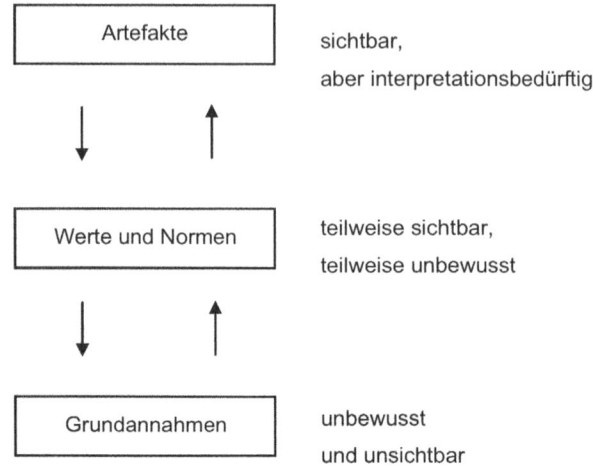

Diese Standards werden bewusst oder unbewusst von den Organisationsmitgliedern gelebt. In der Arbeitskultur können intern Regeln entstehen, die für einen Externen nicht nachvollziehbar sind. Ein gutes Beispiel ist hierfür die Arbeitsintensität. Ein zu hohes Arbeitstempo kann von den Organisationsmitgliedern als unsozial verstanden werden, weil Kollegen indirekt unter Druck gesetzt werden. Die Werte und Normen stehen sich somit oft gegenüber. Sie können nicht isoliert voneinander betrachtet werden. Die Beziehung der Werte und Normen wird durch Unternehmen konkretisiert. Die Werte und Normen bilden letztendlich die sogenannten Führungsleitlinien bzw. Führungsgrundsätze. In der Praxis werden meist Führungsleitlinien zum „toten Papier" erklärt, da diese die Unternehmenskultur nicht mehr widerspiegeln. Aufgrund einer zu starken Idealisierung, welche zum Teil durch externe Unternehmensberater erarbeitet wurden, finden diese bei den Mitgliedern der Organisation keine Akzeptanz und werden als reine Theorie mit unzureichender Praxistauglichkeit bewertet (vgl. hierzu vertiefend: Georgsdorf 2010, S. 64).

Die dritte und letzte Ebene im Modell nach SCHEIN beinhaltet das Symbolsystem, welches sich aus Artefakten und Verhaltensmustern zusammensetzt. Diese

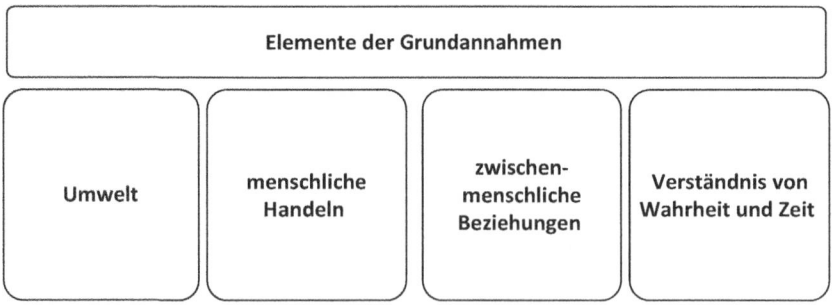

Abb. 2.2 Elemente der Grundannahmen im Modell SCHEIN

Ebene stellt das Ergebnis der zweiten Modellstufe dar, in welcher die Werte und Normen beschrieben sind. Für eine intensive und bewusste Kulturerfassung werden Symbole und Zeichen eingesetzt, um der Kultur ein sichtbaren und greifbaren Charakter zu geben. Somit wird die Kultur schneller verinnerlicht und hat zugleich eine mahnende Wirkung bei Nichtbeachtung gewisser Wertvorstellungen und Interpretationsmuster.

2.2   Modell nach HATCH

HATCH beschreibt die kulturelle Dynamik basierend auf dem Ebenenmodell nach SCHEIN. Er betrachtet vorranging nicht die einzelnen Ebenen, sondern dessen Verbindungen zueinander. Die Elemente der Artefakte, Werte und Normen, sowie die Grundannahmen wurden von HATCH durch die Symbole ergänzt (Abb. 2.3).

Die Ansichtsweise von HATCH befasst sich mit der Konstruktion der Unternehmenskultur und deren verbindenden Prozesse im Vergleich zu SCHEIN. Die Prozesse, welche die einzelnen Elemente verbinden und welche die Kultur einer Organisation bestimmen, sind Manifestation, Realisation, Interpretation und Symbolisierung.

Bei der **Manifestation** werden als Prozess alle Erwartungen beschrieben. Sie beeinflussen die Grundannahmen und spezifizieren die Werte. Eine Manifestation erfolgt durch.

- Sinneswahrnehmungen,
- Kognitionen und
- Emotionen.

Abb. 2.3 Elemente der kulturellen Dynamik nach HATCH

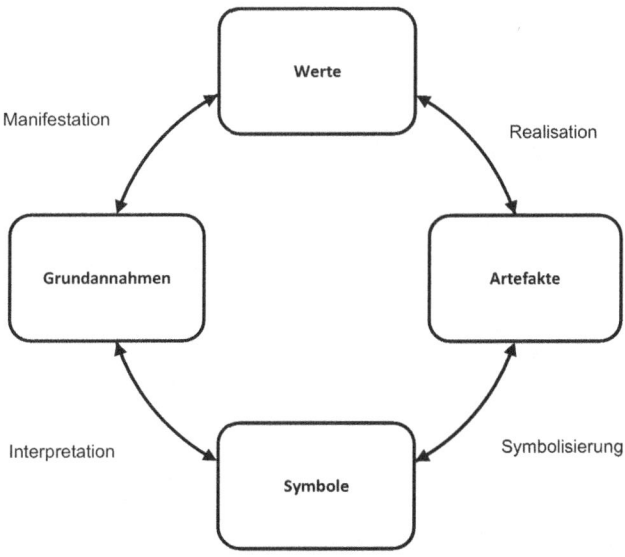

Visionen und Bilder für eine Handlungsunterstützung werden durch die Entstandenen Erwartungen bestimmt. Parallel hierzu werden Artefakte produziert, welche aus den Bildern und Werte resultieren. Mit der Produktion von Artefakten wird der Prozess der **Realisation** beschrieben. Die Werte werden wiederum durch die realisierten Artefakte beeinflusst, aus denen sie entstanden sind. Ebenso werden die Werte der Kultur durch die Artefakte anderer Kulturen bewusst oder unbewusst beeinflusst.

Die entstehenden Artefakte werden durch die Mitglieder der Organisation oder der Kultur in eine Art Symbolhaushalt aufgenommen. Dieser Prozess der **Symbolisierung** wird von den Mitgliedern zur Unterstützung von Aussagen oder Handlungen herangezogen, welche durch Artefakte zusätzlich verdeutlicht werden.

Die verwendeten Symbole werden durch die Mitglieder vor dem Hintergrund des entsprechenden Kontexts interpretiert. Der Prozess der **Interpretation** beeinflusst wiederrum die Grundannahmen, auf denen sie einwirken. Auch die Grundannahmen unterstützen die Interpretation der Symbole.

Das Modell nach HATCH beschreibt eine aktive Gestaltung der Unternehmenskultur. Des Weiteren wird deren reflexive Veränderung betrachtet. Durch die Prozesse der Manifestation und Realisation werden die Aspekte der Aktivität dargelegt. Mit den Prozessen der Interpretation und Symbolisierung erfolgt eine Reflexivität. Die Betrachtung der Zusammenhänge zwischen den einzelnen Elementen lässt eine dynamische Sichtweise zu. Die Prozesse müssen stets im Zusammenhang betrachtet werden. Sie stehen nicht isoliert für sich alleine. Der Kreis der Elemente und Prozesse kann sowohl im Uhrzeigersinn als auch entgegengesetzt betrachtet werden. Der Kreis im Uhrzeigersinn gibt die Erzeugung der menschlichen Welten, insbesondere die Erzeugung von Artefakten einer Unternehmenskultur wieder. Der entgegengesetzte Verlauf reproduziert einen entsprechenden historischen Kontext, aus dem die Mitglieder die Bedeutung der Artefakte, Werte und Symbole herleiten. Beide Richtungen dürfen aber nicht unabhängig voneinander betrachtet werden. Beide beeinflussen sich gegenseitig und verlaufen theoretisch simultan fortlaufend in beide Richtungen.

2.3 Modell nach MARTIN

Das Modell der Unternehmenskultur nach MARTIN rückt die verschiedenen Perspektiven in den Vordergrund. Dabei leitet MARTIN folgende Perspektiven her:

* Integration,
* Differenzierung und
* Fragmentierung.

Die Einstellung wird in der Perspektive der **Integration** gekennzeichnet. In einer Organisation werden alle Kulturelemente konsistent durch gleiche Themen verstärkt. Diese Konsistenz bezieht sich auf Handlungen, Symbole und Inhalte.

- Bei den Handlungen tauchen dauerhaft die gleichen inhaltlichen Themen durch formelle und informelle Tätigkeiten auf.
- Wenn Symbole einer Kultur übereinstimmend mit den inhaltlichen Themen beschrieben werden können, dann spricht man im diesen Zusammenhang von der der symbolischen Konsistenz.
- Stehen verschiedene inhaltliche Themen regelmäßig zueinander in gleichem Zusammenhang, dann liegt eine inhaltliche Konsistenz vor.

Bei den Mitgliedern herrscht ein organisationsweiter Konsens. Dieser wird von allen Organisationsmitgliedern geteilt. Eine hiervon abweichende Meinung wird nicht toleriert. Die Meinungsübereinstimmung ist vorrangig emotional geprägt. In der Integrationsperspektive ist keine direkte Kontrolle der Handlungen notwendig, da sie automatisch eine Klarheit und Kontrolle von Dingen schafft. Unsicherheiten und Komplexität werden reduziert. Mehrdeutigkeiten und Unstimmigkeiten der einzelnen Organisationsmitglieder kann aus der Betrachtung der Unternehmenskultur ausgeschlossen werden. Des Weiteren wird in der benannten Perspektive der Integration eine Führungspersönlichkeit zentriert. Diese integrierte Sichtweise der Unternehmenskultur lässt sich sehrt gut bei Kleinst- und Kleinunternehmen betrachten, da hier oft die Fokussierung auf eine Ideologie oder auf eine Führungspersönlichkeit erfolgt.

Die Perspektive der **Differenzierung** arbeitet mit dichotomen Begriffen. Die Manifestationen der Kultur und ihre Beziehungen untereinander sind weitgehend – aber nicht immer – inkonsistent. Inkonsistenz tritt auf drei Ebenen auf:

- Handlungen,
- Symbole und
- Ideologie.

Hierbei werden die verschiedenen Subkulturen unterschieden. Häufig stehen die verschiedenen Subkulturen in einem Konflikt zueinander. Konsistente Handlungen sind im Gegensatz zur Perspektive der Integration nicht beständig in kulturellen und inhaltlichen Themen verankert. Zwischen den verschiedenen Gruppen einer Organisation können inkonsistente Handlungen entstehen, welche in Konflikten münden können. In kulturellen Elementen drückt sich die symbolische Inkonsistenz aus. Sie stimmt nicht mit den inhaltlichen Themen einer Kultur (z. B. Sprache der Organisationskultur und verwendeter Jargon) überein. Wenn inhaltliche Themen der Organisationskultur im Widerspruch zueinander stehen, dann tritt bei der Ideologie eine Inkonsistenz auf.

Widersprüchlichkeiten und Mehrdeutigkeiten existieren. Diese Widersprüchlichkeiten treten auf, wenn mehrere, nicht dichotome Interpretationen möglich sind; beispielsweise durch fehlende Informationen oder hoch komplexe Situationen. Die Subkulturen sind aber darauf bedacht, diese Störfaktoren nicht in ihren einheitlichen Kulturbereich eindringen zu lassen. Subkulturen sind in diesem Sinne Inseln, in denen Klarheit und Einigkeit herrscht. Widersprüchlichkeiten gehören nicht zur Organisationskultur, sondern „strömen" zwischen den einzelnen Inseln hindurch. Die Perspektive der differenzierten

Organisationskultur eignet sich zur Betrachtung großer, dezentralisierter Unternehmen, die sich in einer stabilen aber segmentierten Umwelt befinden. Auch in Unternehmen mit komplizierten Arbeitsbeziehungen kann diese Perspektive zur Anwendung kommen.

Dagegen betrachtet die Perspektive der **Fragmentierung** Mehrdeutigkeiten und Widersprüche als zentrale Elemente der Organisationskultur. Statt Konsistenz oder Inkonsistenz betrachtet diese Perspektive Komplexität in Organisationskulturen. Die Beziehungen zwischen den Kulturelementen sind teils übereinstimmend, teils verschieden, mitunter aber auch von zufälligen Ereignissen beeinflusst. Drei Arten von Beziehungen werden betrachtet: Handlungen, symbolische Beziehungen und Ideologie.

- **Handlungsambiguität:** Mehrdeutigkeiten im Bereich von Handlungen entstehen, wenn die Beziehungen zwischen Werten und damit verbundenen Handlungen zu komplex sind oder den Mitgliedern nicht genügend Informationen über die Beziehungen zur Verfügung stehen. So kommt es zu Handlungen, die nicht den Werten entsprechen, da die Mitglieder nicht wissen, was die richtige Handlung ist.
- **Symbolische Ambiguität:** In der Perspektive der Fragmentierung gibt es weder klare konsistente noch klar inkonsistente Beziehungen zwischen Kulturformen und –themen. Kulturformen haben immer verschiedene Aussagen. Die Bedeutungen sind abhängig vom Kontext, in dem die Kulturelemente auftreten.
- **Ideologische Ambiguität:** Mehrdeutigkeiten und Unklarheiten treten ebenfalls in den Beziehungen zwischen verschiedenen inhaltlichen Themen auf. Diese Themen bieten keine klärende Ideologie. Ideologie ist ebenso uneindeutig wie alle anderen Bereiche des Arbeitslebens.

In Organisationen wandeln sich die Meinungen und Ansichten der Akteure ständig durch neue Aspekte, wie beispielsweise die Veränderung des Fokus und/oder der Teamzusammensetzung sowie durch neue Informationen. Daraus resultieren viele verschiedene Meinungen. Auch Mitglieder, die zu einer Gruppe in der Organisation gehören, unterliegen ständig diesem Wandlungsprozess. So bilden sich keine stabilen Subkulturen. Wann und inwieweit in der Organisation Konsens herrscht, ist immer abhängig von konkreten Themen. Der Konsensgrad unterliegt einer ständigen Wandlung.

Organisationskultur in der Perspektive der Fragmentierung legt Wert auf Individuen, die ihre Meinungen und ihre kulturelle Identität ständig den veränderten Bedingungen anpassen. Die Perspektive der Fragmentierung eignet sich für Unternehmen im öffentlichen Sektor sowie für innovative Unternehmen in einem turbulenten, sich ständig wandelnden Umfeld (Abb. 2.4).

	Integration	Differenzierung	Fragmentierung
Konsensorientierung	organisationsweiter Konsens	Konsens auf Subkulturen beschränkt	kein Konsens, multiple Meinungen und Ansichten
Beziehung zwischen Kulturelementen	Konsistenz	Inkonsistenz	Komplexität
Stellung zu Mehrdeutigkeiten und Unklarheiten	ausgeschlossen	vorhanden, aber außerhalb der Betrachtung der Subkulturen	zentraler Gegenstand der Betrachtung
Organisationstypen	klein und ideologiefokussiert oder groß und zentriert	groß, dezentralisiert	innovativ oder öffentlicher Sektor
Umwelttypen	stabil, nicht segmentiert	stabil, segmentiert	Turbulenz

Abb. 2.4 Charakteristika und Eignung der Perspektiven von Unternehmenskultur. (Quelle: in Zusammenfassung von Martin 1992, S. 13, 171)

2.4   Modell nach PFLESSER

Das Modell zur Erklärung der Unternehmenskultur von PFLESSER orientiert sich an dem Modell von SCHEIN. Das relativ junge Modell aus dem Jahr 1999 umfasst vier Aspekte – nämlich Werte, Normen, Artefakte und Verhaltensweisen. PFLESSER versteht die **Werte** in seinem Modell als Grundlage der Unternehmenskultur. Die Werte finden sich sowohl in einer sozialen Gemeinschaft als auch in abstrakten Zielsetzungen einer Organisation wider. Als Werte können hier z. B. die Kundenorientierung, die Innovation, die Qualität und der Erfolg verstanden werden. Durch die Unternehmensführung werden meist die benannten Werte in Unternehmensgrundsätzen dargestellt. Werte für Unternehmen bzw. Organisationen sind nicht von selbst gegeben. Sie unterliegen einem Lernprozess, welcher geprägt ist von den Erfahrungen der Mitglieder einer Unternehmung (vgl. hierzu vertiefend: Kerpen 2007, S. 35). Im Gegensatz zu den Werten werden die **Normen** durch das Unternehmen vorgegeben. Sie bilden im Kern somit die geforderten Verhaltensweisen, welche vom Arbeitgeber gewünscht und gefordert werden. Diese Vorgaben werden direkt und indirekt im Unternehmen kommuniziert. Unter einer direkten Vorgabe kann z. B. die Verhaltensweise im Brandfall verstanden werden, welche als Bestandteil des Arbeitsschutzes gesetzlich geregelt ist. Als Beispiel für die indirekten Vorgaben kann das part-

Abb. 2.5 Aspekte der Grundannahmen im Modell PFLESSER

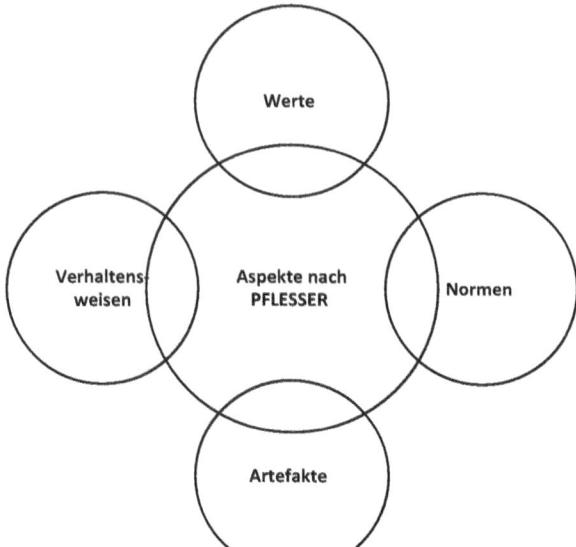

nerschaftliche Verhalten untereinander angesehen werden. In Abgrenzung zu den Werten unterliegen die Normen einem höheren Konkretisierungsgrad und weisen einen stärkeren Verhaltensbezug auf.

Die **Artefakte** nehmen im Modell von PFLESSER in Anlehnung an das Modell von SCHEIN einen hohen Stellenwert ein. Die verschiedensten Symbolsysteme beziehen sich auf eine innere und äußere Darstellung und Präsentation einer Unternehmung. Rituale, Sprache und auch das Design, im Sinne eines Wiedererkennungswertes, sind hierbei die Schwerpunkte. Nicht betrachtet wird hierbei, dass durch die herrschenden Werte und Normen die Artefakte ihre eigentliche Bedeutung erlangen. Somit können die Artefakte als Ergebnis der Unternehmenskultur verstanden werden. Ohne die Basis für Werte und Normen ist eine Interpretation der Artefakte nur unzureichend möglich.

Der Aspekt der **Verhaltensweisen** im Modell der Unternehmenskultur nach PFLESSER zeigt nur einen geringen Symbolcharakter auf. Dementsprechend sind die zugrunde-liegenden Verhaltensweisen nicht direkt einer entsprechenden Unternehmenskultur zuzu-ordnen. Sie ist vielmehr ein Ergebnis der vorherrschenden Rahmenbedingungen und der aktuellen Situation in einer Unternehmung (vgl. hierzu vertiefend: Kerpen 2007, S. 35) (Abb. 2.5).

2.5 Modell nach HANDY

Die Beschreibung der Unternehmenskultur anhand unterschiedlicher Typologien findet sich in unterschiedlichen Erklärungsansätzen wider. Die Unternehmenskulturen werden somit nach definierten Dimensionen beurteilt und erfasst. Aufgrund der zugrundeliegen-den Dimensionen ist eine Interpretation eines möglichen Idealtypus zum Teil in Kombina-tion mit weiteren Dimensionen möglich.

1. Kulturtyp	2. Kulturtyp	3. Kulturtyp	4. Kulturtyp
Machtkultur	Rollenkultur	Aufgabenkultur	Personenkultur

Abb. 2.6 Kulturtypologie nach dem Modell HANDY

Der Ansatz von HANDY (1978) umfasst eine Typologisierung der verschiedenen Organisationskulturen. HANDY versteht den Begriff der Organisationskultur als ein Normengefüge einer Unternehmung, welches sich im Verhalten, in den Überzeugungen und Werten der Personen einer Unternehmung widerspiegelt. HANDY teilte in seinem Modell die Organisationen in vier verschiedenen Kulturtypen ein (vgl. hierzu vertiefend: Kerpen 2007, S. 35) (Abb. 2.6).

Zu einer autokratischen Organisationsform kann der Kulturtyp der **Machtkultur** zugeordnet werden. Diese Organisationsform ist durch starke Hierarchieebenen geprägt. Aufgrund der tiefen Aufbaustruktur der Organisation ist eine demokratische Entscheidungsfindung nicht möglich, sondern wird von der obersten Managementebene getroffen. Das Machtpotential ist demnach stark zentralisiert. In den klassischen Familienunternehmen, wo der Eigentümer das Unternehmen patriarchalisch führt, ist die Machtkultur anzutreffen. Ein Erfolg der Unternehmung ist in dieser Kultur von den Entscheidungsträgern abhängig.

Die **Rollenkultur** ist vorrangig in funktionalen Organisationsformen vorzufinden. Charakteristisch bei der Rollenkultur ist die eindeutige Beschreibung der einzelnen Rollen bzw. Stellen mit den entsprechenden Aufgaben, Kompetenzen und Funktionen in der Organisation. Desweiteren werden in der Tätigkeitsbeschreibung die Beziehung zu anderen Stellen einschließlich der Kommunikation eindeutig definiert. Ein solcher Rollentyp ist für Unternehmen nur dann erfolgreich, wenn es auf externen Umwelteinfluss nur gering reagieren muss, da das System nur eine stark eingeschränkte Flexibilität aufweist. Im Sinne einer Kundenorientierung und Marktanpassung ist die Rollenkultur nachteilig. Sie eignet sich vorrangig für den öffentlichen Dienst und parafistische Unternehmen.

Mit der **Aufgabenkultur** wird die Organisationsform der projekt- und teamorientierten Arbeitsweise beschrieben. Eine Betrachtung der Aufbaustruktur findet hier nicht statt. Der Ablaufprozess steht im Mittelpunkt. Die Strukturen sind im Vergleich zur Rollenkultur sehr flexibel und werden entsprechend den Erfordernissen ausgerichtet. Da die Hierarchien vernachlässigt werden, wird eine entsprechende Selbstverantwortung den Mitarbeitern zugeschrieben. Die Aufgabenkultur lässt eine schnelle Marktanpassung zu und weist demzufolge einen dienstleistungsorientierten Charakter auf.

Die Mitarbeiter und die entsprechenden Bedürfnisse werden in der **Personenkultur** in den Vordergrund gestellt. Der Ablaufprozess wird an den Mitarbeitern ausgerichtet. Strukturen und Abläufe erfahren eine Anpassung an die Mitarbeiter, wobei ebenso Freiräume zugestanden werden. Dieser Kulturtyp ist auf das Wohlergehen der Mitarbeiter ausgerichtet. Aufgrund der Zugeständnisse kann sich der Mitarbeiter selbst verwirklichen, was sich ebenso positiv auf die Motivation und auf die Arbeitszufriedenheit auswirkt (vgl. hierzu vertiefend: Berschneider 2003, S. 74 ff., vgl. ebenso: Müller 2004, S. 148 ff., vgl. ebenso: Lohaus und Habermann 2012, S. 65 ff., vgl. ebenso: Meifert 2010, S. 148 ff., vgl. ebenso: Maus 2009, S. 140 ff.). Dem Arbeitgeber werden allerdings kaum Möglichkeiten gegeben, die Mitarbeiter zielorientiert zu führen. Eine Verhaltenskanalisation entsprechend den gesetzten Unternehmenszielen wird demzufolge erschwert (vgl. hierzu vertiefend: Brandstätter und Otto 2009, S. 356 ff.).

HANDY ordnet den vier Kulturtypen entsprechende unternehmerische Aktivitäten zu. Für Routinetätigkeiten empfiehlt er die Rollenkultur, für Krisensituationen die Machtkultur, für innovative Vorhaben die Aufgabenkultur. Für eine erfolgreiche allgemeine Unternehmensführung empfiehlt HANDY eine Mischung aller vier Kulturtypen. Die aufgeführten Kulturen können demzufolge nur als ein grobes Hilfsmittel angesehen werden, um charakteristische Eigenschaften einer Unternehmung zu erfassen und zu sortieren. Aufgrund einer solchen, sehr starken Vereinfachung besteht die Gefahr einer falschen Ableitung. Die starke Vereinfachung ist allerdings notwendig, da jedes Unternehmen mit seinen verschiedenen Ablaufprozessen formell und sozial unterschiedlich aufgestellt ist. Insofern kann ein entsprechender Kulturtypus oftmals nur unzureichend abgeleitet werden. Das Verständnis für Unternehmenskulturen bedarf insofern mehr als nur einer reinen Kategorisierung. Dennoch können die verschiedenen Kulturtypen nützlich sein. Sie ermöglichen eine Identifikation von Gemeinsamkeiten und Unterschieden (vgl. hierzu vertiefend: Kerpen 2007, S. 35).

2.6   Modell nach HOFSTEDE

HOFSTEDE beschreibt die Kultur als ein kollektives Phänomen. Es sind immer mehrere Menschen an der Kulturentwicklung beteiligt – Menschen, welche diese Kultur leben (vgl. hierzu vertiefend: Broßmann und Mödinger 2011, S. 412). Diese Gruppe von Menschen kommt aus einem gleichen sozialen Umfeld, sodass eine regelmäßige soziale Interaktion stattfinden kann. Demzufolge besteht die Kultur aus indirekten Regeln der sozialen Interaktion verschiedener Personen miteinander. Die zugrunde liegende Kultur unterliegt dabei einem ständigen Anpassungsprozess.

Der Kulturbegriff wird nach HOFSTEDE unterteilt in Werte, Rituale, Helden und Symbole (Abb. 2.7).

Die in dem vereinfachten Zwiebelmodell dargestellten vier Kategorien stehen im Kern des Modells nach HOFSTEDE. Dabei können die Rituale, Helden und Symbole zusammengefasst werden als Praktiken (vgl. hierzu vertiefend: Broßmann und Mödinger 2011, S. 412).

Die **Symbole** beschreiben bestimmte Bilder, Objekte, Wörter und Gesten. Unter **Helden** können verstorbene oder lebende, imaginäre oder reale Personen, welche sich in einer Organisation aufgrund bestimmter Fähigkeiten oder Fertigkeiten hervorgetan haben verstanden werden. Sie werden durch eine Mehrheit der Organisationsmitglieder geschätzt und anerkannt. Als **Rituale** sind hier gemeinsame Aktivitäten der Organisationsmitglieder zu verstehen. Die Rituale sind vorrangig für die Förderung der sozialen Beziehungen zu verstehen. Die Werte nehmen im Modell nach HOFSTEDE eine besondere und zentrale Rolle ein. Um diese Bedeutung hervorzuheben, werden die Werte im Zwiebelmodell als Kern der Kultur dargestellt. Die Werte der Unternehmenskultur bilden sich in den oberen

Abb. 2.7 Die vier Kategorien nach dem Modell HOFSTEDE

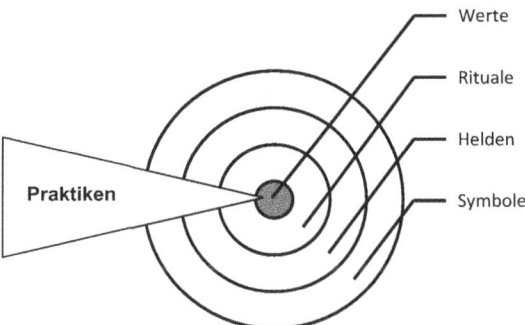

Schichten, also in den Praktiken. Sie sind nicht direkt zu erfassen. Ihre Wirkung wird unbewusst in den verankerten Normen entfaltet.

2.7 Modell nach BLEICHER

Das Modell von BLEICHER betrachtet nicht das Entstehen einer Kultur. Es gibt nur einen Aufschluss über den aktuellen Stand einer Unternehmenskultur. Dabei vertritt BLEICHER die Grundannahme, dass mehrere Lebenszyklen einer Kultur im Laufe der Unternehmensentwicklung feststellbar sind. Dabei sind in einer Unternehmung unterschiedliche Ausprägungsgrade in den verschiedenen Bereichen feststellbar, welche stark oder schwach ausgeprägt sein können. Der Prozess der Lebenszyklen kann in vier Phasen dargestellt werden (Abb. 2.8).

Die **Kulturentstehung**, welche die erste Phase im Lebenszyklus nach BLEICHER einnimmt, weist keine stark ausgeprägte Unternehmenskultur auf. Das Bewusstsein und die Akzeptanz der einzelnen Bestandteile der noch jungen Unternehmenskultur sind bei den Mitarbeitern noch nicht vorhanden.

Abb. 2.8 Lebenszyklusmodell der Unternehmenskultur nach BLEICHER

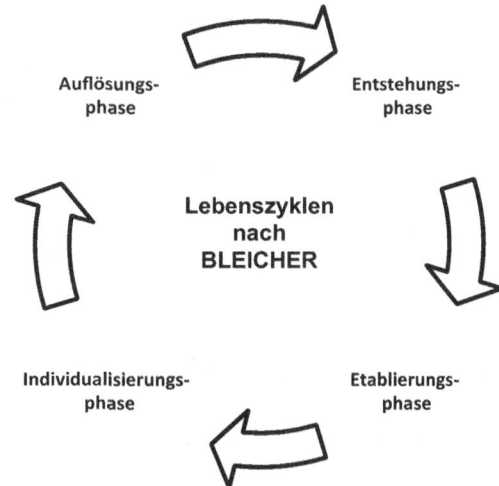

Mit einer Marktetablierung des Unternehmens, indem erste Erfolge realisiert werden, kann das Unternehmen in die zweite Phase des Lebenszyklus übergehen, der **Etablierungsphase**. Die Unternehmenskultur im Unternehmen wird gestärkt und findet aufgrund der Erfolge Zustimmung und Anerkennung durch die Mitarbeiter. Das Profil einer gefestigten Kultur ist aber weiterhin noch schwach ausgeprägt. Grund hierfür ist die noch junge Kultur. In der Regel wächst das Unternehmen und festigt sich in den Marktstrukturen und grenzt sich von der Konkurrenz ab. Dieser Prozess beschreibt die dritte Phase im Lebenszyklus – die **Kulturindividualisierung**. Es bildet sich im Unternehmen in den verschiedenen Bereichen wie z. B. Beschaffung, Produktion, Marketing, Vertrieb, eine durch den Bereich individualisierte Unternehmenskultur heraus. Grund hierfür sind die verschiedenen Interessenslagen der Unternehmensbereiche. Die Ausprägung der Kultur wird verankert und intensiviert. In der vierten und letzten Phase ist der Lebenszyklus ist die Unternehmenskultur sehr stark ausgeprägt. Durch die einzelnen dominanten Bereichskulturen wird durch die Mitarbeiter der Versuch unternommen, individuelle Wünsche und persönliche Angelegenheiten durchzusetzen. Um im Sinne der Unternehmensziele zu handeln, muss die Unternehmensleitung in der vierten Phase eingreifen, um die verschiedenen Interessenslagen zu vermitteln. Durch Richtlinien und Instrumente, wie z. B. Führungsleitlinien und Unternehmensgrundsätze werden die Interessen geordnet. Dadurch werden die Bereiche mit ihrer jeweiligen Bereichskultur eingeschränkt. Dies kann zur Folge haben, dass die Mitarbeiter unzufrieden mit der Arbeitssituation und demotiviert sind. Dieser Verlauf führt letztendlich zum Zerfall der Unternehmenskultur. Die Mitarbeiter Identifizieren sich nicht mehr mit dem Unternehmen und fühlen sich als „Fremde im eigenen Haus". Durchgreifende Maßnahmen müssen durch die Unternehmensleitung umgesetzt werden, die eine **Kulturauflösung** fördern, aber nicht die Unternehmensziele gefährden. Nach Umsetzung der Maßnahmen befindet sich das Unternehmen wieder in der ersten Phase der Kulturentwicklung. Ein erneuter Lebenszyklus beginnt.

2.8 Eisbergmodell nach HALL

Die Unternehmenskultur wird nach HALL in Form eines Eisbergmodells anschaulich beschrieben. Dabei geht er davon aus, dass die Unternehmenskultur dabei als ein gemeinsames Muster von Grundannahmen zur Lösung von internen und externen Problemen verstanden wird (vgl. hierzu vertiefend: Kreuser und Robrecht 2010, S. 31). Demzufolge besteht das Modell aus sichtbaren und nicht sichtbaren Elementen. Den Eisberg, welchen wir sehen, beschreiben die Elemente, die nicht gesehen werden. Wie in der Wirklichkeit ist der Eisberg aber als ein viel größeres Konstrukt zu verstehen. Unter dem Wasser, d. h. das Verborgene, nimmt mehr Volumen ein. Grund für diese Annahme ist, dass die nicht sichtbaren Elemente die sichtbaren Elemente leiten. Stimmt irgendwo z. B. die Chemie bei den Arbeitskollegen untereinander nicht, ist eine konstruktive Zusammenarbeit meist erschwert (vgl. hierzu vertiefend: Reichert 2011, S. 138). Es wird immer versucht, seinen eigenen Standpunkt gegenüber den anderen zu vertreten. Grundannahmen der Unternehmenskultur sind beispielsweise Sichtweisen hinsichtlich Wahrheit bzw. richtig vs. falsch,

Abb. 2.9 Eisbergmodell nach HALL

Raum und Zeit, die Natur des Menschen mit seinen Stärken und Schwächen sowie sein Verhalten (vgl. hierzu vertiefend: Broßmann und Mödinger 2011, S. 412). Als sichtbare Elemente der Unternehmenskultur können die grundlegenden Werte in Form von:

- Leitbildern,
- Philosophien,
- Strategien und
- diverse Zielsetzungen

verstanden werden (vgl. hierzu vertiefend: Motschnig und Ladislav 2009, S. 46 f.).
Als nicht sichtbare Elemente können die:

- verdeckten Regeln,
- Beziehungen,
- Status,
- Einstellungen und
- Denkhaltungen

beschrieben werden. Sie sind das Fundament des Eisberges, welches nicht sofort sichtbar ist (vgl. hierzu vertiefend: Balz und Arlinghaus 2007, S. 165 ff.; vgl. hierzu ebenfalls vertiefend: Kreuser und Robrecht 2010, S. 31) (Abb. 2.9).

2.9   7-S-Modell nach PETERS und WATERMAN

Das 7-S- Modell wird auch als McKinsey 7-S bezeichnet. Grund hierfür ist, dass die maßgeblichen Urheber, Tom PETERS und Robert WATERMAN, zu jener Zeit als Berater bei McKinsey & Co. Gearbeitet haben. Mit der Entwicklung des 7-S-Modells wird beschrieben, dass Unternehmen mehr als nur eine Struktur haben. Dies wird durch sieben Elemente dargestellt (Abb. 2.10).

Alle sieben Elemente beeinflussen sich gegenseitig. Sie können in weiche und harte Faktoren differenziert werden. Zu den harten Faktoren gehören:

- Strategy,
- Structure und
- Systems.

Sie werden als **harte Faktoren** verstanden, weil sie greifbar sind. Sie können direkt in verschiedenen Unternehmen dargelegt werden. Beispielsweise aufgrund von Plänen, Strategiepapieren sowie Dokumentationen der Aufbau- und Ablauforganisation sind die harten Faktoren nachvollziehbar.

Die weiteren Elemente, die **weichen Faktoren**, sind im Vergleich zu den harten Faktoren nicht greifbar. Zu den weichen Faktoren zählen:

- Shared Values,
- Skills,
- Staff und
- Style.

Sie beschreiben die Werte, Fähigkeiten und Kulturen. Sie unterliegen einem ständigen Anpassungsprozess im Unternehmen und entwickeln sich kontinuierlich fort. Die wei-

Abb. 2.10 7-S-Modell nach
PETERS und WATERMAN

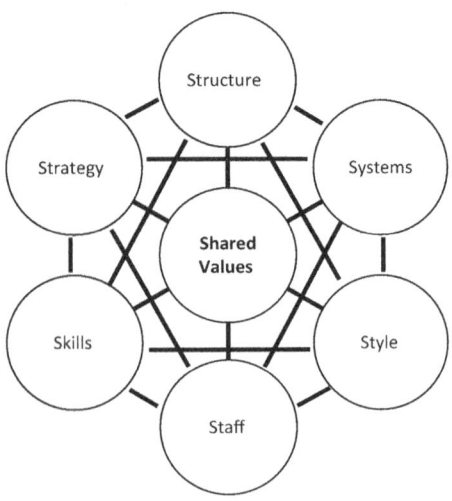

HarteFaktoren	
Strategy (Strategie)	Die Strategie eines Unternehmens beschreibt alle Maßnahmen, die ein Unternehmen in Erwartung von oder in einer Reaktion auf Veränderungen, welche sich in der Umwelt ergeben, plant.
Structure (Struktur)	Die Struktur ist die Basis für Spezialisierung, Koordination und Kooperation einzelner Abteilungen, Bereiche, Stellen. Der Aufbau der Struktur wird von der Strategie, der Unternehmensgröße und von den zu erstellenden Produkten bzw. Dienstleistungen bestimmt.
Systems (System)	Bei dem System werden die informellen und formellen Prozesse in einer Unternehmung zur Umsetzung der Strategie in den vorhandenen Strukturen verstanden.
Weiche Faktoren	
Style (Unternehmenskultur)	Die Unternehmenskultur besteht aus zwei Elementen: **1. Die Kultur der Organisation** Werte und Normen, welche sich im Laufe der Zeit als stabile Elemente herausgebildet haben, können in Unternehmen verankert werden. **2. Der Führungsstil bzw.die Managementkultur** Hierbei wird die Aufgabendelegation und das Handeln sowie das Verhalten der Manager verstanden.
Staff (Menschen)	Bei diesem Faktor wird die Ausgestaltung der Prozesse im Personalwesen verstanden. Personalentwicklungsprozesse, Sozialisierungsprozesse, Nachwuchsförderung, Mentoring- und Feedbackprogramme u.v.m. stehen bei den HR-Aktivitäten im Mittelpunkt.
Skills (Fähigkeiten)	Die Fähigkeiten beschreiben individuelle Stärken des Unternehmens. Maßnahmen, die im Bereich der Skills anzusiedeln sind, zielen auf eine Ausdehnung und Entwicklung der Fähigkeiten und Kompetenzen.
Shared Values (Vision)	Unter der Vision sind die grundlegenden Ideen, auf denen ein Unternehmen basiert, zu verstehen. Visionen sind für Unternehmen in ihrer Innen- und Außenwirkung von großer Bedeutung.

Abb. 2.11 Die harten und weichen Faktoren des 7-S-Modell. (Peters und Waterman 1994)

chen Faktoren können aber nur bedingt geplant und beeinflusst werden, da sie sehr stark von den Mitgliedern der Organisation geprägt werden. Das Handeln der Mitarbeiter hat einen direkten Einfluss auf die weichen Faktoren. Obwohl sie eher im Verborgenen liegen, haben sie, im Vergleich zu den harten Faktoren einen stärkeren Einfluss auf die Unternehmenskultur. Die weichen Faktoren wirken auf die harten Faktoren ein, wodurch u. a. ein bestimmtes Verhalten und Handeln ausgelöst wird. Somit formen die weichen Faktoren die harten Faktoren (Waterman et al. 1980, S. 14–26) (Abb. 2.11).

Unternehmen, welche effektiv arbeiten, weisen eine ausgeglichene Balance zwischen den 7 Faktoren auf. Aufgrund der Verzahnung der einzelnen Faktoren wird das 7-S-Modell auch als Diagnosemodell zur Steigerung der Organisationseffektivität herangezogen. Jede noch so kleine Änderung in einem Faktor hat Einfluss auf das ganze Modell bzw. auf jeden einzelnen Faktor.

Als Veränderung kann z. B. die Aufnahme moderner HR-Aktivitäten verstanden werden, welche sich in der Unternehmenskultur, im Führungsstil und dadurch auch in der Aufbau- und Ablauforganisation wiederfinden. Darüber hinaus werden die Fähigkeiten der Organisation ausgebaut. Bei der Optimierung von internen Prozessen wird oft das Augenmerk im Veränderungsprozess auf die harten Faktoren – Strategie, Struktur und System – gelegt. Die weichen Faktoren – Unternehmenskultur, Menschen, Fähigkeiten, Vision – spielen hier meist nur eine untergeordnete Rolle. PETERS und WATERMAN vertreten die Auffassung, dass Unternehmen, welche sich auf den Märkten etabliert haben und erfolgreich sind, sich diese weichen Faktoren zu Eigen gemacht haben. Sie wurden optimal nach den harten Faktoren ausgerichtet, so dass das ganze 7-S-Modell wie ein feines Getriebe ineinandergreift. Ohne Beachtung der weichen Faktoren wird ein Veränderungsprozess oftmals scheitern. Strukturen und Strategien dürfen nicht im Widerspruch zu der Kultur und den Werten stehen. Solche Probleme werden häufig bei spektakulären Fusionen beschrieben. Grund hierfür sind die unterschiedlichen Kulturen und Wertvorstellungen, die in einer Struktur und einem System zusammengefasst werden. Das 7-S-Modell kann im Veränderungsprozess die Richtung vorgeben. Durch die Beschreibung des IST-Zustandes im Vergleich zu dem SOLL-Zustand können die verschiedenen Wechselwirkungen betrachtet und entsprechende Maßnahmen identifiziert werden (Pascale und Athos 1982).

Literatur

Balz U, Arlinghaus O (2007) Praxisbuch. Mergers & Acquisitions. Von der strategischen Überlegung zur erfolgreichen Integration, 2. Aufl. Landesberg am Lech

Berschneider W (2003) Sinnzentrierte Unternehmensführung. Was Viktor E. Frankl den Führungskräften der Wirtschaft zu sagen hat. Lindau am Bodensee

Brandstätter V, Otto J-H (Hrsg) (2009) Handbuch der Allgemeinen Psychologie. Motivation und Emotion, Bd 11. Göttingen

Broßmann M, Mödinger W (2011) Praxisguide Wissensmanagement. Qualifizieren in Gegenwart und Zukunft. Planung, Umsetzung und Controlling in Unternehmen. Berlin

Georgsdorf B (2010) Der wirkungsvolle Einsatz von interner Kommunikation zur Verankerung von Unternehmenswerten, Eine qualitative Fallstudie am Beispiel des Werteprozesses „Driving Values" der OMV Aktiengesellschaft. Wien

Kerpen P (2007) Internes Marketing und Unternehmenskultur. Analyse der Interdependenzen unter marktorientierten Gesichtspunkten. Hamburg

Kreuser K, Robrecht T (2012) Führung und Erfolg. Eigene Potenziale entfalten, Mitarbeiter erfolgreich machen. Wiesbaden

Lohaus D, Habermann W (2012) Führung im Mittelstand. Ein praxisorientierter Leitfaden. München

Martin (1992) S 13 und Martin (1992) S 171

Maus H-A (2009) Herausforderung Motivation. Denkpräferenzen und ihr Einfluss auf Engagement und Handeln im Beruf. Bielefeld

Meifert M-T (Hrsg) (2010) Psychologie für Führungskräfte, 3. Aufl. Freiburg im Breisgau

Motschnig R, Ladislav N (2009) Konstruktive Kommunikation. Sich und andere verstehen durch personenzentrierte Interaktion. Stuttgart

Müller U (2004) Controlling aus verwaltungswissenschaftlicher Perspektive. Ein Beitrag zur Verwaltungsreform. München

Pascale R, Athos A (1981) „The art of Japanese management" (Geheimnis und Kunst des japanischen Managements). Penguin Books, London (Reinbeck 1982)

Peters T, Waterman R (1982) In search of excellence. Harper & Row, New York (Auf der Suche nach Spitzenleistungen. Was man von den bestgeführten US-Unternehmen lernen kann, 5. Aufl. moderne industrie. Landsberg, 1994)

Reichert T (2011) Projektmanagement, 2. Aufl. Freiburg im Breisgau

Schein (1984)

Waterman R Jr, Peters T, Phillips JR (1980) Structure is not organization. Bus Horiz 23(3):14–26

Die Unternehmensidentität (Corporate Identity)

3

Die Unternehmenskultur ist die Basis für eine Corporate Identity, welche automatisch mit der Zeit von sich aus entsteht. Demzufolge kann die Corporate Identity bewusst oder unbewusst für Organisationen und Unternehmen aufgebaut werden. Hauptmerkmale, welche eine Corporate Identity formen sind u. a.:

- Werte,
- Normen,
- Riten,
- Symbole und
- Anekdoten.

Für dessen Übertragung in die Kultur des Unternehmens sind die Sprache, Regeln und das Verhalten aller Mitglieder bedeutsam. Im Allgemeinen lassen sich die Haupteinflussgrößen in drei Stufen unterteilen (Abb. 3.1).

Die Unternehmenskultur ist das Ergebnis eines individuellen Entwicklungsprozesses, welcher sich kurzfristig nicht modifizieren lässt. Es ist ein strategischer Aspekt. Dennoch sollten alle Kulturen einen dynamischen und flexiblen Ansatz aufweisen, da diese sonst Gefahr laufen, dass sie mit der Zeit verkrusten. Demzufolge sollten alle Kulturen einem regelmäßigen Wandel unterzogen werden.

Eine gesteuerte und positive Unternehmenskultur kann indirekt sehr viel zum Erfolg der Organisation beitragen. Das Selbstbewusstsein und das Wir-Gefühl aller Mitglieder werden gestärkt. Nach außen wird eine hohe Kompetenz vermittelt und es werden die Türen für eine flexible Unternehmensstruktur geöffnet.

© Springer Fachmedien Wiesbaden 2014
A. Wien, N. Franzke, *Unternehmenskultur,* DOI 10.1007/978-3-658-05993-4_3

Stufe 1	Die erste Stufe umfasst die unbewusste und unsichtbare Werteebene. Hierzu gehören alle Vorstellungen über Prozesse und Verhaltensweisen anderer Mitglieder, die wir persönlich als Standard ansehen. Als Werte können hier beispielhaft - die Freiheit, - die Wahrheit, - die Individualität, - die Gerechtigkeit und - der Wohlstand verstanden werden.
Stufe 2	Die Die zweite Stufe kann als zum Teil bewusst und zum Teil als sichtbar beschrieben werden. Die jeweiligen kulturellen Aspekte, welche die Normen und Standards beinhalten werden durch: - Verhaltensrichtlinien, - Verbote, - Maximen und - Ideologien gelebt.
Stufe 3	Die dritte Stufe wird auch als sichtbare Ebne bezeichnet. Hier werden das Verhalten und der Einsatz von Symbolen als bewusster Zustand erfasst. Die dritte Stufe entwickelt sich automatisch durch das Zusammenspiel der ersten und zweiten Stufe. Kommunikation nimmt hierbei eine bedeutsame Funktion ein, z.B. durch Heldensagen und Legenden. Darüber hinaus wird bewusst eine bestimmte Architektur oder Präsentation des Unternehmens, die Kleidung der Mitarbeiter aber auch der Sponsoring-Einsatz für eine Steuerung der Corporate Identity eingesetzt.

Abb. 3.1 Stufen einer Corporate Identity

3.1 Funktion und Wirkung der Unternehmenskultur

In der Diskussion über eine Unternehmenskultur nehmen die Führungskräfte eine besondere Bedeutung ein. Nach der Ansicht von SCHEIN ist das Verhalten der Führungskräfte der Hauptmechanismus zur Prägung einer Unternehmenskulturn (vgl. hierzu vertiefend: Schein 1995). Die hierbei zugrundeliegenden Prägeprozesse erfolgen automatisch und ununterbrochen. Insofern haben Führungskräfte die besten Möglichkeiten, die Unternehmenskultur zu beeinflussen. Gestützt wird diese Möglichkeit jedoch nicht alleine auf ihre Macht im Unternehmen, sondern darauf, dass ihr Verhalten und ihre Informationskommunikation im Unternehmen mehr Bedeutung genießt.

> Es sind die Zuschreibungen und Erwartungen der [Mitarbeiter], die den Führungskräften ihren Einfluss auf die Unternehmenskultur sichern. Kommentare von Führungskräften, ihr Verhalten in Sitzungen, die Art und Weise wie sie auf kritische Vorfälle und Krisen in der

Organisation reagieren, wie sie ihre eigene Rolle formen, wie sie sich informell verhalten, wie sie ihre Büroarchitektur gestalten, wofür sie belohnen (offiziell und inoffiziell), wen sie fördern, wer von ihnen ausgeschlossen wird, … – all diese Handlungen werden von den [Mitarbeitern] zu Orientierungsposten der Unternehmenskultur gemacht. (Carmann und Janes 2001, S. 5)

Das Verhalten der Vorgesetzen ist demnach ausschlaggebend für die Unternehmenskultur. Aber gerade dieses Verhalten lässt sich aufgrund der Funktion im Unternehmen nur begrenzt durch die Führungskraft bewusst und zielorientiert steuern. Hier liegt die Kunst der Führungskraft. Bei Gesprächen auf Augenhöhe, ohne den Vorgesetzten herauszukehren, kann er als gleichberechtigte Person im sozialen Gebilde der Unternehmenskultur bei den Mitarbeitern mit aufgenommen werden. Aber Vorsicht: Eine Führungskraft wird auch immer durch ihre Autorität beschrieben. Daher ist es oftmals nicht ratsam, den Mitarbeitern hier etwas vorzuspielen. Ob aber im allgemeinen eine Führungskraft als berechenbar, ehrlich, sympathisch und freundlich bei den Mitarbeitern angesehen wird, ist nicht möglich, durch die Führungskraft zu beeinflussen. Kritik an Vorgesetzten stellt beispielsweise in vielen Unternehmen ein Tabuthema dar. Insofern wären ritualisierte Kommunikationsmöglichkeiten erforderlich, die es den Vorgesetzten leichter machen, sich etwaiger Kritik zu stellen. Dieses hätte die Kraft, in Unternehmen Veränderungsprozesse anzustoßen.

Die Zentrale Wirkungsvariable ist dabei das Reaktionsverhalten der Führungskraft unter kritischen Bedingungen. Von diesem Reaktionsverhalten hängt es letztlich ab, ob die beteiligten [Mitarbeiter] ihre Einschätzung der Unternehmenskultur tatsächlich verändern oder nicht. (Carmann und Janes 2001, S. 6)

3.2 Corporate-Governance-Kodex

In Deutschland wurde gegen Ende des Jahres 2001 eine Regierungskommission gebildet, deren Aufgabe es war, einen deutschen „Corporate Governance Kodex" zu erarbeiten. Hierbei handelt es sich um eine reine Selbstregulierungsmaßnahme der deutschen Wirtschaft, die insbesondere auf die großen börsennotierten Unternehmen ausgerichtet ist. Der Kodex soll in erster Linie die Beziehungen der Unternehmen zu den Aktionären und zum gesellschaftlichen und politischen Umfeld regeln. Durch den Corporate Governance Kodex soll sowohl das Vertrauen der Kunden, der Mitarbeiter und der Öffentlichkeit gestärkt werden, als auch eine einheitliche und transparente Möglichkeit geschaffen werden, Unternehmen zu kontrollieren und zu überwachen. Der Kodex wird von der Regierungskommission regelmäßig überprüft.[1] Die ethische Unternehmensführung im Sinne der Verantwortung des Managements wird entsprechend berücksichtigt. Der Kodex soll in erster Linie Vertrauen schaffen. Das Management hat sich dazu verpflichtet, festgelegte Normen einzuhalten und

---

[1] Vgl. hierzu die Novelle des Deutschen Corporate Governance Kodex in der Fassung vom 13.05.2013.

die so genannten Stakeholder – also externe Anspruchsgruppen – darüber zu informieren, nach welchen Richtlinien das Unternehmen geführt wird. Neben diesen Richtlinien muss innerbetrieblich sichergestellt werden, dass ein gewisser Grad an Eigenverantwortung der Mitarbeiter aktiviert wird, der sie ermutigt und befähigt, hierarchieübergreifend für ethische Belange Zivilcourage zu zeigen und Einspruch zu erheben, wenn gegen diese ethischen Belange verstoßen wird. Diese Eigenverantwortung kann in Form eines Ethik-Trainingsprogrammes gesteigert werden. Durch diese Maßnahme können die Kompetenzen und die Aufmerksamkeit der Mitarbeiter gezielt geschult werden. Selbstverständlich ist auch eine eindeutige und unbegründete unternehmerische Wertschöpfungskette von hoher Bedeutung, um dem unternehmerischen Handeln einen lebenspraktischen Sinn zu verleihen. Verbindliche Geschäftsgrundsätze können einen weiteren Beitrag leisten; sie verdeutlichen nach außen hin die Selbstverpflichtung des Unternehmens, sich an einem legitimen Geschäftsgebaren und an einer nachhaltigen wirtschaftlichen Erfolgssicherung zu orientieren. In der wirtschaftlichen Fachsprache wird in diesem Zusammenhang auch der Begriff „Business Principles" verwendet. Die Sanktionierung bei einem Fehlverhalten gegen die Richtlinien des Kodexes erfolgt auf unterschiedliche Weise. Die wohl schnellste Reaktion wird von den Kapitalmärkten erwartet. Diese werden bei einem Verstoß, das betreffende Unternehmen in der Regel in Form eines Kapitalrückgangs abstrafen, was sich in einem Wertverlust des Unternehmens niederschlägt und auch quantitativ durch die Marktkapitalisierung bewertet werden kann. Darüber hinaus bildet der Kodex einen Rahmen von Empfehlungen und Pflichten für die Vorstands- und Aufsichtsratsmitglieder. Bei einer Nichtbefolgung dieser Rahmenbedingungen kann es zu Schadensersatzansprüchen im Sinne einer Haftung führen. Diese Haftung gilt sowohl für das Außen- als auch für das Innenverhältnis. Im Hinblick auf die Anwendbarkeit einer Durchgriffshaftung muss jedoch an dieser Stelle erwähnt werden, dass in der rechtswissenschaftlichen Literatur in diesem Zusammenhang von einem zahnlosen Papiertiger gesprochen wird. Zahnlos daher, dass es in der Praxis schwierig ist, nachzuweisen, ob ein Verstoß gegen den Kodex wirklich stattgefunden hat. Die Anwendbarkeit der deliktischen Haftung ist weiterhin gegeben. Die Tatsache, dass zwischen dem Vorstand und dem Aufsichtsrat oftmals ein so genanntes Schweigekartell vereinbart wurde, macht den Nachweis in der Praxis deutlich komplizierter bis nahezu unmöglich.

3.3   Marktwandel (Verkäufermarkt hin zum Käufermarkt)

Aufgrund ausgeschöpfter Marktpotentiale nimmt der Wettbewerb auf allen Märkten zu. Unternehmen können sich weitgehend nur noch auf dem Markt etablieren, wenn sie die Marktanteile der Konkurrenten für sich gewinnen. Dass die Produkte austauschbar sind und eine Marke nicht immer als Qualitätssiegel interpretiert werden kann, erschwert die Situation. Die Anzahl der gleichen Produkte und deren Abgrenzung zueinander stellt ebenso eine Schwierigkeit dar. Nicht einmal Gourmets schmecken heutzutage den Unterschied zwischen den verschiedenen Biersorten heraus. Als Ergebnis dieser Entwicklung

Unternehmen werden komplexer	In den vergangenen Jahren hat es viele Firmenzusammenschlüsse und Kooperationen gegeben. Zu den Schattenseiten gehört, dass Koordination und Abstimmung zwischen den Firmenteilen immer schwieriger werden. Jeder Bereich optimiert sich nur selbst. Das Wir-Gefühl geht verloren und macht Isolierung und Eigenheiten Platz, die den internen Arbeitsablauf stören und die Koordination sowie den Zusammenhalt hemmen.
Unternehmen werden internationaler	Die Heimatmärkte sind gesättigt. Viele Unternehmen weiten die Absatzmärkte aus. Sie werden internationale, multinationale oder globale Unternehmungen. Global Player sind Unternehmen, die weltweit mit allen wichtigen Unternehmensfunktionen vertreten sind. Eine untergeordnete Rolle wird dem Heimatmarkt und dem Firmensitz zugeschrieben.
Firmen werden schneller	Aufgrund des aktuellen Trends austauschbarer Produkte, zunehmender Konkurrenz, gesättigter Märkte und rasantem Technologiefortschritt müssen Unternehmen neue Erfolgsfaktoren für sich aufbauen. Dabei umfassen die Maßnahmen die gesamte Wertschöpfungskette – Forschung und Entwicklung, Produktion und Marketing.

Abb. 3.2 Aufbau einer Unternehmensidentität

geht das Vertrauen und die Zuwendung zu einer Marke verloren. Durch eine Unternehmenspersönlichkeit kann dieser Trend gestoppt werden. Sie trägt dazu bei, dass Marken langfristig ein Image aufrechterhalten und ihre Produkte mit Eigenschaften versehen, welche die Kunden ansprechen. Wenn ein Kunde vor dem Bierregal steht, wird er sich für das Produkt entscheiden, welches er kennt und sympathisch findet – vorausgesetzt, dass alle angebotenen Biere gleich schmecken, den gleichen Preis aufweisen sowie vom äußeren Erscheinungsbild identisch sind.

Der systematische Aufbau und die langfristige Entwicklung der starken Unternehmensidentität sind heutzutage jedoch schwieriger denn je: (Abb. 3.2)

3.4 Lean Management (einfacher, flexibler Aufbau der Organisation)

Das Managementsystem Lean Management befasst sich mit der Gestaltung, Lenkung und Entwicklung der Aufbau- und Ablauforganisation. Durch die Straffung der Organisation und der Rationalisierung der Produktion im Unternehmen können bei dessen konsequenter Umsetzung Effektivitäts- und Effizienzpotentiale realisiert werden (vgl. hierzu vertiefend: Schulze 2007, S. 63 f., vgl. ebenso: Redlich 2011, S. 30 ff.). Es ist ein Versuch, bei dem die Wertschöpfungskette in Balance gehalten werden soll, um überschüssige Ressourcen (slack) in allen Hierarchieebenen zu reduzieren. Zur Ressourcenverschwendung zählen:

- Überproduktion,
- lange Transportwege,
- höher Lagerbestand,
- fehlerhafte Produkte (Nachbesserungsarbeiten),
- nicht benötigte Arbeitsorganisation,
- lange Wartezeiten (hohe Arbeitskosten) und
- nicht benötigte Arbeitsvorgänge (vgl. hierzu vertiefend: Jung 2011, S. 906 f., vgl. ebenso: Ohno 1978, S. 17 ff.).

Der Begriff des Lean Management hat sich in den achtziger Jahren als neues Managementsystem in den Wirtschaftswissenschaften etabliert. Der praktische Managementansatz sollte als Meilenstein der industriellen Organisation gelten und das Ziel haben, die menschliche Arbeit in Teams zu organisieren (vgl. hierzu vertiefend: Reitz 2008, S. 41 ff.). Durch ein erhöhtes Arbeitstempo bei gleichzeitiger Spezialisierung konnte die Mitarbeiterzufriedenheit und die Produktion zugleich gesteigert werden. Die Vergangenheit zeigte aber eine andere Entwicklung auf. Lean Management als neuer und moderner Ansatz wurde skeptisch verfolgt. Henry Ford hat in den zwanziger Jahren die Fließbandarbeit optimiert. Er erreichte dies durch die Kombination von Arbeit und Zeit, so dass ein effektiver Arbeitsrhythmus erzielt werden konnte. Dieses war nach damaligen Gesichtspunkten eine effektive Arbeitsorganisation, wobei der Mensch nicht als Individuum sondern ausschließlich als Arbeitskraft betrachtet wurde, welche jederzeit austauschbar ist.

> Fachleute für die Architektur, Herstellungsverfahren, Berechnungen, Transport und Reklame scharte er um sich – Fachleute für tausend Künste, die helfen sollten, Wagen zu bauen, zu verkaufen und Geld zu verdienen, um noch mehr Wagen zu bauen, sie wieder zu verkaufen und noch mehr Geld zu verdienen. […] Er wollte Menschen machen, wie er selbst einer war. Sie sollten nüchterne, ehrliche und fleißige Arbeiter werden gleich ihm. Reich? Ja, auch das; vielleicht nicht ganz so reich, wie es für sie gut war. Sie sollten ihre Löhne haben, und man würde sie lehren, jede Woche einen Teil davon zu sparen, bis sie Geld genug beisammen hatten, um die Anzahlung für einen Ford Modell T zu machen, den sie zehn, ja zwanzig Jahre fahren konnten – man würde diesen Wagen auf der Straße sehen, wenn Fords Enkel erwachsen waren. (Sinclaire 1977, S. 47 f.)

Mit dem Anstieg sozialer Kriterien in der Arbeitswelt war der Fordismus nur noch bedingt anwendbar und hat seitens der Mitarbeiter nur noch wenig Akzeptanz gefunden. In den fünfziger bis hinein in den achtziger Jahren stand der Mensch im Mittelpunkt. Die Humanisierung der Arbeitswelt sollte den wirtschaftlichen Erfolg steigern – was aber nie so wie geplant eingetreten ist (vgl. hierzu vertiefend: Jung 2011, S. 906 f.). Die Parallelbewegung, das Lean Management, fand zur damaligen Zeit in einigen japanischen Großunternehmen Anwendung. Diese Theorie war durchaus bekannt, aber man nahm sie nicht ernst. Die Erfolge wurden meist unter Hinweis auf den japanischen Arbeitsfleiß abgetan. Zu unrecht. In den achtziger Jahren stellte man sich die Frage, wie es die japanischen Unternehmen schaffen, eine anhaltend hohe Produktivität aufrecht zu erhalten. Die hierzu

Merkmal	Japanische Unternehmen in Japan	Japanische Unternehmen in den USA	Amerikanische Unternehmen in den USA	Europäische Unternehmen
Produktivität (Std./Fahrzeug)	16,8	21,2	25,1	36,2
Qualität (Mängel/ 100 Fahrzeuge)	60,0	65,0	82,3	97,0
Mitarbeiter im Team (%)	69,3	71,3	17,3	0,6
Verbesserungsvorschläge je Mitarbeiter	61,6	1,4	0,4	0,4
Einarbeitung neuer Mitarbeiter (in Std.)	380,3	370,0	46,4	173,3
Job Rotation (0 = kein; 4 = häufig)	3,0	2,7	0,9	1,9
Anteil der Zulieferer an der Entwicklung (%)	51,0	14,0	37,0	32,0
Zeit vom Produktionsbeginn bis zum ersten Verkauf (Monate)	1,0	4,0	2,0	2,0
Anzahl der täglichen Just-in-Time-Lieferungen	7,9	1,6	1,6	0,7

Abb. 3.3 Vergleich ausgewählter Leistungsdimensionen (vgl. Womack et al. 1994, Kombination der Abb. 4.7, 5.1, 6.1)

gefundene Antwort lautete: Japanische Unternehmen organisieren und produzieren anders (vgl. hierzu vertiefend: Redlich 2011, S. 30 ff., vgl. ebenso: Ohno 1978, S. 17 ff.) (Abb. 3.3).

Der Vergleich zeigt auf, dass die japanischen Autohersteller effizienter produzieren und flexibler aufgestellt sind als die amerikanische und europäische Konkurrenz. Darüber hinaus weisen sie in punkto Qualität einen höheren Standard auf. Abstrahiert auf die Produktion bedeutet dies für die japanischen Unternehmen, dass sie im Vergleich zu amerikanischen und europäischen Unternehmen nur:

Wertekanon Toyotas

„Fleiß und Sparsamkeit"	„Beständigkeit"	„Gründlichkeit"
„Disziplin und Gehorsam"	„Bescheidenheit"	„Selbstvertrauen"
„Mut"	„Geduld"	„Beharrlichkeit"
„Achtung"	„Kreativität"	„Verantwortung"
„Treue"	„Redlichkeit"	„Respekt"

Abb. 3.4 Toyotas Wertekanon (Tugendkatalog) (Becker 2006, S. 99)

- die Hälfte der Belegschaft,
- die Hälfte der Produktionsfläche,
- die Hälfte an Arbeitsequipment,
- die Hälfte an Forschungs- und Entwicklungszeit,
- sehr wenige Vorräte und
- geringe Durchlaufzeiten

bei einer geringeren Fehlerquote aufweisen (vgl. Trent 2008, S. 17 ff., Lang 2009, S. 265., Redlich 2011, S. 30 ff., Ohno 1978, S. 45 ff.). Zusammenfassend kann festgehalten werden, dass das Erfolgsgeheimnis japanischer Automobilhersteller, speziell Toyota, auf folgende vier Punkte reduziert werden kann:

- das Unternehmen wird seit seiner Gründung bereits seit vier Generationen auf der Grundlage strenger ethischer Grundprinzipien geführt,
- dem Unternehmen standen Führungspersönlichkeiten vor, die es verstanden haben, den jeweiligen Herausforderungen angemessen zu begegnen,
- das Unternehmen seine ethischen Prinzipien in ihrer Grundsubstanz nahezu bewahrt hat, obwohl sie den zeitlichen Gegebenheiten angepasst und erweitert wurden,
- das Unternehmen hat es verstanden, seine Mitarbeiter für die aufgestellten Grundprinzipien zu begeistern und ihre Handlungsweise damit zu prägen (Becker 2006, S. 98 f.) (Abb. 3.4).

Es hat ein Wandel stattgefunden. War es früher noch die Fragmentierung und Spezialisierung der Arbeit, die im Bereich der Massenfertigung im Vordergrund stand, so ist es nunmehr die Flexibilisierung der Arbeitsstrukturen und die Erweiterung des Aufgabengebiets. Um handwerkliche Fertigkeiten und die Massenproduktion erfolgreich zu kombinieren, sind fünf Prinzipien der Lean Production zu betrachten (vgl. hierzu vertiefend: Herrmann 2010, S. 303 ff.):

- Wert,
- Wertschöpfung,
- Flow,
- Pull und
- Perfektion.

Der Wert einer Ware und Dienstleistung ist stets aus Sicht des Kunden zu bestimmen. Die Erstellung dieses Wertes ist als Prozess der Wertschöpfung über alle Fertigungsstufen hinweg zu erfassen und um unnötige Tätigkeiten zu bereinigen und muss als kontinuierlicher Fluss (Flow) gedacht werden. Dementsprechend ist der Arbeitsprozess so zu organisieren, dass er dem Fertigungsprozess des Produkts genau angepasst wird. Nicht die Zusammenfassung von Tätigkeiten nach Abteilungen oder Werkstätten steht im Vordergrund, sondern der Fertigungsprozess und die hierfür benötigten Arbeitsschritte sind Determinanten für die Arbeitsorganisation (vgl. hierzu vertiefend: Redlich 2011, S. 30 ff.). Entscheidend ist zudem die Umsetellung von Push- auf Pull-Strategien: Ziel der schlanken Unternehmung ist es nicht mehr, Produkte zu erzeugen und sie dann in den Markt zu drücken, sondern Produkte ausschließlich auf Kundennachfrage zu produzieren (Pull) (vgl. hierzu vertiefend: Schulze 2007, S. 63 f.). Ziel dieser Maßnahmen ist es, höchstmögliche – und nicht lediglich ausreichende oder zufriedenstellende – Perfektion in der Produktion zu erreichen. Perfektion ist als ein laufender Prozess der Verbesserung zu verstehen (Äßländer 2005, S. 351 f., Hölscher 1998, S. 7 ff., Reitz 2008, S. 23 ff., Ohno 1978, S. 48 ff.). Es existieren in der Literatur viele Konzepte zur Umsetzung der verschiedenen Managementtheorien. Betrachtet man hier noch zusätzlich die Aspekte und Ansätze des Change Management, so ist es ersichtlich, dass mehr als genug Theorien existieren. Einzeln für sich weist jede Managementtheorie Stärken und Schwächen auf. Eine Verbindung und Mischung der Ansätze führt zu einer unternehmensspezifischen Managementkultur. Diese hier angesprochende Managementkultur muss einen flexiblen Charakter aufweisen. Sie darf nicht im Vorhinein definiert werden. Sie wächst und formt sich je nach den Erfordernissen selbst.

Eine Entwicklung ist im Allgemeinen nur möglich, wenn nichts dauerhaften Bestand hat. Für die Wissenschaft ist dies ein Leitsatz. Die japanische Produktionsweise wurde über einen langen Zeitraum erst gar nicht als ein Paradigmawechsel erkannt. Der Erfolg wurde statt dessen den fleißigen und strebsamen Mitarbeitern zugeschrieben. Das Produktionssystem und die Art und Weise der Organisation fand hingegen anfangs keine Wertschätzung. Es hat eine lange Zeit gedauert, bis es seine Annerkennung fand, obwohl die

Einführung neuer Produktionsprinzipien schon längst überfällig war. Hinzu kam, dass der Ansatz der Verschlankung der Hierarchieebenen bei den Unternehmen keinen Zuspruch fand. Dementsprechend kam man zu dem Schluss, dass das gesamte Lean Management eindeutig die falsche Lösung für Unternehmen sei. Erst im Zusammenspiel mit der Betrachtung einer ganzheitlichen Produktion lies der Erfolg nicht lange auf sich warten. Mit der Zuordnung einzelner Aktivitäten zu einem rationelen Gesamtprozess wuchs das Verständnis. Ohno Taiichi definierte jeden Arbeitsschritt, welcher eigene Ressourcen verbraucht als Aktivität (vgl. Trent 2008, S. 265 ff., Jung 2011, S. 906 f.).

Es existieren eine Reihe an Umsetzungskonzepten für ein Lean Management, welche die Organisationsentwicklung ebenso für sich gewonnen haben (vgl. hierzu vertiefend: Comelli und von Rosenstiel 2011, S. 239 ff.). Dabei ist aber zu beachten, dass es für die Einführung und Umsetzung von Lean Management kein Patentrezept gibt. Das Fehlen eines vorformulierten Plans, lässt die Umsetzung noch heute als sehr risikoreich erscheinen. In der Evolutionstheorie spricht man davon, dass der Stärkste überlebt. Es gilt der Satz: „Survival of the fittest!" Dies ist für die Wirtschaftswissenschaft ebenfalls zutreffend. Das System, welches sich am besten an den aktuellen Rahmenbedingungen anpassen kann, wird letztendlich überleben. Lean Production wirkt nach außen als ein sehr gut organisiertes Unternehmen (vgl. hierzu vertiefend: Reitz 2008, S. 297 ff.). Die Arbeitsplätze sind aufgeräumt und die Mitarbeiter können blind ihre Arbeit ausführen. Dies ist aber nur der Blickwinkel von Externen. Betrachtet man das Unternehmen von innen, so geht es um viel mehr; nämlich z. B. um:

- Standardisierung,
- Pull-Prinzip und
- Kontinuierliche Verbesserung (vgl. Fliedner 2011, S. 60 ff., Hölscher 1998, S. 7 ff., Schulze 2007, S. 63 f., Ohno 1978, S. 48 ff.).

Alles wird miteinander verzahnt.

> The Toyota production system, however, is not just a production system. I am confident it will reveal its strength as a management system adapted to today's era of global markets and high-level computerized information systems. (Ohno 1978, S. 15)

Die von Toyota gelebte und ständig weiterentwickelte Idealform einer Lean Production in Produktion und Organisation ist für viele Unternehmen unerreichbar, da der Ansatz hier als gelebte und gewachsene Kultur aufgebaut ist. Sie ist die Kraft, die hinter allen Veränderungen liegt. Als selbstverständlich wird sie in jedem Unternehmen betrachtet, aber in ihrer Wichtigkeit wird sie nicht ernst genommen. Die Kultur kann sinnbildlich als zweite Haut des Unternehmens verstanden werden. Hat sie eine Wunde, tut es weh und die Auswirkungen sind für alle im Unternehmen spürbar (vgl. hierzu vertiefend: Redlich 2011, S. 30 ff.).

Es muss ihnen gelingen, dass sich die Mitarbeiter mit der Unternehmenskultur identifizieren und die Mission begeistert verinnerlichen. Teamidentität ist aufzubauen, der höhere Zweck des Unternehmens ist von jedem einzelnen nicht nur zu erkennen, sondern zu verinnerlichen. Kann das gelingen oder werden die Nachahmer die ewigen Zweiten sein und bleiben? (Zollondz 2013, S. 327., Hobbs 2004, S. 183 ff., Reitz 2008, S. 297 ff.)

3.5 Phasen der Managementtheorie

Es gibt viele Ansätze in der betriebswirtschaftlichen Literatur, welche beschreiben, wie Unternehmen geführt werden sollen. In der Vergangenheit haben sich hieraus verschiedene Stile und Theorien entwickelt und abgewechselt. Dieser Wechsel basiert auf einer Strömung in der Betriebswirtschaftslehre, welche sich ebenso mit der Zeit entwickelt hat. Das rationale Modell stand hierbei bis in die siebziger Jahre stark im Vordergrund. Im Anschluss daran kam der Begriff der nüchternen Rationalität auf, welcher mit einem modernen und professionellen Management in Verbindung gebracht wurde (vgl. hierzu vertiefend: Peters und Watermann 2003, S. 51 ff.). Bei dieser Betrachtung hat man der Führungskraft unterstellt, dass sie als professioneller Manager aufgrund ihrer rationalen Denkfähigkeit alles managen konnte. Die Führungskraft managte die harten Daten. Kennziffernsysteme, Führungscockpit, Risikomanagement u. v. m. halfen der Führungskraft bei der Steuerung. Es wurde aber all das vernachlässigt, was man nicht messen kann. Diese Phänomene prägen Unternehmen. Sie lassen sich aus dem Unternehmeralltag auch nicht so einfach betriebswirtschaftlich erklären, sind nicht kalkulierbar. Ebenso wenig lassen sie sich quantifizieren. Zwar sind die harten Faktoren für ein Unternehmen wichtig, doch dürfen die weichen Faktoren nicht vernachlässigt werden. Vorstellungen über Kunden, den Markt und über die Konkurrenz sind für eine erfolgreiche Unternehmensleitung wichtig. Das rationale Modell beschrieb in diesem Zusammenhang ausschließlich die harten Faktoren und stellte diese als ein entscheidendes Kriterium in den Vordergrund. Die Entwicklungstheorie zeigte in den letzten hundert Jahren vier verschiedene Systeme und Modelle auf. In dem Ansatz von SCOTT sind folgende vier Hauptperioden der theoretischen Entwicklung und der praktischen Unternehmensführung wie folgt zusammengefasst:

a. rationales Handeln im geschlossenen System (1900 bis 1930),
b. soziales Handeln im geschlossenen System (1930 bis 1960),
c. rationales Handeln im offenen System (1960 bis 1970),
d. soziales Handeln im offenen System (ab 1970) (vgl. hierzu vertiefend: Peters und Watermann 2003, S. 117 ff.).

Diese unterschiedlichen Managementtheorien vereinen in sich – wie bereits schon kurz erläutert – prägnante Unterschiede, welche als Faktoren bei der Unternehmensführung eine besondere Bedeutung einnehmen (vgl. hierzu vertiefend: Panda 2008, S. 92 ff.).

3.5.1   Entwicklungsgeschichte der Managementtheorien

Nach SCOTT ist die entscheidende Entwicklungslinie der Managementtheorien von einem geschlossenen, hin zu einem offenen System, von rationalem hin zum sozialem Handel ersichtlich.

- „**Geschlossen**" bedeutet, dass dem Modell eine Vorstellung von dem Unternehmen als mechanistische Organisation zugrunde liegt. Dies heißt, dass die Umwelt des Unternehmens nicht in die Betrachtung mit einbezogen wird. So wird kein Gedanke über den Wettbewerb, den Markt oder sonst irgendetwas außerhalb des Unternehmens verloren. Das Unternehmen wird als geschlossenes System gesehen. Der Blick konzentriert sich dabei ausschließlich auf die Optimierung der Vorgänge innerhalb des Unternehmens.
- „**Offenes System**" dagegen bedeutet, dass das Unternehmen in seiner Umwelt betrachtet wird, mit der es in einer Wechselbeziehung steht. Es wird eingeräumt, dass die unternehmensinterne Dynamik zu einem Großteil durch äußere Einflüsse mitgestaltet wird. Äußere Einflüsse finden bei dieser Betrachtungsweise ausdrücklich Berücksichtigung.
- „**Rationales**" Handeln bedeutet, dass Unternehmen klar umrissene Aufgaben und Ziele haben, die ohne große Umschreibungen bestimmbar sind. Ziel ist, den Gewinn zu maximieren. Nimmt man diese Unternehmensaufgaben und die Zielfunktionen als gegeben an, muss die Unternehmensleitung nur noch die Mittel auswählen, mit denen die Ziele am effizientesten erreicht werden können. Auf dieser Grundlage können rationale Entscheidungen getroffen werden. Diese bestimmen die Richtung des Unternehmens. Man bezeichnet dies auch als das ökonomische Prinzip.
- „**Soziales**" Handeln dagegen bezieht den Faktor „Mensch" und sein Sozialverhalten stärker in die Betrachtung mit ein. Begründet wird diese Ansicht dadurch, dass davon ausgegangen wird, dass weder Zielfindung noch Entscheidungsprozesse so gradlinig und rational verlaufen, wie das ökonomische Prinzip es nahe legt. Die Entscheidung über Ziele ist keine rein mechanistische, sondern eine wertende Auswahl. Eine solche Wahl entsteht nicht – jedenfalls nicht hauptsächlich – aus nüchternem Nachdenken, sondern vielmehr aus sozialer Parteinahme, eingespielten Verhaltensmustern und anderen gruppendynamischen Effekten.

3.5.2   Hauptperioden der Managementtheorien

3.5.2.1   Periode von 1900 bis 1930

Die erste Periode reicht nach Scott von 1900 bis ungefähr 1930 und ist gekennzeichnet durch „rationales Handeln im geschlossenen System". Die beiden wichtigsten Vertreter dieser Theorien sind der deutsche Soziologe Max Weber und der Amerikaner Frederick Taylor. Weber setzte sich im Rahmen seiner Analyse von Herrschaftstypen mit der Bürokratie als effizienteste menschliche Organisationsform auseinander. Der moderne bürokratisch regierte Staat ermöglicht fast zum ersten Mal in der Geschichte ein Durchregieren von ganz oben nach ganz unten ohne zeitliche Unterbrechung. Die Aktenkundigkeit aller

Vorgänge erlaubt den Regierenden in jedem Augenblick auch die Kontrolle darüber, ob und wie der Herrschaftswille unten angekommen ist. In der Reinform betrachtet Weber die rationale Bürokratie als überlegen gegenüber allen vorangegangenen Formen von Verwaltung aufgrund ihrer Geschwindigkeit, Vorhersehbarkeit, Präzision und der Behandlung von Fällen ohne persönliche Erwägungen. Die moderne Bürokratie durchdringt die staatliche Verwaltung und alle großen Institutionen einer kapitalistischen Gesellschaft einschließlich des Militärs, der Kirche, der Bildungseinrichtungen sowie Privatunternehmen. Taylor erhärtete Webers Theorien mit Zeit- und Bewegungsstudien. Nach seiner Meinung bestand die Wirklichkeit des Industriebetriebes allein aus einer „formellen Organisation" und einer Vielzahl vereinzelter, jeweils um ihren Vorteil bemühte Arbeiter (vgl. hierzu vertiefend: Panda 2008, S. 92 ff.). Der Weberschen und Taylorschen Schule sind die Grundvorstellungen gemein, dass man wesentliche Probleme der Führung großer Menschengruppen mehr oder weniger lösen könne, wenn eine klare formelle Organisation und Struktur vorliegt, in der rational Entscheidungen getroffen werden können. Hierfür müssten eine begrenzte Anzahl von Regeln und Techniken erlernt und beherrscht werden, die sich auf die Aufgliederung von Arbeitsvorgängen, die größte zulässige Kontrollspanne sowie auf die Einheit von Kompetenz und Verantwortung beziehen. Sind diese Voraussetzungen erfüllt, funktioniert die Leitung und Koordination von Menschengruppen und ihrer Tätigkeiten.

3.5.2.2 Periode von 1930 bis 1960

Aus der Kritik am rationalen Handeln Webers und Taylors, das die Akteure auf mechanistisch handelnde Individuen verkürzte, folgte von 1930 bis 1960 die Periode sozialen Handelns in geschlossenen Systemen. Die wesentlichen Vertreter dieser Strömung sind Elton MAYO, Douglas MCGREGOR, Chester BARNARD und Philip SELZNICK.

Mayo arbeitete als klinischer Psychologe an der Harvard Business School und machte sich vor allem durch die berühmten Hawthorne-Studien in den zwanziger Jahren einen Namen. Diese Untersuchungen begannen in der Tradition Taylors ganz harmlos als gewöhnliche Feldversuche. Es sollten im Western-Electric-Werk in Hawthorne, New Jersey, die arbeitshygienischen Faktoren und deren Auswirkungen auf die Produktivität der Arbeiter analysiert werden. Die Untersuchungen ergaben, dass die Produktivität nicht nur von der formellen Organisation eines Betriebes abhing, sondern ebenso von den informellen Beziehungen zwischen den Arbeitern. Man bemerkte eine Vielzahl informeller, also nicht institutionalisierter Beziehungen und Gruppierungen im Betrieb, die sich durchaus wirksam gegen die Wünsche der Betriebsleitung verhalten können, ohne offen zu rebellieren. Die Mitglieder können aber auch auf der Basis einer Identifikation mit der jeweiligen Gruppe zu hoher Leistung motiviert sein. Die Haupterkenntnis erscheint also sehr klar: durch die wohlwollende Beachtung des Menschen kann die Produktivität gesteigert werden. Man hatte den Menschen, d. h. den Menschen als ein sich sozial verhaltendes Wesen wiederentdeckt. Eine erfolgreiche Betriebsführung sollte deshalb den so genannten „human factor" in Rechnung stellen. Mayo und seine Anhänger in Harvard begründeten im Zuge dieser Erkenntnisse die Sozialpsychologie des Betriebes.

Nach dem Zweiten Weltkrieg trieb Douglas MCGREGOR die Entwicklung durch seine Theorie X und Theorie Y entscheidend voran. Er wandte sich gegen den rationalistischen Ansatz Taylors, der seiner Ansicht nach Autorität als zentrales, unentbehrliches Mittel der Unternehmenssteuerung gestellt hatte. Stattdessen wies MCGREGOR darauf hin, dass in der Realität Autorität nur eine von mehreren Formen sozialer Einflussnahmen und Steuerung darstellt. Die von ihm entwickelten Theorien spiegeln zwei gegensätzliche Anschauungen von den Arbeitern wieder.

Theorie X besagt, dass die Masse der Menschen mittelmäßig sei. Dies bedeutet, man geht davon aus, dass Arbeiter träge seien, weshalb sie durch Zwang, Kontrolle, Führung und Strafandrohung dahin gebracht werden müssten, sich in ausreichendem Maße für das Ziel des Unternehmens einzusetzen. Das Menschenbild, das dieser Annahme zu Grunde liegt, besteht darin, dass der typische Mensch:

- sich am liebsten lenken lässt,
- Verantwortung scheut,
- wenig Ehrgeiz hat
- und nach Sicherheit strebt.

Auch wenn es sich hierbei um ein theoretisches Konstrukt handelte, so betonte MCGREGOR, dass Theorie X nicht willkürlich entworfen sei, sondern dass diese Auffassung das Managementverhalten in weiten Teilen der amerikanischen Industrie prägte. Dieser Ansicht setzte MCGREGOR Theorie Y entgegen, die von grundverschiedenen Annahmen ausgeht und für jene Zeit als kühner Vorstoß zu betrachten ist. Im Gegensatz zur Theorie X postuliert Theorie Y, dass Arbeiter kreativ seien und dass man ihnen Verantwortung übertragen müsse. Steuerung und Strafandrohung seien nicht die einzigen Mittel, um zu bewirken, dass sich die Arbeiter für das Unternehmen einsetzen. Man könne vielmehr die Leistungsbereitschaft erhöhen, wenn man

- den Arbeitseinsatz belohnen,
- den Arbeitern Raum zur Entfaltung geben
- und die Kommunikation fördern würde.

Die Übertragung von Verantwortung öffne kreative Potentiale.

Auf diese Theorie gründete sich die „Human Relations"-Schule der Unternehmensführung, welche die Bedeutung von Arbeitsgruppennormen und Kommunikation in den Mittelpunkt ihrer Untersuchung des Verhaltens am Arbeitsplatz stellt. Einige Nachfolger MCGREGOR verstanden dieses Modell jedoch derart, dass sie jegliche Form von Autorität ablehnten und eine basisdemokratische Unternehmensorganisation forderten, bei der sich alle Vorgänge von unten nach oben vollziehen. MCGREGOR hingegen betonte, dass die Theorien zwar gegensätzlich sind, sich in der Praxis jedoch nicht ausschließen. Dies heißt, dass man sich als Unternehmensleiter nicht entscheiden muss, entweder autoritär oder demokratisch zu sein. Autorität kann angebracht sein, aber sie ist nicht für alle Zwecke geeignet. MAYO und MCGREGOR stehen für die Sozialtheorie des Betriebes in Anwendung auf die Einzelperson. Ungefähr gleichzeitig mit ihnen nahmen Chester BARNARD und Philip SELZNICK ihre Arbeit auf, die sich als einflussreiche Theoretiker erwiesen.

Barnard entwickelte wie MAYO und MCGREGOR Ideen zur Mobilisierung des Leistungswillens der Mitarbeiter auf den unteren Ebenen. BARNARD unterschied sich in seinen Aussagen jedoch von den beiden anderen, indem er darauf verwies, dass dabei ebenso den Führungskräften eine entscheidende Rolle zukommen würde. Insbesondere sah er es als Aufgabe der Führungskräfte, bei den Mitarbeitern Engagement zu wecken und die informelle Organisation aktiv zu steuern. Der Unternehmensleiter trägt zudem wesentlich zur Schaffung gemeinsamer Wertevorstellungen in einer Organisation bei. Dabei werden Werte und Ziele eines Unternehmens stärker durch die Handlungen als durch die Worte der Führungskräfte geprägt. Gleichzeitig hat die Unternehmensleitung die Funktion, sicherzustellen, dass das Unternehmen seine wirtschaftlichen Ziele erreicht. BARNARD ist damit wohl der erste, der die Managementaufgabe ausgewogen darstellt. Für ihn ist die Unternehmensführung ganzheitlich; d. h. die Führungskräfte sollen über eine systematische Vorstellung vom Ganzen verfügen und alle Einflussfaktoren ausgeglichen behandeln.

Zehn Jahre später stellte Philip SELZNICK eine ähnliche Theorie vor. Für ihn ist die Organisation zunächst ein rationales Instrument für eine bestimmte Aufgabe. Erst durch einen speziellen Unternehmensgeist und besondere Fähigkeiten, in denen die Organisation herausragend ist, wird sie mit Leben gefüllt und zu einem sozialen Gebilde. Dieser Vorgang verleiht der Organisation eine eigene Identität, aus der einheitliche Anschauungen, Gewohnheiten und sonstige Festlegungen hervorgehen und die soziale Integration herbeiführen. Diese soziale Einbindung geht weit über die formale Koordination und Lenkung hinaus. Der Führungskraft kommt die Aufgabe zu, nicht nur die Effizienz des Unternehmens zu sichern, sondern ebenso den grundlegenden Unternehmenszweck zu bestimmen und einen sozialen Organismus zu schaffen, der diesen Unternehmenszweck erfüllen kann.

Die vier Wissenschaftler MAYO, MCGREGOR, BARNARD und SELZNICK haben einen großen Beitrag zu den Erkenntnissen über Führungsstile und Führungsmodelle geleistet. Leider gerieten die ersten beiden in die Kritik, nachdem ihre Nachfolger ihre Ansätze ins Extreme abdriften ließen. Die Theorien von BARNARD und SELZNICK hingegen sind bis heute nicht sehr verbreitet. Dennoch haben sie auf Aspekte aufmerksam gemacht, die sich in den aktuellen Theorien wiederfinden. Zum einen sind dies MCGREGORs Hinweise zum Freiraum für das Unternehmertum sowie die Produktivität durch Menschen. Zum anderen erwiesen sich das sichtbar gelebte Wertsystem, die Bindung an das angestammte Geschäft sowie die – auf BARNARD und SELZNICK zurückzuführende – gleichzeitig straffe und lockere Führung als richtungsweisend.

3.5.2.3 Periode von 1960 bis 1970

Die dritte Periode ist geprägt durch „rationales Handeln im offenen System" und war ungefähr zehn Jahre tonangebend. Die Entwicklung eines solchen Ansatzes bedeutete sowohl einen Rückschritt als auch einen Fortschritt. Der Schritt zurück bestand in der

Rückkehr zu einem mechanistischen Bild vom menschlichen Verhalten. Einen Schritt nach vorn bedeutete es jedoch, dass das Unternehmen nun als Teilnehmer am Markt- und Wettbewerbsgeschehen gesehen wurde, der von äußeren Einflüssen geformt und geprägt wird. Diese Phase wird vor allem durch die Beiträge von Alfred CHANDLER, Paul LAW-RENCE und Jay LORSCH getragen.

In seinem Beitrag „Strategy and Structure" stellt CHANDLER fest, dass die Organisationsformen von Großunternehmen durch die wechselnden Zwänge und Erfordernisse des Marktgeschehens bestimmt werden.

1967 knüpften die beiden Harvard-Professoren LORSCH und LAWRENCE an die Erkenntnisse CHANDLERs an. Wenn sie auch zu differenzierteren Ergebnissen gelangten, so kamen sie doch zu ähnlichen Schlussfolgerungen wie CHANDLER. Sie untersuchten Organisationsstrukturen und Führungssysteme führender Unternehmen zum einen in einer sich schnell verändernden Wachstumsbranche und zum anderen in einer stabilen, langsam wachsenden Branche. Die Untersuchungen ergaben, dass die Marktführer in der traditionellen Branche mit einer einfachen funktionalen Organisationsform und einfachen Kontrollsystemen auskamen, während die Unternehmen des Wachstumssektors eine stärker dezentralisierte Struktur und komplexere Systeme aufwiesen. Anhand dieser Unterschiede wurde deutlich, dass die Organisationsform und das Führungssystem der Unternehmen zu einem wesentlichen Teil von ihrer Umwelt und den äußeren Kräften beeinflusst und gestaltet werden.

3.5.2.4   Periode ab 1970

Um 1970 begann eine weitere Entwicklung hin zu „sozialem Handeln im offenen System". Geradlinig rationales Handeln wird abgelöst durch das komplexe soziale Handeln von Menschen, das durch all ihre Stärken, Schwächen, Grenzen, Widersprüche und irrationale Verhaltensweisen gekennzeichnet ist. Gleichzeitig wird das Unternehmen nicht mehr als isoliertes System betrachtet, sondern in seiner Wechselbeziehung mit der das Unternehmen umgebenden Umwelt. Die ersten Anstöße in diese Richtung gaben Karl WEICK von der Cornell University und James MARCH von der Stanford University. Das vorherrschende Denkmodell legt den Schwerpunkt auf Informalität, Einzelinitiative und auf den Entwicklungsprozess. Ein Zeichen für diesen Wandel in den Anschauungen sind die verwendeten Begriffe. Während in den vorangegangenen Perioden oftmals Bezeichnungen und Bilder aus dem Militär, wie z. B. Stab, Linie und Befehlskette, herangezogen wurden, suchte man nun nach neuen Metaphern. Laut WEICK sind die Bilder aus dem Militär keine angemessene Orientierungshilfe für die Führung eines Unternehmens. Die militärische Bildersprache legt den Schluss nahe, dass jemand eindeutig siegt, was in der Wirtschaftspraxis nicht der Fall ist. Zudem bietet diese Diktion für alle möglichen Probleme nur eine begrenzte Anzahl von Lösungsmöglichkeiten und beschränkt sich auf wenige Organisationsformen. Dies entspricht nicht dem Unternehmensalltag. Das Unternehmen ist ständigen Anforderungen aus seiner Umwelt ausgesetzt und bedarf kreativer Lösungen, bei deren Suche man sich keiner gedanklichen Schranken unterwerfen darf. Die Arbeiten der heute führenden Theoretiker weisen auf eine Reihe wichtiger Einsichten in die Kunst der Unternehmensführung hin, die im Gegensatz zu einem Großteil der bisherigen Lehr-meinungen stehen. Es fehlt bislang jedoch eine vollständige Organisationstheorie, welche die ermittelten Aspekte zusammenführt. Es lassen sich in der aktuellen Diskussion jedoch verschiedene grundlegende Merkmale, die bei einem erfolgreichen Management berück-sichtigt werden sollten, zusammenfassen:

- Sinnbedürftigkeit: Menschen müssen einen Sinn in ihrem Handeln sehen;
- Bedürfnis des Menschen nach einem Mindestmaß an Einfluss;
- Bedürfnis des Menschen nach positiver Verstärkung, d. h. nach einem Erfolgsgefühl;
- Bewusstsein, dass Handlungen und Verhaltensweisen einen viel größeren Einfluss auf Einstellungen und Überzeugungen haben als umgekehrt;
- Unternehmenskultur: Betrachtung des Unternehmens als eigenständige Kultur;
- Entwicklung zum erfolgreichen Unternehmen im Zuge eines zielstrebigen, im Einzel-nen jedoch nicht vorhersagbaren Entwicklungsprozesses (vgl. hierzu vertiefend: Peters und Watermann 2003, S. 363 ff.).

Literatur

Äßländer mS (2005) Von der vita activa zur industriellen Wertschöpfung. Eine Sozial- und Wirt-schaftsgeschichte menschlicher Arbeit. Marburg

Becker H (2006) Phänomen Toyota. Erfolgsfaktor Ethik. Berlin

Carmann M, Janes A (2001) Zum Management von Unternehmenskultur. WING business, Die Wirt-schaftsingenieure Graz 2/01

Comelli G, von Rosenstiel L (2011) Führung durch Motivation. Mitarbeiter für Unternehmensziele gewinnen, 4. Aufl. München

Fliedner G (2011) Leading and Managing the Lean Management Process. New York

Herrmann C (2010) Ganzheitliches Life Cycle Management. Nachhaltigkeit und Lebenszyklus-orientierung in Unternehmen. Berlin

Hobbs D-P (2004) Lean Manufacturing Implementation. A complete execution manual for any size manufacturer. Boca Raton

Hölscher T (1998) Die Einführung von lean management als Betriebsänderung im Sinne des § 111 BetrVG und die Konsequenzen für den Unternehmer in Form von Interessensausgleich und So-zialplan gem. § 112 BetrVG. Münster

Jung H (2011) Personalwirtschaft, 9. Aufl. München

Lang H (2009) Neue Theorie des Management. Bewähren sich die Managementtheorien in der Fi-nanzkrise? Bremen

Ohno, T (1978) Toyota production system. Beyond large-scale production. Tokio, (übersetzt 1988)

Panda TK (2008) Knowledge management a global perspective. New Delhi

Peters TJ, Watermann RH (2003) Auf der Suche nach Spitzenleistungen. Was man von den best-geführten US-Unternehmen lernen kann, 9. Aufl. Frankfurt a. M.

Redlich T (2011) Wertschöpfung in der Bottom-up-Ökonomie. Berlin

Reitz A (2008) Lean TPM. In 12 Schritten zum schlanken Managementsystem, effektive Prozesse für alle Unternehmensbereiche, gesteigerte Wettbewerbsfähigkeit durch KVP, Erfolge messen mit der Lean-TPM-Scorecard. München

Schein E (1995) Unternehmenskultur. Ein Handbuch für Führungskräfte. Frankfurt a. M.

Schulze M (2007) Prozesskostenorientierte Gestaltung von Wertschöpfungsketten. Wiesbaden

Sinclaire U (1977) Am Fließband. Reinbek

Trent R-J (2008) End-to-end. Lean management. A guide to complete supply chain improvement. Fort Lauderdale

Womack J, Jones DT, Roos D (1994) Die Zweite Revolution in der Autoindustrie. Konsequenzen aus der welweiten Studie des Massachusetts Institute, 8. Aufl. Frankfurt a. M.

Zollondz H-D (2013) Grundlagen Lean Management. Einführung in Geschichte, Begriffe, Systeme, Techniken sowie Gestaltungs- und Implementierungsansätze eines modernen Managementparadigmas. München

Shareholder-Perspektive

4

4.1 Führungsleitlinien

Was macht heute eine gute Führungskraft aus? Aufgrund unterschiedlicher Gegebenheiten gibt es keine allgemeingültige Anleitung an die sich eine Führungskraft halten kann. Der eigene Führungsstil entwickelt sich automatisch durch persönliche Fähigkeiten, Fertigkeiten und Erfahrungen. Durch Kommunikation zwischen der Führungskraft und den Mitarbeitern entsteht Sicherheit und die Zufriedenheit aller Beteiligten verbessert sich. Mitarbeitergespräche haben sich daher zu einem festen Bestandteil entwickelt und sind ein wichtiger Aspekt im Führungsprozess. Mitarbeitermotivation nimmt ebenfalls einen sehr hohen Stellenwert ein. Schließlich ist es heutzutage wichtiger als je zuvor, dass man auf die Zufriedenheit der Mitarbeiter angewiesen ist. Ein ortsüblicher Lohn bzw. ein ortsübliches Gehalt allein reicht schon längst nicht mehr aus.

Wie sollte sich das Verhältnis zwischen Vorgesetzten und seinem Mitarbeiter in einem modern strukturierten Unternehmen verhalten? Führungsleitlinien sind keine strikt definierten Instrumente für das erfolgreiche Management der Mitarbeiter in einem Unternehmen. Hier kommt es darauf an, dass man die Führungsleitlinien oder „Spielregeln" dem Unternehmen anpasst um zusammen seine Ziele zu erreichen. Man könnte behaupten, dass es sich dabei um zwei grundlegende Arten von Führungsstilen handelt. Auf der einen Seite steht das autoritäre bzw. hierarchische Handeln des Vorgesetzten seinen Mitarbeitern gegenüber; dies wird aber bei langfristig erfolgreichen Organisationen in der heutigen Zeit immer seltener. Vorteile dieses Führungsstils sind zum einen die recht hohe Entscheidungsgeschwindigkeit und die gute Kontrolle, da in der Regel alles von einem Vorgesetzten ausgeht. Allerdings sind die fehlenden Freiheiten, Motivation und das mangelnde Selbstvertrauen die größte Schwachstelle bei diesem Führungsstil. Auf der anderen Seite steht der freundschaftliche oder auch kooperative Führungsstil. Bei dieser Art ein

© Springer Fachmedien Wiesbaden 2014
A. Wien, N. Franzke, *Unternehmenskultur,* DOI 10.1007/978-3-658-05993-4_4

Unternehmen zu gestalten liegt der Grundsatz darin, ein Miteinander zu schaffen, welches auf gleicher Augenhöhe zwischen Mitarbeiter und Vorgesetzen stattfindet. Da hierbei die Kreativität der einzelnen Mitarbeiter gefragt ist und der Vorgesetzte als helfende und unterstützende Hand zur Seite steht, ist die Wahrscheinlichkeit, dass Fehlentscheidungen zustande kommen deutlich geringer. Durch Förderung und Forderung sind die Motivation und der Arbeitseifer hier im Vergleich zu einer autoritären Führung höher. Dadurch, dass mehrere kreative Köpfe einen Geschäftsfall bearbeiten, ist die Entscheidungsgeschwindigkeit eventuell geringer bzw. stockender.

Es gibt noch einen dritten Führungsstil, den Laissez-faire-Führungsstil, bei dem die Mitarbeiter sehr viel mehr Freiheit haben und nahezu alles selbst entscheiden können. Dabei werden lediglich die Aufgaben von einem Vorgesetzen zugeteilt. Dieser Führungsstil findet in den meisten Fällen bei kreativen Aufgaben, welche beispielsweise im Kunst und Kulturbereich liegen, anklang. Dabei muss aber eine strikte Selbstkontrolle und Selbstbeherrschung der Mitarbeiter gegeben sein, da es sonst schnell zu einer Art der Unordnung bzw. zu einem Durcheinander kommen kann, wodurch der Leistungsprozess nicht mehr optimal ist. Im Grunde kann man sagen, dass ein gut laufendes Unternehmen mit einer gesunden Partnerschaft gleichzusetzen ist. Dabei sind viele Faktoren zu beachten und auch aufeinander abzustimmen. Das Vertrauen, das die Vorgesetzten zu ihren Mitarbeitern haben, ergibt sich dadurch, dass diese die Stärken und Schwächen der Einzelnen kennen. Auch ist ihnen bewusst, dass die Mitarbeiter oft viel besser mit den einzelnen Arbeitsabläufen vertraut sind. Demnach muss Vertrauen zwischen Mitarbeiter und Vorgesetzen bestehen.

Um Anreize zu geben, die ein selbstständiges und motiviertes Arbeiten im Sinne des Unternehmens fördern, ist es sicher immer von Vorteil den Mitarbeitern mehr Freiraum oder Freiheiten zu lassen.

Dies kann man z. B.

- durch Gleitzeit (flexible Arbeitszeiten),
- Mitarbeiter- oder Leistungsprämien,
- ein effizientes und praxisnahes Gesundheitsmanagement oder
- auch durch die Bereitstellung von Betriebskindergärten

erzielen.

Ein zentraler Gesichtspunkt ist auch das respektvolle Verhalten. Zusammenarbeit heißt in diesem Sinne Unterstützung, Vertrauen und Initiative. Ebenso wichtig ist es auch, eine gemeinschaftliche Zielführung zu schaffen. Für die Umsetzung der Arbeitsziele in einer Organisationseinheit und auch für die Steuerung der Verfahrensabläufe sind zwar grundsätzlich die Vorgesetzten verantwortlich; doch spiegelt dies lediglich die Grundstruktur einer institutionellen Unternehmenszieldefinition wider. In den einzelnen Organisationsbereichen einer Unternehmung sollten die Mitarbeiter prinzipiell in die Entscheidungsprozesse mit eingebunden werden, von denen sie als Mitarbeiter tangiert werden.

Merke

Definition Führung: Hierbei handelt es sich um eine durch Interaktion vermittelte Ausrichtung des Handelns von Individuen und Gruppen auf die Verwirklichung vorgegebener Ziele. Dabei impliziert Führung die Beziehung der Überordnung und Unterordnung. Nach ULRICH sind die Hauptfunktionen, das:

- Gestalten,

- Lenken und

- Entwickeln.

Die Qualität der Ausführung entscheidet oftmals über den Erfolg oder Misserfolg einer Institution.[7]

Abb. 4.1 Definition Führung

Für den Erfolg eines aktiven Change-Management ist eine gesunde Unternehmenskultur notwendig. Nur wenn das soziale Miteinander funktioniert, können Veränderungen gemeinsam zielorientiert durchgeführt werden (Abb. 4.1).

Die Führungskraft hat durch ihre Position die Möglichkeit ihre Mitarbeiter zu lenken und zu kontrollieren. Die Voraussetzungen dafür sind durch Macht und Autorität geschaffen.

4.1.1 Macht durch Führung

Macht fasst verschiedene Möglichkeiten der Einflussnahme oder des Durchsetzungsvermögens zusammen. Dabei werden sechs Grundlagen voneinander unterschieden:

- Macht durch Belohnung;
- Macht durch Bestrafung;
- Macht durch Identifikation;
- Macht durch Legitimation;
- Macht durch Sachkenntnis;
- Macht durch Information.

Die Art und der Umfang der Ausübung dieser Machtgrundlagen sind von Person zu Person unterschiedlich, da sie verschieden stark ausgeprägt sind und speziell bei der Bestrafung mit der persönlichen Überzeugung in Einklang gebracht werden sollten.

4.1.2 Macht durch Autorität

Autorität bedeutet, dass die Mitarbeiter das Wertesystem der Führungskraft anerkennen und diese dadurch ein Ansehen genießt, wodurch sie die Mitarbeiter beeinflussen kann.

autoritätsfördernd	autoritätsgefährdend
- rollenmäßiges Verhalten	- unkontrolliertes Verhalten
- Mitarbeiterinteresse nach oben vertreten	- Nervosität, Angst
- Zuverlässigkeit	- Gleichgültigkeit gegenüber
- Persönlichkeit, Leistung und Zuständigkeit	Mitarbeiterbelangen
anderer respektieren	- Unpünktlichkeit
- angemessene Forderung der einzelnen	- Illoyalität gegenüber Mitarbeitern
Mitarbeiter	- ungerechtfertigte und übereilte Kritik
- klare Anweisungen erteilen	- eigene Fehler anderen Zuschreiben
- eigene Fehler eingestehen	- Besserwisserei
- sachbezogene Kritik üben	- Unwissenheit bei dringenden
- qualifizierte Mitarbeiter fördern	Entscheidungen
- Toleranz gegenüber anderen Meinungen	- rhetorische Unfähigkeit

Abb. 4.2 Autoritätsfördernde Eigenschaften bzw. Verhaltensweisen

Letztlich sind die Mitarbeiter freiwillig bereit sich unterzuordnen. Man unterscheidet im Allgemeinen drei Grundlagen für die Autorität:

- **Personale Autorität:** Das heißt die persönlichen Eigenschaften eines Menschen werden anerkannt. Hierbei wird empfohlen, dass Führungskräfte ihre personale Autorität in die Führung einfließen lassen.
- **Formale Autorität:** Sie leitet sich aus der Position der Vorgesetzten ab und beruht darauf, dass die Mitarbeiter die Anweisungen akzeptieren und dementsprechend folgen müssen.
- **Funktionale Autorität:** Hierbei werden die Fachkompetenz und die daraus resultierenden Führungsqualitäten anerkannt. Dies ist vergleichbar mit der Macht durch Sachkenntnis, jedoch ist in Ergänzung zu den anderen Autoritätsformen ein größerer Erfolg möglich als bei der reinen Expertenmacht.

Eine Reihe von autoritätsfördernden bzw. autoritätsgefährdenden Verhaltensweisen befindet sich in der folgenden Übersicht (Abb. 4.2):

4.2   Anforderung an die Führungskraft

Neben den aufgezeigten Grundvoraussetzungen haben sich die weiteren Anforderungen an Führungskräfte mittlerweile stark gewandelt. Veränderungen in der Arbeitswelt und der Gesellschaft sowie der technische Fortschritt schreiten weiter und schneller voran, wobei u. a. Probleme komplexer in ihrer Art und Weise werden. Sogenannte Soft-skills gewinnen dadurch immer mehr an Bedeutung (Abb. 4.3).

Merke
Definition Soft-skills: Unter diesem Begriff versteht man Kompetenzen, die langfristig und berufsübergreifend anwendbar sind und stark mit persönlichen Eigenschaften und Verhaltensweisen zusammenhängen. Dies umfasst Fähigkeiten wie z.B.: - Präsentationstechniken, - Verhandlungstechniken und - Arbeitsorganisation, welche in jedem Beruf nützlich sind. Soziale, kommunikative, emotionale und interkulturelle Kompetenzen gehören ebenfalls zu den Soft-skills.

Abb. 4.3 Definition Soft-skills

Führung besteht somit nicht mehr nur daraus, über hohes Fachwissen zu verfügen und Anweisungen zu geben, sondern sollte den Mitarbeitern die Möglichkeit geben, sich zu entfalten. Die Führungskraft muss auf Veränderungen kompetent und schnell reagieren, ein komplexes Denkvermögen an den Tag legen, Probleme nicht isoliert sondern ganzheitlich betrachten und vor allem immer menschlich bleiben, sprich sie darf Gefühle zeigen und darf nie den Respekt gegenüber anderen verlieren. Außerdem sollte sie die Ziele den Mitarbeitern näher bringen und sie emotional erlebbar darstellen. Hierbei kommt es insbesondere auf eine Vorbildfunktion an. Diese besteht nicht nur aus fachlichen Qualitäten, sondern aus Allgemeinbildung, Glaubwürdigkeit, Toleranz und Einfühlungsvermögen. Die Führungskraft lebt vor, was sie von den Mitarbeitern erwartet. Ein weiterer Punkt ist die Motivation und die Förderung. Der Vorgesetzte sollte seinem Mitarbeiter stets zeigen, wie wertvoll dieser ist und umgekehrt, welche Chancen man den Mitarbeiter geben kann, damit es für ihn attraktiv bleibt auch in Zukunft für seine Organisation zu arbeiten. Es ist wichtig, offen zu sein für Neues, Kritik anzuerkennen, viel mit den Mitarbeitern zu kommunizieren und Konflikte aus der Welt zu schaffen. Eine Führungskraft sollte nicht vergessen, dass die Mitarbeiter zwar die Geführten, aber auch Kollegen sind. Das heißt, sie haben ein Recht darauf, dass ihnen Zusammenhänge erklärt und Ziele genau definiert werden. Hierbei steht die Teamfähigkeit an oberster Stelle. Führungskräfte besitzen in den wenigsten Fällen alle Anforderungen in gleichem Maße. Bedeutsam ist, zu versuchen sie dennoch zu erlernen oder einfach Forderungen umzusetzen, obwohl sie einem nicht besonders liegen. Ein Beispiel hierfür ist, die Gesprächsführung mit Personen, obwohl man sie nicht mag, da schlussendlich immer das Gesamtkonstrukt der Institution im Auge behalten werden sollte.

4.3 Beispielhafte Darstellung der Führungsleitlinien

Das im Folgenden dargestellte Beispiel soll aufzeigen, wie Führungsleitlinien sinnvoll formuliert werden können (vgl. hierzu auch: Garmer 2003, S. 55 ff., vgl. ebenso: Ohno 1978, S. 48 ff.) (Abb. 4.4).

Nachhaltiger Erfolg

Nachhaltiger wirtschaftlicher Erfolg im Sinne von SustainableDevelopmentist Voraussetzung für unsere Aktivitäten. Wir schaffen Werte im Interesse unserer Kunden, Anteilseigner sowie unserer Mitarbeiter und übernehmen Verantwortung in der Gesellschaft.

Leitlinien

-   Wir streben eine führende Markt-und Finanzposition an, die es uns ermöglicht erfolgreich und unabhängig mit eigener, unverwechselbarer Identität weiter zu entwickeln.
-   Wir erwirtschaften ein Ergebnis, das im Durchschnitt der Konjunkturzyklen dieKapitalkosten übersteigt.
-   Wir erzielen für unsere Aktionäre eine attraktive Rendite.
-   Wir vergüten unsere Mitarbeiter marktgerecht und leistungsbezogen mit am wirtschaftlichen Erfolg orientierten Entgelten und Sozialleistungen. Dabei stehen unsere Arbeitsbedingungen im Einklang mit international anerkannten grundlegenden Arbeitsstandards.
-   Wir leisten durch unsere wirtschaftlichen Aktivitäten sowie durch die gezielte Förderung von humanitären, sozialen und kulturellen Anliegen einen positiven Beitrag zur gesellschaftlichen Entwicklung.

Innovation für den Erfolg unserer Kunden

Wir orientieren unsere Geschäftsprozesse an langfristiger Wertschöpfung und Wettbewerbsfähigkeit. Wir helfen unseren Kunden erfolgreich zu sein. Hierfür erschließen wir gemeinsam Geschäftspotenziale und entwickeln Produkte, Verfahren und Dienstleistungen auf hohem wissenschaftlichem und technischem Niveau.

Leitlinien

-   Wir suchen die Herausforderungen in den Veränderungen der Märkte, der Wissenschaft und der Gesellschaft und nutzen sie als Chance zum wertsteigernden Wachstum.
-   Wir gestalten den wissenschaftlich-technischen Fortschritt aus führender Position mit, entwickeln zukunftsweisende Produkte, Technologien und Problemlösungen und nutzen Synergieeffekte aus unserem Forschungsverbund.
-   Wir entwickeln und optimieren unsere Produkte und Dienstleistungen gemeinsam mit unseren Kunden so, dass wir zur Wertsteigerung bei unseren Kunden und in unserem Unternehmen beitragen.
-   Wir messen regelmäßig die Kundenzufriedenheit. Hinweise unserer Kunden und Partner nutzen wir konsequent zur Verbesserung unserer Geschäftsprozesse.

Sicherheit, Gesundheit und Umweltschutz

Wir handeln verantwortungsvoll. Wirtschaftliche Belange haben keinen Vorrang gegenüber Sicherheit, Gesundheit- und Umweltschutz.

Leitlinien

-   Wir fordern und fördern das Sicherheits-, Gesundheits-und Umweltbewusstsein und streben kontinuierliche Verbesserungen durch Zielvereinbarungen an.
-   Wir erzeugen Produkte, die sicher herzustellen, zu verwenden, wiederzuverwenden oder zu entsorgen sind.
-   Wir unterstützen unsere Kunden und Lieferanten im Bemühen um einen sicheren und umweltfreundlichen Umgang mit den Produkten, die sie von uns beziehen bzw. uns liefern.

Abb. 4.4 Führungsleitlinien

> - Wir minimieren die Belastung von Mensch und Umwelt bei Herstellung, Lagerung, Transport, vertreib, Verwendung und Entsorgung unserer Produkte.
>
> **Persönliche und fachliche Kompetenz**
>
> Wir bilden das beste Team in der Industrie, indem wir die gruppenweite Vielfalt an persönlicher und fachlicher Kompetenz fördern. Interkulturelle Kompetenz ist unser Vorteil im globalen Wettbewerb. Wir ermutigen unsere Mitarbeiter, ihre Kreativität und ihr Potenzial für den gemeinsamen Erfolg einzubringen.
>
> **Leitlinien**
>
> - Wir fördern Diversity-Programme und wollen Mitarbeiter aus allen Kulturen und Nationalitäten gewinnen, die mit sozialer und fachlicher Kompetenz bereit sind, sich engagiert für die Ziele und Werte unseres Unternehmens einzusetzen.
> - Unser Führungsnachwuchs wird bevorzugt aus den eigenen Reihen herausgebildet. Das Führungsteam wird systematisch anhand der folgenden vier Kriterien eingestellt, ausgewählt, entwickelt und positioniert: Wissen, Fähigkeiten, Führungskompetenz und das Handeln im Einklang mit unseren Grundwerten und Leitlinien.
> - Unsere Organisation, Steuerungsprozesse und Zusammenarbeit sind auf das Erreichen von Spitzenleistungen durch Einzelne und durch Teams ausgerichtet.
> - Wir tolerieren keine Diskriminierung wegen Nationalität, Geschlecht, Religion oder anderer persönlicher Merkmale.
>
> **Gegenseitiger Respekt und offener Dialog**
>
> Wir gehen fair und respektvoll miteinander um. Wir suchen den offenen, vertrauensvollen Dialog im Unternehmen, mit unseren Geschäftspartnern und relevanten gesellschaftlichen Gruppen.
>
> **Leitlinien**
>
> - Unsere Kommunikation im Unternehmen, mit unseren Geschäftspartnern, Nachbarn und gesellschaftlich relevanten Meinungsbildern ist durch einen offenen und sachlichen Dialog geprägt.
> - Unsere Mitarbeiter werden rechtzeitig durch offene Information und Kommunikation, auch über Hierarchie- und Einheitsgrenzen hinweg, in Arbeits- und Entscheidungsprozesse eingebunden.
> - Führungskräfte und ihre Mitarbeiter oder Teams vereinbaren Ziele sowie Prioritäten und legen die Verantwortlichkeiten und Befugnisse fest.
> - Wir bieten Voraussetzungen, die Eigeninitiative und unternehmerisches Handeln stärken. Führungskräfte sprechen regelmäßig mit ihren Mitarbeitern über ihre berufliche Weiterentwicklung und fördern ihre Lernbereitschaft.
> - Wir stehen zu betrieblicher Partnerschaft mit den Arbeitnehmervertretungen und arbeiten in gegenseitiger Achtung vertrauensvoll mit ihnen zusammen. Die Form der Kooperation beachtet die international anerkannten grundlegenden Arbeitsstandards und orientiert sich an den jeweiligen Landesgegebenheiten.

Abb. 4.4 (Forsetzung)

Integrität

Wir handeln in Übereinstimmung mit unseren Worten und Werten. Wir achten die Gesetze und respektieren die allgemein anerkannten Gebräuche der Länder, in denen wir tätig sind.

Leitlinien

- Jede Führungskraft muss ihrer Vorbildfunktion gerecht werden und sich an unserer Vision und unseren Grundwerten orientieren.
- Wir unterlassen Handlungen, die ungesetzlich sind und die den fairen Wettbewerb behindern.
- Wir verurteilen jegliche Form von Kinderarbeit sowie von Zwangs- oder Pflichtarbeit.
- Die Interessen der Unternehmung haben bei unseren Tätigkeiten Vorrang vor persönlichen Interessen. Wir schützen Firmeneigentum gegen Missbrauch.
- Jeder Mitarbeiter hat die Gelegenheit, sich in vertraulicher Weise Rat und Hilfe zu holen, wenn sich in seinem Arbeitsumfeld Hinweise auf rechtlich zweifelhafte Vorgänge ergeben.

Abb. 4.4 (Forsetzung)

4.4   Betriebsklima und Mobbing

Ein weiteres Kriterium, welches die Unternehmenskultur stark beeinflussen kann, ist das Arbeitsklima. Dieses kann eklatant beeinträchtigt werden, wenn einzelne oder einige Mitarbeiter durch Vorgesetzte oder andere Mitarbeiter gemobbt werden. Zum einen gebietet es die Fürsorgepflicht des Arbeitgebers für seine Mitarbeiter, dass er gegen Mobbing am Arbeitsplatz einschreitet; zum anderen dient es aber auch dem Erhalt einer sinnvollen Unternehmenskultur, wenn Unternehmer Mobbing in ihren Betrieben nicht dulden. Für Mobbingopfer selbst hat die Schikane und Diskriminierung am Arbeitsplatz häufig langanhaltende Folgen, die sich sowohl auf materieller als auch auf immaterieller Ebene bewegen können und die im beruflichen oder privaten Leben des Mobbing-Betroffenen ihre Spuren hinterlassen. Da der Begriff des Mobbing eine Vielzahl an Handlungsmustern umfasst, stellt sich die Frage, welche Erscheinungsformen überhaupt als Mobbing anzusehen sind. So gehören zum Mobbing beispielsweise folgende Erscheinungsformen:

- Angriffe auf die Möglichkeit sich mitzuteilen. Hierzu zählen beispielsweise die Einschränkung von Äußerungen, ständige Kritik oder Verweigerung sowie Bedrohung;
- eine kontinuierliche Missachtung des Betroffenen;
- Angriffe auf soziale Beziehungen oder das soziale Ansehen;
- das Aufstellen falscher Behauptungen, Verbreitung von Gerüchten sowie eine Zurschaustellung von persönlichen Fehlern;
- Angriffe auf die Qualität der Berufs- und Lebenssituation;
- Verteilung von sinnlosen, unwichtigen Aufgaben;
- Angriffe auf die Gesundheit.

Die eben genannten Punkte erheben keinen Anspruch auf Vollständigkeit und decken sicherlich nicht den gesamten Umfang möglicher Mobbinghandlungen ab. Sowohl das Bundesarbeitsgericht als auch das Bundesverwaltungsgericht sehen Mobbing als gegeben an, wenn ein systematisches Anfeinden, Schikanieren oder Diskriminieren durch Vorgesetzte oder Mitarbeiter gegeben ist und eine Überforderung oder Unterforderung von Gruppen oder einzelnen Arbeitnehmern zu einer Stresssituation am Arbeitsplatz führt, welches das Mobbing-Verhalten begünstigt. Darüber hinaus wird vom Bundesarbeitsgericht in jüngerer Zeit für die Beurteilung oftmals auch der Begriff der Belästigung im Sinne des § 3 Abs. 3 AGG herangezogen. Dieser sieht eine Belästigung dann als gegeben an, wenn unerwünschte Verhaltensweisen, die mit einem in § 1 AGG genannten Grund in Zusammenhang stehen, bezwecken oder bewirken, dass die Würde der betreffenden Person verletzt und ein von Einschüchterung, Anfeindung, Erniedrigung, Entwürdigung oder Beleidigung gekennzeichnetes Umfeld geschaffen wird. Die Folgen des Mobbing wirken sich nicht nur auf die Opfer alleine aus. Vielmehr lassen sich die negativen Folgen insbesondere auch an einem schlechten Betriebsklima, einer hohen Personalfluktuation und einer gedämpften Arbeitsmoral der Belegschaft erkennen. Eine Spaltung der Belegschaft in Mobbingunterstützer und Opferhelfer ist häufig die Folge. Darüber hinaus wird die Belegschaft oftmals auch durch Mobbing indirekt eingeschüchtert. Denn auch die übrigen Arbeitnehmer könnten das nächste Mobbingopfer sein. Die allgemeinen Auswirkungen auf das Mobbingopfer sind nicht selten Persönlichkeits- und Gesundheitsbeeinträchtigungen. Die Betroffenen hoffen ihre Situation dadurch zu verbessern, indem sie sich dem Handlungsfeld des Täters entziehen. Oftmals sehen Betroffene in der Kündigung ihres Arbeitsverhältnisses den letzten Ausweg.

Welche Möglichkeiten hat der Arbeitnehmer als Individuum, selbst gegen Mobbing-Handlung vorzugehen? Zuständig für rechtliche Auseinandersetzungen in Mobbingfällen sind nach § 2 Abs. 1 Nr. 9 ArbGG in der Regel die Arbeitsgerichte, da sie nach dieser Vorschrift auch für bürgerliche Rechtsstreitigkeiten zwischen Arbeitskollegen zuständig sind. Insbesondere in Fällen, in welchen das Mobbingopfer auch in seinem Gesundheitszustand erheblich betroffen ist, kann es angebracht sein, im Rahmen eines Eilverfahrens, nämlich im Rahmen einer einstweiligen Verfügung, Rechtsschutz zu erlangen. Die Anspruchsgrundlagen für einzelne Klagen variieren – je nach der Konstellation der Einspruchsparteien – und danach, welche Folgen ein Mobbingopfer durch die Handlungen erlitten hat. Als Ausgangspunkt im Individualarbeitsrecht gilt die Fürsorgepflicht des Arbeitgebers. Zwischen dem Arbeitnehmer und dem Arbeitgeber besteht ein Arbeitsvertrag. Dadurch unterliegt der Arbeitgeber der Nebenpflicht, den Arbeitnehmer zu schützen. Dies betrifft unter anderem auch den Schutz vor Schikane und Diskriminierung. Der Arbeitgeber muss dabei auch das Persönlichkeitsrecht des Arbeitnehmers schützen. Verletzt der Arbeitgeber seine Fürsorgepflicht, so handelt er vertragswidrig. Im Fall der Verletzung der Fürsorgepflicht von Seiten des Arbeitgebers hat der Arbeitnehmer gegen ihn einen Anspruch auf Erfüllung der Fürsorgepflicht. Generell lässt sich also festhalten, dass der Arbeitgeber nicht nur für sich haftet sondern auch für seine Mitarbeiter und im Falle eines Rechtsstreits gegebenenfalls zur Rechenschaft gezogen werden kann, wenn er seiner Fürsorgepflicht nicht nachgekommen ist. Ungeachtet dessen, ob der Mobber ein Kollege oder ein Vorgesetzter ist, sollte der erste Schritt zur Abwehr von Mobbinghandlungen die Beschwerde des gemobbten Arbeitnehmers sein.

4.5 Gesundheitsmanagement

Von entscheidender Bedeutung für ein funktionierendes Gesundheitsmanagement im Unternehmen ist die Beachtung der Personenaufgabe im Führungsverhalten. Die besondere Bedeutung des Führungsverhaltens für die Arbeitszufriedenheit und geringere Fehlzeiten der Mitarbeiter liegt darin, dass der Vorgesetzte durch sein Eingehen auf die Mitarbeiter kompensatorisch wirken kann.

Zwischen Führungsverhalten und Krankenstand besteht eine signifikante Beziehung. Daraus können unter anderem Rückschlüsse gezogen werden, ob die Beschäftigten mit den jeweiligen Führungskräften zufrieden sind (Abb. 4.5).

Um eine Senkung der Krankenquote zu erreichen, sind Schulungen und Lehrgänge der Führungskräfte im Bereich der Soft-skills und des allgemeinen Führungsverhaltens notwendig, um ein ganzheitliches Wohlbefinden bei den Mitarbeitern zu schaffen. Diese beschriebene Zielkonkurrenz – die Erhöhung der **Leistungsfähigkeit** bei den Mitarbeitern – die Kompetenz und Motivation steigern und zugleich ein Wohlbefinden bei den Mitarbeitern erzeugen, kann durch eine verständliche und transparente Zielfindung, beispielsweise mit einem effektiven personellen und **organisatorischen Führungssystem,** umgesetzt werden (vgl. Berschneider 2003, S. 74 ff., Meifert 2010, S. 148 ff., Brandstätter und Otto 2009, S. 356 ff., Maus 2009, S. 140 ff.).

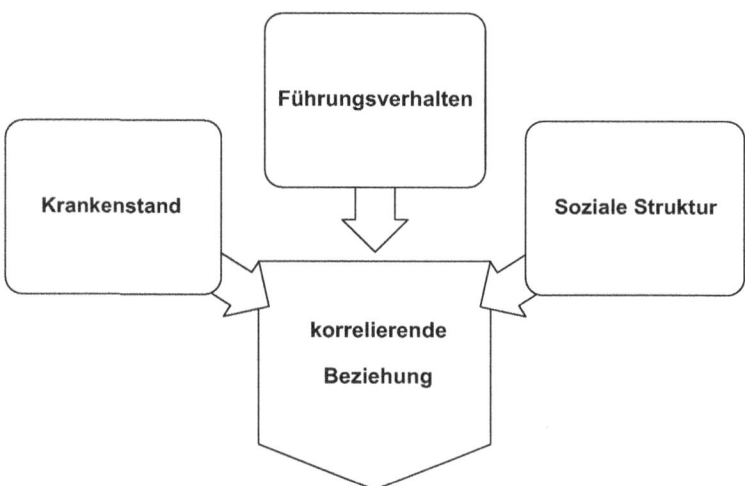

Abb. 4.5 Beziehung zwischen Führungsverhalten vs. Krankenstand

4.5.1 Implementierung eines betrieblichen Gesundheitsmanagements

Ziele des Betrieblichen Gesundheitsmanagements (BGM) sind:

- die Entwicklung und Verankerung eines Führungssystems zur Reduzierung von Belastungen,
- die Stärkung des Sozial- und Humankapitals,
- die Verbesserung des Wohlbefindens und des Gesundheitsverhaltens der Beschäftigten sowie
- die Steigerung der Arbeitsleistung.

Jedes dieser Teilziele kann mit Messgrößen operationalisiert werden. Dies schafft die Voraussetzung für eine **effiziente Steuerung**. Das Betriebliche Gesundheitsmanagement umfasst die **ganzheitliche und nachhaltige Entwicklung** sowohl gesundheitsförderlicher Arbeits- und Organisationsbedingungen (Verhältnisprävention) als auch betriebliche Strukturen für die Befähigung der Beschäftigten zum gesundheitsförderlichen Verhalten (Verhaltensprävention) (Abb. 4.6).

Es vereint den Arbeitsschutz zur Verhütung arbeitsbedingter Erkrankungen sowohl mit der betrieblichen Gesundheitsförderung, mit Einzelmaßnahmen zur Stärkung der Gesundheit der Beschäftigten als auch mit betrieblichen Personal- und Organisationsentwicklungsstrategien (vgl. hierzu vertiefend: Comelli und von Rosenstiel 2011, S 239 ff.; vgl. ebenso: Lohaus und Habermann 2012, S. 65 ff.) (Abb. 4.7).

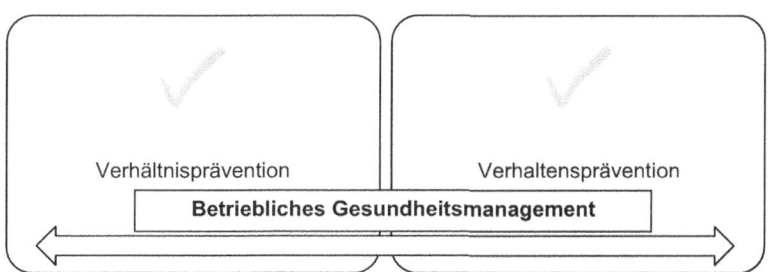

Abb. 4.6 Ganzheitlichkeit eines Betrieblichen Gesundheitsmanagements

Die Ziele einer Unternehmung sind in diesem Zusammenhang gerichtet auf					
die Unternehmensführung	die Unternehmenskultur	das Unternehmensklima	die Qualifikation der Beschäftigten	die Gestaltung der Arbeitsumwelt	das Verhalten der Mitarbeiter

Abb. 4.7 Unternehmensziel

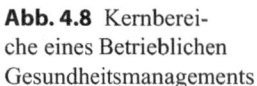

Abb. 4.8 Kernberei-
che eines Betrieblichen
Gesundheitsmanagements

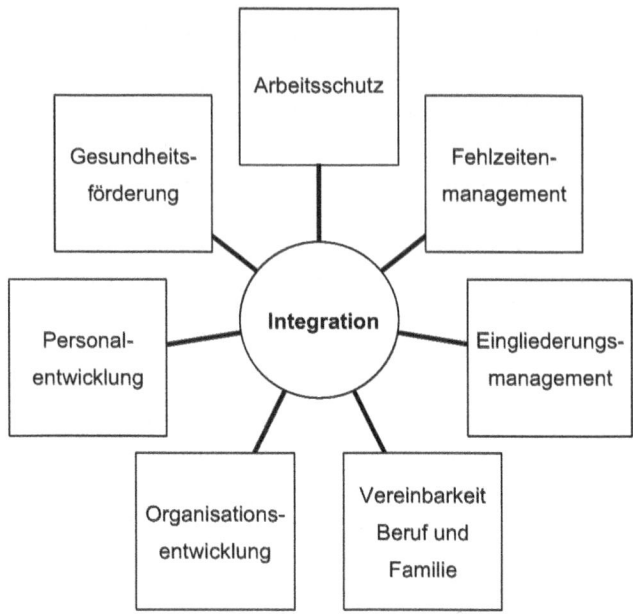

Mit Hilfe des Betrieblichen Gesundheitsmanagements soll eine bewusste Steuerung und Integration aller Unternehmensprozesse mit dem Ziel der Erhaltung und Förderung der Gesundheit und des Wohlbefindens der Beschäftigten erfolgen. Wirtschaftlicher Nutzen besteht in der Erhöhung der Leistungsbereitschaft und der Senkung der Krankheitsquote.

4.5.2 Handlungsfelder

Als Grundlage betriebsinterner Maßnahmen eines erfolgreichen Gesundheitsmanagements dient der Strategiekreisel (Abb. 4.8).

Dieser umfasst Aktivitäten in den folgenden sieben Kernbereichen:

- Arbeitsschutz,
- Fehlzeitmanagement,
- Eingliederungsmanagement,
- Vereinbarkeit Beruf und Familie,
- Organisationsentwicklung,
- Personalentwicklung und
- Gesundheitsförderung.

Wer fit ist, kann die Anforderungen des beruflichen Alltags besser meistern. Deshalb kommt der Förderung der Gesundheit aller Mitarbeiter eine zentrale Rolle zu.

Abb. 4.9 Führungssystem Betriebliches Gesundheitsmanagement

4.5.3 Notwendigkeit eines Betrieblichen Gesundheitsmanagements

Oberstes Ziel des Betrieblichen Gesundheitsmanagements ist die **gesunde Arbeit in gesunden Organisationen**. Schädliche Trends wie beispielsweise:

- die Anwendung neuer Technologien,
- Rationalisierungsmaßnahmen und
- ein immer weiter steigender Grad an Flexibilität und beruflicher Mobilität an die Mitarbeiter erfordert ein aktives und mitarbeiterorientiertes Gesundheitsmanagement (Abb. 4.9).

Psychische Belastungen sind in den letzten Jahren vermehrt angestiegen. Dies geht einher mit messbaren negativen Auswirkungen auf die Bewältigung der Arbeit. Durch Rationalisierungsmaßnahmen, durch Aufgabenkomprimierung, Intensivierung und Kürzung der Abarbeitungszeiten tragen maßgeblich negativ zur Gesunderhaltung der Mitarbeiter bei. Darüber hinaus kommen gewöhnlich auch äußere Rahmenbedingungen, wie zum Beispiel finanzielle Notlagen oder familienbedingte Störsituation auf den Mitarbeiter zu. Die **psychischen Faktoren** werden durch den Gesetzgeber mit Hilfe von Arbeitsschutzgesetzen geregelt. Demnach ist die psychische Belastung die Gesamtheit der erfassbaren Einflüsse, welche von außen auf den Menschen einwirken. Dabei ist aber zu unterscheiden, dass diese Einwirkungen von Mensch zu Mensch unterschiedlich ausfallen. Das heißt, dass diese nicht immer negative Auswirkungen auf das menschliche Wohlbefinden haben müssen. Demnach ist die Einschätzung subjektiv. Für die Erhebung einer Erstaufnahme zum Gesundheitszustand einer Unternehmung bezüglich der Messbarkeit des Gesundheitszustandes sind Indikatoren zu definieren. Die beispielhaft aufgeführten Kriterien geben Rückschlüsse über den Gesundheitszustand einer Belegschaft. Dabei ist darauf zu achten, dass die verwendeten Indikatoren **messbar** und **objektiv** zu bewerten sind. Darüber hinaus muss darauf geachtet werden, dass die Indikatoren so gewählt werden, dass das Unternehmen mit Maßnahmen entgegensteuern kann. Durch die **Messbarmachung** der Hard-skills und Soft-skills werden die Erfolge des Betrieblichen Gesundheitsmanagements sichtbar gemacht. Die **Balanced Scorecard** ist steuerungspolitisch ein geeignetes und transparentes Instrument zur Erfolgsmessung.

Die Kommunikation ist ein zentraler Bestandteil einer erfolgreichen Unternehmenskultur. Die Kommunikation findet in der Regel in allen Dimensionen in einer Balanced Scorecard statt. Dies ist nicht nur gewollt, sondern auch zwingend notwendig, um verschiedensten Strategien einer Unternehmung zu bewerten. Im Bereich der Unternehmenskultur kann eine Balanced Scorecard sehr umfangreich sein, denn aufgrund der verschiedensten Wechselbeziehungen ist eine unterschiedliche Erfassung und Greifbarmachung des Sachverhaltes möglich. Die verschiedenen Interpretationsmöglichkeiten erschweren nicht zuletzt die Abbildung der Unternehmenskultur in einer Balanced Scorecard. Konflikte, die z. B. durch die Mitarbeiter unterschiedlich bewertet und interpretiert werden können, können zu einer individuellen Zielfindung der Mitarbeiter führen. Wenn dies eintritt, wird im gleichen Zuge die Unternehmenskultur im Unternehmen geschwächt. Anders betrachtet kann die Diskussion über die verschiedenen Ansichten bei einer gemeinsamen Auswertung die Unternehmenskultur fördern, da aus unterschiedlichen Ansichten und Blickwinkeln diskutiert und abgewogen wird. Aufgrund der gemeinsamen Zielfindung bildet sich automatisch ein stärkeres Gemeinschaftsgefühl als Folge der Diskussion heraus. Die Balanced Scorecard kann hierfür als strategisches Hilfsmittel zur Implementierung von verschiedenen Strategien mit deren Wirkungsweisen abgebildet werden. Für Führungskräfte stellt die Balanced Scorecard einen strukturellen Rahmen zur Umsetzung verschiedener Strategien dar. Im Rahmen des Change-Managements kann die Balance Scorecard ihre ganze Wirkung entfalten. Als Kontroll- und Messsystem ist eine Anwendung zur Umsetzung eines funktionellen Managementsystems unerlässlich. Die Prozesse und Funktionen, die der Erfüllung der Managementaufgaben dienen (funktionaler Managementbegriff) können nach einem Regelkreislauf wie folgt dargestellt werden (Abb. 4.10):

Im Gegensatz zu Verwaltung und Bewirtschaftung wird unter Management der umfassende, ganzheitliche Einsatz spezifischer Methoden verstanden, der eine aktive oder proaktive Gestaltung und Steuerung beinhaltet, die bewusst Ziele setzt, auch mittel- und langfristig vorausdenkt, die Potenziale fördert und nutzt und den Managementprozess unterstützt.

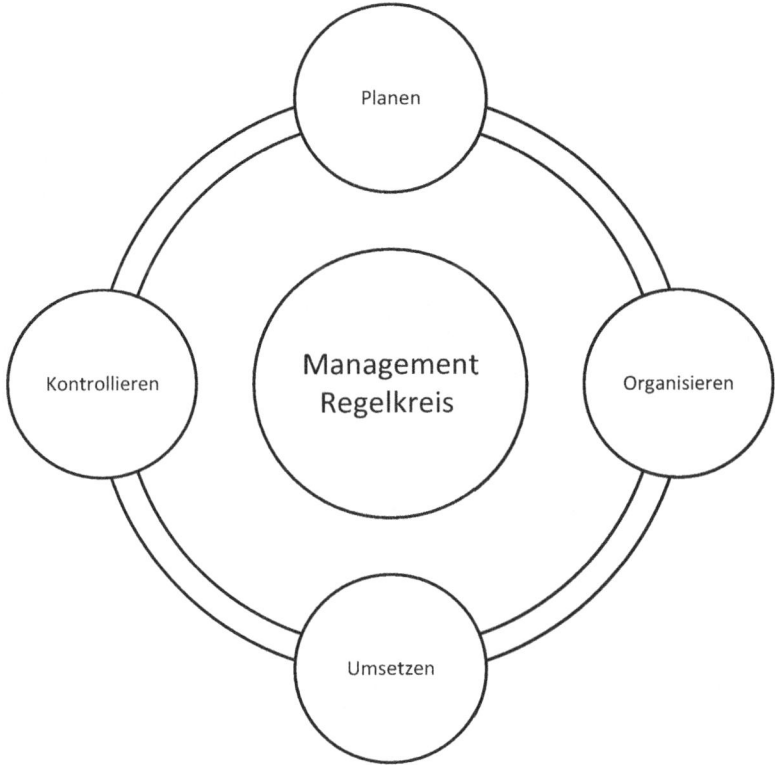

Abb. 4.10 Management Regelkreis

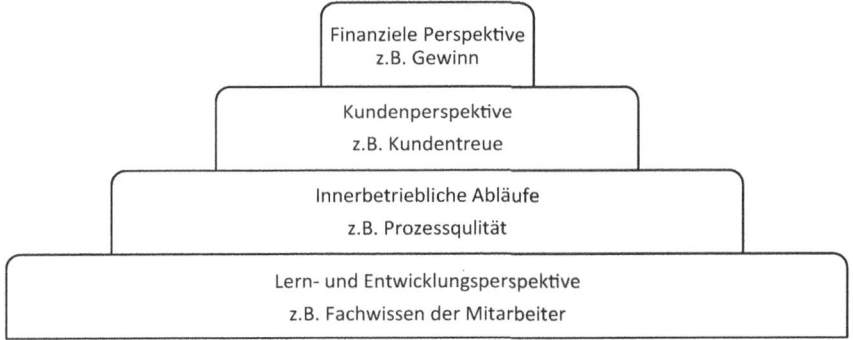

Abb. 4.11 Perspektiven der Balanced Scorecard

In der nächsten Abbildung wird aufgezeigt, wie eine eindimensionale, vergangenheitsorientierte und finanzielle Betrachtungsweise eines Unternehmens durch zukünftige Leistungspotenziale in Form der Lern- und Entwicklungsperspektive, der Betrachtung der innerbetrieblichen Ablaufprozesse sowie durch die Kundensichtweise ergänzt werden kann (Abb. 4.11).

Die abgebildeten vier Perspektiven der Balanced Scorecard sind durch Ursachen- und Wirkungsbeziehungen untereinander verbunden. Hier liegt die Stärke bzw. der Vorteil der Balanced Scorecard für den Nutzer. Sie bietet demnach die Möglichkeit, Visionen und Strategien zu klären und für alle Mitarbeiter im Unternehmen, ob in der oberen oder unteren Hierarchieebene die Inhalte zu transportieren, kommunizieren und erlernbar zu machen. Voraussetzung ist aber ein Kommunizieren und ineinander Verbinden der strategischen Ziele, so dass ein konkretes Handlungsmuster sowie die dazugehörigen Maßnahmen abgeleitet werden können. Die finanziellen Ziele und Ergebnisse können demzufolge nur so gut sein, wie es die vorhandenen Mitarbeiter und die vorhandenen Prozesse erlauben. Wie aus der Übersicht der Perspektiven ersichtlich, ist die Lern- und Entwicklungsperspektive von hoher Bedeutung. Hier nehmen Instrumente wie Mitarbeitergespräch, Personalentwicklungspläne oder Zielvereinbarungen eine bedeutsame Rolle ein. Maßgeblich zur Umsetzung der festgelegten Ziele in den jeweiligen Perspektiven sind ein angemessener Führungsstil, die Kommunikation und die Partizipation sowie die Initiativen der Mitarbeiter selbst. Die Balanced Scorecard im Bereich der Unternehmenskultur ist ein Instrument des Dialogs. Mit ihrer Definition der einzelnen Perspektiven werden unterschiedliche Diskussionen und Debatten eingeleitet, welche sich mit den wichtigsten Elementen eines Unternehmens auseinandersetzen – 1) Lernen, 2) Prozesse, 3) Kunden. Das Lernen im Unternehmen ermöglicht erst ein Veränderungsprozess. Hiervon abzuleitende Veränderungen und Verbesserungen sind von zentraler Bedeutung im Unternehmen, um sich konkurrenzfähig zu halten. Aber das Wohl einer Unternehmung hängt nicht nur von Systemen oder Strukturhilfen im Unternehmen ab, sondern vielmehr von der Führung und von der Art des Führens. Prinzipiell sind die Führungskräfte für das Betriebsklima verantwortlich, und nicht zuletzt geben sie auch den Weg und die Richtung der Unternehmensentwicklung vor. Sie sind auch für die Gestaltung der Kommunikation im Unternehmen verantwortlich.

Die Methodik der Balanced Scorecard ist im Kern betrachtet an sich kein neuartiges Steuerungsinstrument für das Management. Wesentliche Teile des Gedankengebäudes basieren auf dem MBO-Ansatz (Management by Objectives). Insofern ist die Balanced Scorecard größtenteils für das Marketing enorm wichtig und darüber hinaus eine Renaissance der konzentrierten Unternehmensführung.

In Deutschland wird die Balanced Scorecard von fast allen DAX-30 Unternehmen eingesetzt und findet auch im Mittelstand größere Verbreitung. Ein Einsatz der Balanced Scorecard-Methodik ist ab einer gewissen Führungskomplexität von mindestens drei Führungsebenen und ca. 150 Mitarbeitern empfehlenswert. Insbesondere die Unternehmenskultur wird durch die erzwungene Transparenz hin zu einer offenen und dezentral orientierten Verantwortung entwickelt.

Erfahrungsgemäß erfordert die nachhaltige Etablierung mindestens eine Zeitspanne von drei Jahren mit der hohen Anforderung einer konsequenten und disziplinierten Umsetzung durch die Top-Führungskräfte. Die mit der Einführung verbundene unternehmerische Mühe wird durch die möglichen Erfolge einer besseren und effizienteren Zielerreichung, verbunden mit einer höheren Mitarbeitermotivation, mehr als kompensiert.

Die größten Synergieeffekte kann das Unternehmen aber bei einem integrierten Ansatz erreichen, der die Balanced Scorecard mit den Anforderungen des Risikomanagements zusammenbringt:

- Chancen und Risiken erkennen,
- Top-Chancen (Balanced Scorecard) und Top-Risiken (Risikomanagement) filtern und konsequent steuern.

4.6 Theoretische Ansätze der Mitarbeitermotivation

4.6.1 Scientific Management

Unter der Bezeichnung des Scientific Management, welches durch Taylor (1856–1915) begründet wurde, wird sich mit der systematischen und gesicherten Untersuchung von Betriebsprozessen und insbesondere von Abläufen menschlicher Arbeit, auseinandergesetzt. Anlass dieser neuen Betrachtungswiese war der Übergang zur Massenfertigung. Es war aus betriebswirtschaftlichen Aspekten zwingend notwendig; denn die Kosten der Arbeit waren einer der wesentlichen Erfolgs- und Wettbewerbsfaktoren der industriellen Produktion. Hiermit wurde der Grundstein für die genauen Untersuchungen der Arbeitsprozesse und deren Optimierung gelegt. Heute ist dies unter dem Begriff Prozessoptimierung in Verbindung mit Changemanagement zu verstehen. Kernidee der Untersuchungen ist die Unterscheidung in produktive Zeiten und Verlustzeiten. Eine Zerlegung der Prozesse in kleine Bestandteile ermöglichte im Nachhinein die Beseitigung von Störungen. Dadurch werden automatisch die Verlustzeiten minimiert, was wiederrum zu einer extremen Spezialisierung auf einzelne Teilprozesse führt. Der arbeitende Mensch im Scientific Management Ansatz wird als fast maschineller Bestandteil der Mensch-Maschine-Kombination betrachtet. Es wird hierbei unterstellt, dass die Arbeitskräfte ausschließlich ihr Entgelt maximieren. Sozialpsychologische Aspekte, wie z. B. Arbeitszufriedenheit, werden hier nicht betrachtet. Demzufolge ist dieser Ansatz als ein mechanistisches Menschenbild zu verstehen. Das Denkmodell von Taylor ist leicht zu verstehen, da es sich aus der Logik ableitet und durch viele Studien zu rationellen Arbeitsabläufen ableitet. Die extrem unterteilten Verrichtungen führen zu sehr rationellen und kostengünstigen Arbeitsprozessen, was eine gute Verknüpfung mit der Arbeitsplanung und der leistungsabhängigen Entlohnung ermöglicht. Die starke Verrichtungszerlegung führte zu einer Entfremdung von der Arbeit und erzwang dadurch eine sehr autoritäre Personalführung. Die Monotonie der Arbeit führt zu hoher Fluktuation, wodurch dieser Arbeits- und Führungsstil nur dann durchsetzbar ist, wenn kein Engpass auf dem Arbeitsmarkt besteht und wenn man keine hoch qualifizierten Mitarbeiter benötigt. Durch die extreme Verrichtungszerlegung wird die Arbeitsvorbereitung bzw. Planung recht aufwendig und die Prozesse können schlecht umgestellt werden. Durch den autoritären Führungsstil denken die Mitarbeiter nicht mehr mit und passen sich von selbst nicht an neue Anforderungen an. Dadurch wird diese Vorgehensweise bei hoher Marktdynamik und bei hoher Qualifikationsanforderung an die Mitarbeiter obsolet. Von diesem Ansatz sind heute die Durchführung von Arbeitsprozessstudien verblieben (insb. Zeitstudien) sowie die Ansätze zur Rationalisierung. Aus dem Ansatz hat sich das heute selbständige Fach Arbeitswissenschaften entwickelt, welches in der modernen Form allerdings auch ergonomische und pychologische Aspekte der Arbeitsplatzgestaltung mit einbezieht.

4.6.2 Soziologische Ansätze

Ausgangspunkt waren die Hawthorne-Experimente (1924–1934), in denen Elemente der Arbeitsplatzgestaltung wie z. B. Beleuchtungen auf ihre Wirkung auf die Arbeitsleistung untersucht wurden. Die Ergebnisse waren durch mechanistische Betrachtungen nicht mehr zu erklären. Ursache der neuen Soziologischen Ansätze war die Unzufriedenheit der Mitarbeiter, welche mit den negativen Folgen des mechanistischen Menschenbildes des Scientific Managements einherging. Des Weiteren wirkten sich die Monotonie der Arbeit und damit einhergehend der Führungsstil ebenfalls negativ auf die Mitarbeitermotivation aus. Der Arbeitsmarkt wurde zum Engpassfaktor und der Einfluss der Gewerkschaften stieg. Die Mitarbeiter kamen in eine neue Situation, wobei sie mehr Macht zugesprochen bekamen. Man erkannte den Mensch als Soziales Individuum an. Die Leistung wird mit den Soziologischen Ansätze nicht nur von den durch die Sachausstattung und die Verrichtungsaufteilung gegebenen Leistungsmöglichkeiten bestimmt, sondern vor allem durch die von der Arbeitszufriedenheit verursachte Leistungsbereitschaft der Mitarbeiter. Die Arbeitszufriedenheit hängt von den sozialen Beziehungen am Arbeitsplatz ab (Beziehungen zu Vorgesetzten und zu Kollegen) und von den sozialen Bedingungen im Betrieb (soziale Einrichtungen wie z. B. Pausenräume) (Abb. 4.12).

Die Handlungen des Menschen sind vor allem durch sein soziales Umfeld geprägt und nicht nur rational zu erklären (humanistisches Menschenbild). In der Arbeitswissenschaft existieren gut erläuterte und plausible Theorie aber sie sind kaum handhabbare Operationalisierungen der zu Grunde liegenden Konstrukte. Des Weiteren existieren wenige empirische Studien. Insbesondere der kausale Zusammenhang zwischen Arbeitszufriedenheit

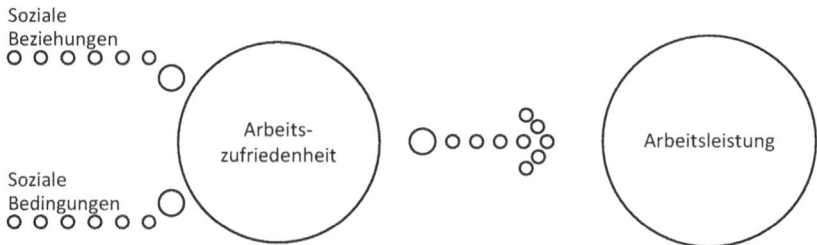

Abb. 4.12 Soziologische Ansätze

Physische, psychische und soziale Motive	Primäre und sekundäre Motive
- Zu den **physischen Motiven** zählen biologische Bedürfnisse, wie z.B. Hunger, Durst und Wohnen.	- **Primäre Motive** wie beispielsweise Hunger und Durst sind Motive, die jeder Mensch von Geburt an instinktiv verfolgt.
- **Psychische Motive** können beispielsweise Unabhängigkeit, Selbstverwirklichung und Selbstentfaltung sein.	- **Die sekundären Motive** sind Mittel zur Befriedigung anderer Motive. Das Geldmotiv stellt ein Beispiel sekundärer Motive dar, da sich mit Geld viele primäre Motive befriedigen lassen.
- **Soziale Motive** sind auf die Anerkennung durch andere Menschen ausgerichtet. Hier können Freundschaft und Zugehörigkeit zu bestimmten Gruppen genannt werden.	

Abb. 4.13 Motivationstheoretische Ansätze

und -leistung konnte kaum nachgewiesen werden. Mit den Ansätzen des soziologischen Managements wurden Maßnahmen zur Aufhebung der Monotonie begründet. Als Folge wurden die Arbeitsprozesse wieder zusammengelegt (job enlargement), Arbeitsplätze regelmäßig getauscht (job rotation) und einfachere Entscheidungen wieder bei den ausführenden Stellen angesiedelt (job enrichment). Ob die aus Plausibilitätsüberlegungen durchgeführten Maßnahmen auf das theoretische Konzept oder auf Gewerkschaftsdruck zurückzuführen sind, ist unklar. Wegen den Mängeln, welche die Theorie mit sich brachte, verlor sie an Bedeutung und wurde nur bedingt weitergeführt.

4.6.3   Motivationstheoretische Ansätze

Es gibt im Wesentlichen keine einheitliche Motivationstheorie. Gemeinsam ist den Ansätzen eine recht allgemeine Definition von "Motiv" zu Grunde gelegt worden, indem behauptet wird, dass Motive latente Neigungen des Menschen sind, die einen bestimmten Zielzustand herleiten wollen. Sie versorgen den Menschen mit Handlungsenergie, um ein gewisses Verhalten zu erzeugen. Nicht einig ist man sich über die Struktur, den Zusammenhang von Motiven, ob die Motive eher emotional oder eher kognitiv zu erklären sind und worin die Ziele und die Zielerreichung bestehen (Abb. 4.13).

Bei den Motiven beruflicher Tätigkeit werden in der Motivationspsychologie intrinsische und extrinsische Motive unterschieden. Die intrinsischen Motive finden ihre Befriedigung in der Arbeit selbst. Je mehr einer Person eine Tätigkeit Spaß macht, desto produktiver ist sie. Bei einfachen Aufgaben ist die intrinsische Motivation gering, bei komplexen Aufgaben relativ hoch. Die extrinsischen Motive können nicht durch die Tätigkeit alleine, sondern durch die Folgen der Arbeit oder durch deren Begleitumstände befriedigt werden. Die berufliche Tätigkeit ist somit nur Mittel zur Verfolgung anderer Motive. Als extrinsische Motive können das Geld-, Sicherheits- und Prestigemotiv genannt werden. Die unterschiedlichen Motivationsansätze können wie folgt eingeteilt werden (Abb. 4.14):

Humanistische Konzepte der Motivationstheorie	Ansätze zur Motivstruktur und -herkunft	Kognitive Konzepte der Motivationstheorie
- Maslows Bedürfnishierarchie - Zwei-Faktorentheorie von Herzberg	- McClellands Theorie der gelernten Bedürfnisse	- Erwartungs-Valenz-Ansätze (z. B. Vroom) - Atkinsons Risiko-Wahl-Modell - Modell von Porter und Lawler - Attributionsschema von Weiner

Abb. 4.14 Übersicht Motivationstheorien

Abb. 4.15 Bedürfnispyramide v. Maslow

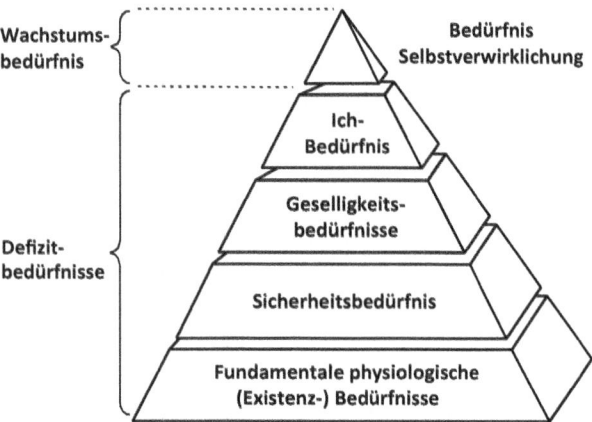

4.6.4 Maslows Bedürfnishierarchie

Die Grundaussage, welche Maslow mit der Bedürfnishierarchie aufgestellt hat, ist, dass es „niedrigere" und „höhere" menschliche Bedürfnisse gibt. Die Bedürfnisbefriedigung der nächst höheren Bedürfnissen wird erst verfolgt, wenn die darunter liegende Bedürfnisse befriedigt sind (Abb. 4.15).

Problematisch wird aber bei dem Motivationsansatz von Maslow die mangelnde Operationalisierung, die unklare Abgrenzungen der einzelnen Ebenen sowie die umstrittene Hierarchie-Hypothese, welche allenfalls als Dominanz von Motivbündeln aufzufassen ist.

Praktisch würde dieser Ansatz wie folgt aussehen: Bei Mitarbeitern mit bereits befriedigten Grund- und Sicherheitsbedürfnissen ist eine gegebene soziale Anerkennung (z. B. Belobigungsurkunde oder Benutzungberechtigung der „Chef-Kantine") wirkungsvoller als eine relativ kleine Gehaltszulage.

Motivatoren	Hygienefaktoren
Leistungserfolg	interpersonelle (soziale) Beziehungen
Anerkennung	Status und Ansehen
Arbeitsinhalt	Unternehmenspolitik und -verwaltung
Verantwortung	physische Arbeitsbedingungen
Aufstiegsmöglichkeit	Arbeitsplatzsicherheit
Entfaltungsmöglichkeit	Bezahlung (Angemessenheit)
für beide Faktoren: Bezahlung als monetärer Anreiz	

Abb. 4.16 Herzbergs Zwei-Faktoren-Theorie

4.6.5 Herzbergs Zwei-Faktoren-Theorie

Das Ziel von Herzberg war die Erklärung der Arbeitszufriedenheit. Nach seiner, in empirischen Studien gewonnenen, Auffassung wird die Arbeitszufriedenheit von zwei Gruppen/ Arten von Einflüssen bestimmt:

a. Motivatoren – Faktoren, mit denen Arbeitszufriedenheit erreicht bzw. gesteigert werden kann und
b. Hygienefaktoren – Faktoren, die Arbeitszufriedenheit bei ungenügender Ausprägung verhindern können.

Die wichtigsten Einflussgrößen der Faktoren lassen sie wie folgt darstellen (Abb. 4.16):

Problematisch kann bei der Theorie von Herzberg die mangelnde Operationalisierung und Abgrenzung angebracht werden. Des Weiteren existiert kein Nachweis über den Zusammenhang zwischen Arbeitszufriedenheit und Leistung.

Als praktisches Umsetzungsbeispiel kann z. B. bei der Eingruppierung von Mitarbeitern in eine zu niedrige, der Arbeit nicht angemessenen Lohngruppe die Arbeitszufriedenheit zerstört werden. Es nutzen dann auch keine anderen Anerkennungen oder besonders interessanten Arbeiten mehr.

4.6.6 McClellands Theorie der gelernten Bedürfnisse

McClelland führte diverse Studien zur Aufnahme unterschiedlicher Bedürfnisse durch. Er ging in seinen Studien davon aus, dass Bedürfnisse im Rahmen von Sozialisationsprozessen erlernt werden (in ihrer spezifischen Erscheinungsform damit auch kulturspezifisch sind). Dabei vernachlässigte er die physiologisch/biologisch bedingten Grundbedürfnisse

(z. B. durch Absinken des Blutzuckerspiegels entstehendes Bedürfnis nach Nahrungsauf-
nahme). Es gibt drei Schlüsselbedürfnisse (außerhalb der biologisch bedingten Grundbedürfnisse), aus denen alle anderen Motive abgeleitet werden können:

- das Leistungsmotiv,
- das Zugehörigkeitsmotiv,
- das Machtmotiv.

Ziel des Leistungmotivs ist die Suche nach Erfolg in der Auseinandersetzung mit einem
Gütemaßstab, der als persönliches, im Sozialisationsprozeß gelerntes Anspruchsniveau
angelegt wird. Daraus folgt, dass Leistungsmotivation vor allem eine intrinsische Motivation ist, die durch betriebliche Maßnahmen lediglich gefördert oder behindert werden
kann.
    Es ist aber umstritten, ob Leistungsmotivation ein Schlüsselmotiv ist oder aus anderen
Motiven abgeleitet werden kann. Die Vielfalt der möglichen spezifischen Arten von Güte-
maßstäben (z. B. finanzieller Erfolg, Anerkennung durch die Bezugsgruppe, Erlangung
eines Status) immunisieren das Konzept. Aus der praktischen Perspektive muss man eher
dafür sorgen, dass die Erreichung des Unternehmensziels vom Mitarbeiter als Indikator
für den persönlichen Gütemaßstab übernommen wird, als ihm zusätzliche externe Anreize zu geben. Wenn die Anerkennung in der Familie der gelernte Gütemaßstab ist, sollte
die Familie mit zur „Belobigungsfeier" für ein erreichtes Unternehmensziel eingeladen
werden.

4.6.7 Erwartungs-Valenz-Ansätze nach Vroom

Im Gegensatz zu humanistischen Konzepten wird hier nicht untersucht, welche Motive es
gibt, sondern wie sie auf das Ergebniskonstrukt wirken. Ergebniskonstrukt ist bei Vroom
wiederum die Arbeitszufriedenheit. Bei allen Erwartungs-Valenz-Modellen ist die Wirkung aus der subjektiven Bewertung bzw. Einstellung gegenüber einer Belohnung (affektive Komponente) und der subjektiv eingeschätzten Wahrscheinlichkeit die Belohnung zu
bekommen (kognitive Komponente) zusammengesetzt.

Valenz V_{LE} =   subjektiver empfundener Belohnungswert der alternativen zu erwar-
                        tenden Leistungsergebnisse LE
Erwartung E_{LE} =   subjektive Wahrscheinlichkeit dafür, dass das Leistungsergebnis LE
                        eintrifft
Handlungstendenz $HT = V_{LE} \cdot E_{LE}$

Jede Handlungstendenz hat ihre Belohnungen und Erwartungen. So hat beispielsweise der
Leistungseinsatz die Belohnung durch eine Prämie für die erreichte Leistung bei einer Erwartung der Zielerreichung von 50 %. Bei Dienst nach Vorschrift ist die Belohnung durch

Anerkennung von Kollegen bei einer Erwartung von 30 %. Es sind nicht alle alternativen Handlungstendenzen bekannt. Ein erreichtes Leistungsergebnis kann mehrere Belohnungen haben. Der subjektive Wert von Belohnungen kann in unterschiedlichen Mitarbeitergruppen variieren und sollte zunächst ermittelt oder eingeschätzt werden. Die Erwartung der Belohnung ist durch die Wahrscheinlichkeit das Leistungsergebnis zu erreichen und die Wahrscheinlichkeit, dass die Belohnung gewährt wird, zusammengesetzt. Es genügt beispielsweise nicht, Prämien für das Erreichen von Umsatzzielen zu gewähren. Das Prämiensystem muss auch offen und verbindlich dargelegt werden (z. B. schriftlich in einer Betriebsvereinbarung) und den Mitarbeitern muss auch verdeutlicht werden, dass sie dieses Ziel erreichen können. Eine Verdopplung der subjektiven Erwartung bringt oft mehr Leistungsmotivation als eine Verdopplung der Prämie.

4.6.8 Atkinsons Risiko-Wahl-Modell

Das Atkinson Risiko-Wahl-Modell baut auf McClellands gelernten Leistungsmotiven, den Erwartungs-Valenzmodellen und diversen empirischen Studien auf, in denen eine personenabhängige Erfolgsorientierung gefunden wurde. Der subjektive Belohnungswert und die Ereigniserwartung haben zwei Seiten: die Hoffnung auf den Erfolg (M_E) und die Furcht vor Misserfolg (M_M). Die (wechselseitige) Ausprägung dieser beiden Seiten ist personenabhängig – es gibt „Erfolgstypen" und „Misserfolgsvermeider"

$$HT = (M_E \cdot E_E \cdot V_E) - (M_M \cdot E_M \cdot V_M)$$

E_E = Erwartung des Erfolgs,
E_M = Erwartung des Misserfolgs,
V_E = subj. Wert der Erfolgsbelohnung,
V_M = subj. Wert der Misserfolgsbestrafung

Der Anreizwert V ist abhängig:

- vom Schwierigkeitsgrad einer erfolgreichen Leistung,
- vom Vorhandensein eines Gütemaßstabes,
- von der individuellen Erwartung, dass der Erfolg auf eigener Anstrengung beruht und
- von der vorab erwarteten möglichen Rückmeldung über erfolgreiche Erfüllung.

Die Erfolgs-/Misserfolgsgewichtung M ist abhängig:

- vom Personentyp, insb. vom Selbstvertrauen,
- von vergangenen Erfahrungen zum Erfolg bei ähnlichen Aufgaben und
- von bestimmten angenommenen Problemen in der aktuellen Arbeitssituation.

Problematisch kann das Atkinson Risiko-Wahl-Modell wie das Erwartungs-Valenz-Modell bewertet werden. Die Personenvariable M ist langfristig nicht unbedingt stabil. Für die Praxis bedeutet dies, dass man an stark erfolgsmotivierte Mitarbeiter (ME > MM) Aufgaben mit mittlerem Schwierigkeitsgrad gibt. Bei zu schwierigen Aufgaben wird kein Erfolg erwartet, die Leistungsmotivation ist dann gering. An Misserfolgsvermeider sind demzufolge Routineaufgaben zu delegieren, da die Aufgaben kontinuierlich und korrekt erledigt werden. Es ist aber auch möglich, sehr schwierige Aufgaben bei gleichzeitiger Mitteilung zu übertragen, dass man wegen der großen Schwierigkeiten kaum mit Erfolg rechnet. Diese Misserfolge rechnen sich Misserfolgsvermeider nicht zu und können deshalb motiviert daran arbeiten.

4.6.9 Attributionsschema von Weiner

Die Attributionstheorie von Weiner geht davon aus, dass jeder Mensch nach Ursachen und Gründen für Ereignisse und Verhalten sucht, um die Folge seines eigenen Handelns und des Handelns von anderen Personen zu erklären und prognostizieren zu können. Die gesuchten bzw. angenommenen Gründe/Ursachen müssen nicht naturwissenschaftlichen Charakter haben.

Attributionstendenzen, Attributionsfehler
- Gründe für Misserfolge werden eher in der Situation oder anderen Personen gesucht.
- Gründe für Erfolge werden eher in der eigenen Person gesucht.
- Gründe werden eher in dem Bereich gesucht, über den man mehr Informationen hat.
- Je bedeutender das Ergebnis, desto eher werden Verursacher gesucht (nicht Zufall).

Schema der Ursachenbereiche nach Weiner, bezogen auf Erfolgsattribution (Abb. 4.17):

Asymetrien bei der Attribuierung
- Erfolgsmotivierte Personen attribuieren Erfolge/Misserfolge eher zu eigener Anstrengung und fühlen sich dafür verantwortlich.
- Misserfolgsvermeider führen Misserfolge eher auf mangelnde Begabung zurück. Es wird dann (zeitlich stabil) kaum ein neuer Versuch unternommen.
- Leistungen, die auf hohe Anstrengung zurückgeführt werden, werden höher bewertet als solche, die auf Begabung zurückgeführt werden.

Bei Gewohnheitsbildung und bei für die Person unbedeutenden Ereignissen ist umstritten, ob es überhaupt zu Attributionsprozessen kommt, da sie erst angeregt werden müssen. Zumindest kurz- und mittelfristig wirkt bei der betroffenen Person Anstrengungsbelohnung besser als Leistungs-/Erfolgsbelohnung.

zeitlich	bezogen auf attribuierende Person	
	internal (eigene Person)	external (andere oder Situation)
stabil	Begabung, Fähigkeiten	Aufgabenschwierigkeit der Stellenaufgaben
instabil	Anstrengung bei der aktuellen Aufgabe	Zufall, Glück/Pech, einmalige Hilfe anderer

Abb. 4.17 Attributationsschema von Weiner

Merke

Das Zirkulationsmodell von Porter und Lawler stellt dar, wie aus Motivation Handeln wird. Hierzu müssen die entsprechenden Fähigkeiten vorhanden sein und das Verhalten muss als passend zu der persönlich zugeordneten Rolle respektiert und anerkannt werden. Letztlich bewertet jeder die Auswirkungen seines eigenen Handelns selbst. Eine Belohnung wird in diesem Kontext als intrinsisch bezeichnet, wenn die Handlung als sehr zufriedenstellend bewertet wird. Eine extrinsische Belohnung hingegen erfolgt durch Dritte. Die eigene Zufriedenheit hängt aber nicht nur von der Belohnung ab, sondern auch davon, wie gerecht die Belohnung im Vergleich zu Anderen empfunden wird. Die Auswirkungen dieser Belohnungshandlung fließen als Erfahrungen in das zukünftige Verhalten ein. Aus diesem Grunde wird das Modell auch als Zirkulationsmodell bezeichnet.

Abb. 4.18 Zirkulationsmodell von Porter und Lawler

4.6.10 Kognitives Gesamtmodell von Porter und Lawler

Mit dem Gesamtmodell von Porter und Lawler wird versucht, verschiedene Einflussgrößen auf die Leistungsmotivation in ihrem Zusammenwirken darzustellen. Die einzelnen Wirkungspfade sind zwar empirisch bestätigt, nicht aber das Gesamtmodell. Ungelöst ist vor allem das Zusammenwirken gegensätzlicher Einflüsse. Somit ist das Modell wissenschaftlich kritisch zu bewerten. Das Modell hat praktisch gesehen eine sehr große heuristische Kraft. Als Prüfmodell ist es für das gesamte betriebliche Anreizsystem verwendbar (z. B. Einfluss „Gerechtigkeit" bei Anstrengungsbelohnung) (Abb. 4.18).

4.7 Mitarbeitermotivation in der Praxis

Oft wird in Lehrbüchern vorgeschlagen, dass die Mitarbeiter eines Betriebes motiviert werden sollen, damit sie entsprechende Leistungen erbringen. Aber wie ist eine derartige Motivation zu erreichen? Werden den Mitarbeitern beispielsweise Firmenwagen zur Verfügung gestellt, so könnte dieses möglicherweise statt zu einer Mitarbeitermotivation zu Unfrieden unter den Arbeitnehmern führen. Je nach hierarchischer Struktur werden einige Mitarbeiter sich die Frage stellen, weshalb sie einen genauso ausgestatteten Firmenwagen erhalten wie der ihnen untergeordnete Mitarbeiter. Auch kann es zu Unfrieden führen, wenn der eine Mitarbeiter einen PKW mit Schiebedach hat und der andere nicht, obwohl sie im Rang gleichgestellt sind. Auch monetäre Anreize sind eher als kurzfristig anzusehen. Die Zahlung einer Weihnachtsgratifikation oder eines Bonus ist zwar im Zeitpunkt des Erhalts des Geldes für den Mitarbeiter motivierend, doch hat sich diese Motivation nach kurzer Zeit bereits verflüchtigt. Bei regelmäßiger Zahlung eines Bonus ist viel eher davon auszugehen, dass die Mitarbeiter die Zahlungen als selbstverständlich betrachten und bei Nichtzahlung gegebenenfalls sogar verärgert sind. Diese beiden Beispiele zeigen bereits, dass es ein Patentrezept zur Motivation von Mitarbeitern sicherlich nicht gibt. Dennoch ist zu beobachten, dass sich gerade in der heutigen Zeit weniger materielle und monetäre Anreize positiv auf die Motivation von Mitarbeitern auswirken als andere Faktoren, die das Unternehmen gewöhnlich nicht einmal viel kosten. So sind es häufig die kleinen Dinge, wie beispielsweise das Loben für gut gemachte Arbeit oder die familienfreundliche Gestaltung der Arbeitszeit. Denn auch dies können Aspekte sein, die zu einer nachhaltigen Motivation von Mitarbeitern führen können und die zusätzlich auch eine bessere Identifikation mit dem Unternehmen ermöglichen.

Besser noch als monetäre Anreize kann ein familienfreundliches Arbeitsumfeld motivierend wirken. Diese Vereinbarkeit von Familie und Beruf behandelt das Konzept der Work-Life-Balance. Ursprünglich kam das Konzept Work-Life-Balance erstmals im Jahre 1986 auf. Es wurde aber erst Anfang der neunziger Jahre von der populären Presse aufgegriffen. Zu dieser Zeit gingen immer mehr gut ausgebildete Frauen in den Beruf und stiegen auch in Führungspositionen auf. Aus dieser Situation entwickelte sich die Notwendigkeit, Familie und Beruf vereinbar zu gestalten. Es gibt aber auch noch andere Ursachen, welche zu einer Veränderung der Berufswelt führen. Hierzu zählt man vier Teilgebiete. Diese sind die Globalisierung, der wirtschaftliche Strukturwandel, der demographische Wandel und die sich immer weiter entwickelnde Technologie. Im Zuge dieser Veränderungen standen Arbeitnehmer neuen Herausforderungen gegenüber. Es kam mit der zunehmenden Globalisierung und dem wirtschaftlichen Strukturwandel immer mehr qualifiziertes Personal aus dem Ausland, gegen das man sich behaupten musste. Die Geburtenraten gingen zurück, aus Angst den Job zu verlieren oder die angestrebte Führungsposition nicht mehr erreichen zu können. Durch die schnelllebige Technologie ist es für junge und alte Menschen wichtig, sich immer wieder neu fortzubilden und mit der Zeit zu gehen. Doch dies fällt nicht jedem leicht. Im Laufe der Zeit kam es durch die oben genannten Bedingungen immer häufiger zu psychischen und physischen Erkrankungen. Der Wunsch, sowohl eine Familie zu gründen als auch Erfolg im Beruf zu haben, wurde bei jungen Menschen wieder häufiger. Im Zuge dessen wurde das Work-Life-Balance-Konzept entwickelt. Hierbei konnten mit der Zeit zwei unterschiedliche Ansichten des Konzepts differenziert werden. Zum einen wurden die Bereiche Arbeit und Leben als zwei getrennte Komponenten angesehen und in der zweiten Ansicht wurden beide Bereiche als eng verflochten und nicht abgrenzbar bezeichnet. Aber ganz gleich welcher Ansicht man folgt, das Ziel ist, ein Gleichgewicht zwischen beiden Bereichen herzustellen.

Entsprechend der unterschiedlichen Adressatengruppen bietet sich ein breites Spektrum von Handlungsfeldern und Maßnahmen für die Umsetzung von Work-Life-Balance im Unternehmen an. Diese Maßnahmen lassen sich in vier Schwerpunkte untergliedern:

- Maßnahmen zur intelligenten Verteilung der Arbeitszeit
- Maßnahmen zur Flexibilisierung von Zeit und Ort der Leistungserbringung
- Maßnahmen zur Bindung von Mitarbeitern
- Maßnahmen zur Gesundheitsprävention

Die Maßnahmen zur intelligenten Verteilung der Arbeitszeit stellen einen wichtigen Aspekt dar. Denn die Gestaltung der Arbeitszeit ist eines der zentralen Handlungsfelder zur Ermöglichung der Balance von Erwerbstätigkeit und Privatleben. Ein wichtiger Grundbaustein hierfür ist die Teilarbeitszeit. Eine weitere Maßnahme, die unter diese Kategorie fällt sind so genannte Sabbaticals. Darunter versteht man einen längeren Sonderurlaub oder auch eine Auszeit. Sabbaticals bieten die Chance zum Beispiel außerhalb von tariflich geregelten Urlaubszeiten die Zeit intensiv für andere Interessen oder Verpflichtungen zu nutzen. Maßnahmen zur Flexibilisierung von Zeit und Ort der Leistungserbringung: zu den Maßnahmen zur Flexibilisierung von Zeit und Ort der Leistungserbringung zählt zum Beispiel die Gleitarbeitszeit. Diese ist gekennzeichnet durch eine Kernarbeitszeit (zum Beispiel von 10:00 bis 14:00 Uhr) in welcher die Mitarbeiter anwesend sein müssen. Sie bietet Spielraum für Arbeitszeitbeginn, Pausen und Beendigung des Arbeitstags. Das Modell der Gleitarbeitszeit ist jedoch nicht überall praktikabel. So kann sie beispielsweise kaum in der Fertigungsindustrie eingesetzt werden, da dort die Maschinen optimal ausgelastet werden müssen. Eine weitere Möglichkeit zur Flexibilisierung der Arbeitszeit bieten Arbeitszeit-Kontenmodelle. Hierbei wird die tatsächlich geleistete Arbeitszeit mit der zu leistenden Arbeitszeit verrechnet. Diese Verrechnung kann wöchentlich, monatlich oder auch jährlich erfolgen. Bei der Telearbeit oder auch mobilen Arbeit arbeiten die Mitarbeiter auf der Grundlage von modernen Internettechnologien, teilweise oder sogar ganz von zu Hause aus. Eine weitere Möglichkeit bietet das Job-Sharing. Hierbei teilen sich zwei oder mehrere Mitarbeiter aufgrund einer Vereinbarung die Arbeitszeit an einem Arbeitsplatz. Eine andere Möglichkeit bietet auch die Bildung von teilautonomen Teams. Sie stellen eine Möglichkeit zur Flexibilisierung der Arbeitszeit dar. Bei dieser Methode wird ein Teil der Verantwortung und Entscheidungsbefugnis des Managements auf das Team übertragen, damit das Team eigenverantwortlich und selbstständig seine Ziele erreichen kann.
Im Rahmen dieser Programme werden beispielsweise Sozialleistungen angeboten. Dort werden Beratungsgespräche geführt. Die Arbeitnehmer werden aber auch aktiv bei der Bewältigung von Alltagsproblemen, chronischen Erkrankungen, Behinderungen aber auch finanziellen Problemen unterstützt. Zu den Maßnahmen können auch haushaltsnahe Dienstleistungen gehören. Darunter versteht man zum Beispiel einen Einkaufs-oder Reinigungsservice oder Pflege- und Betreuungsleistungen für Familienangehörige. Auch bei der Kinderbetreuung bieten viele Unternehmen ihre Unterstützung an. Es gibt so genannte Betriebskindergärten. Diese haben vor allem flexible und lange Öffnungszeiten. In

einigen Unternehmen wird sogar für eine Notfallbetreuung gesorgt. Diese wird angeboten, wenn zum Beispiel die Tagesmutter ausfällt, der Kindergarten geschlossen hat oder wenn wichtige Termine die Eltern zeitlich verhindern. Das Ziel ist, dass der geregelte Tages-ablauf der Kinder erhalten bleibt und die Eltern gleichzeitig ihren beruflichen Aufgaben nachkommen können.

Manche Unternehmen bieten auch Maßnahmen zur Gesundheitsprävention an. Hierzu gehören beispielsweise Fitness-Sportangebote, Gymnastikkurse, Ballsportarten oder so-gar in das Unternehmen integrierte Fitnessstudios. Dadurch wird nicht nur die Gesundheit stabilisiert, sondern es fördert auch den Zusammenhalt der Mitarbeiter. Eine weitere Maß-nahme sind Programme zur Förderung gesundheitlicher Kompetenzen. Dabei sollen die Mitarbeiter ihr Gesundheitsbewusstsein steigern; d. h. sie sollen einen gesunden Arbeits-und Lebensstil erreichen. Bei dieser Maßnahme wird unter anderem darauf geachtet, dass Pausen und Ruhezeiten eingehalten werden, aber auch das vorbeugen von langwierigen Krankheiten soll hierdurch erreicht werden – beispielsweise Strategien gegen Burn-Out. Aktionstage gehören ebenfalls zur Gesundheitsprävention. An diesen Tagen werden ge-sundheitliche Maßnahmen im Unternehmen angeboten wie beispielsweise Impfungen oder gesundes Essen in der Kantine. Als letzte Maßnahme können auch Gesundheitsschecks genannt werden. Hierzu zählen medizinische Untersuchungen, bei denen der aktuelle Ge-sundheits- und Fitnessstand der Arbeitnehmer aber auch des Arbeitgebers analysiert wird.

Die Work-Life-Balance-Maßnahmen schaffen Vertrauen und stärken die Loyalität der Mitarbeiter mit dem Unternehmen. Die Zufriedenheit der Arbeitnehmer führt zum Stre-ben nach Wissen und erhöht die Einsatzbereitschaft. Auch wird die Zufriedenheit jedes einzelnen Mitarbeiters an andere Arbeitnehmer weitergegeben und das stärkt das Wir-Gefühl im Unternehmen. Dadurch verbessern sich auch das Betriebsklima und die Tea-mentwicklung. Es ist also ein ewiger Kreislauf. Ist der Arbeitnehmer ausgeglichen, fördert er auch den Unternehmenserfolg. Zu den betriebswirtschaftlichen Vorteilen gehört vor allem die Kostenreduzierung, da die Mitarbeiter motivierter und effizienter arbeiten. Es entsteht weniger Fluktuation und damit entstehen auch weniger Wiedereingliederungskos-ten. Außerdem verringert sich der Personalausfall (zum Beispiel durch Krankheit) und der Überbrückungsaufwand wird reduziert. Trotz der vielen positiven Aspekte des Konzeptes einer Work-Life-Balance gibt es natürlich auch immer Menschen, welche die dargestellte Konzeption kritischer sehen und die möglichen Nachteile des Konzepts aufzeigen. Wie zuvor bereits gesagt, existiert eine Vielzahl von Maßnahmen, um das Konzept umzuset-zen. Jedoch ist nicht jeder Betrieb, welcher Teilzeitarbeit anbietet gleich ein Work-Life-Balance-Unternehmen. Die Umsetzungen in der Realität sind für die Betriebe meist mit einem hohen finanziellen Aufwand verbunden. Davon sind oftmals kleinere Unternehmen betroffen, denen das Geld für die Umsetzung oder das Wissen über solche Maßnahmen fehlt. Aber auch große Betriebe stellt die Umsetzung des Konzepts vor einige Probleme. So mangelt es oftmals an der Flexibilität, auch individuelle Bedürfnisse der einzelnen Arbeitnehmer zu befriedigen. Kritiker sehen noch einen weiteren großen Nachteil für Ar-beitnehmer – so wird behauptet, die Maßnahmen dienen eher dazu, dem Mitarbeiter ein falsches Vertrauen entgegenzubringen, um ihn noch mehr in den Betrieb einzuspannen und noch mehr Leistung von ihm verlangen zu können. Ein weiterer Kritikpunkt ist, dass im Unternehmen nur das Führungspersonal angesprochen und nach geeigneten Methoden befragt wird, nicht jedoch der normale Mitarbeiter. Aber das Modell kann auch am mangelnden Interesse der Arbeitnehmer scheitern. So werden angebotene Maßnahmen oftmals nicht genutzt oder es kann zu einer Art Gruppenzwang kommen, wenn nur einzelne Mitarbeiter nicht teilnehmen wollen und diese dann mit der Zeit isoliert werden. So sehen die Kritiker das Konzept eher als eigennütziges Vorhaben seitens des Unternehmens an, als dass es wirklich dem einzelnen Mitarbeiter einen Nutzen bringt. Aufgrund der aktuellen Entwicklung in den Unternehmen gehen Berechnungen davon aus, dass bis zum Jahre 2020 ca. 30 % der Beschäftigten von Work-Life-Balance-Maßnahmen profitieren werden. Alleine durch die Ausweitung von diesen Maßnahmen kann mit folgenden Wirkungen gerechnet werden: zum einen die Stärkung des Wirtschaftswachstums, sowie die Erhöhung des Bruttoinlandproduktes. Weiterhin geht aus Studien hervor, dass durch die Steigerung der Produktivität der Mitarbeiter auch die Wettbewerbsfähigkeit der Unternehmen im internationalen Vergleich wesentlich steigt. Es wird die Auffassung vertreten, dass Frauen die keine Kinder, bzw. nur ein Kind haben, sich durch eine bessere Work-Life-Balance eher für ein bzw. ein zweites Kind entscheiden würden. Somit wird von einer höheren Geburtenrate durch Work-Balance-Maßnahmen ausgegangen. Dies bewirkt dann wiederum, dass die Bevölkerungszahl konstant gehalten werden kann, so dass einer drohenden Bevölkerungsabnahme wirksam begegnet werden kann. Darüber hinaus wird davon ausgegangen, dass sich die Sozialversicherungsbeiträge verringern. Denn durch eine langfristige Vorsorge und Prävention, sowie Vermeidung von Stresssituationen, kommt es zu einer verringerten Häufigkeit des Auftretens einzelner Krankheitsbilder, sowie zu einer geringeren Dauer und Schwere.

4.8   Informationsfluss im betrieblichen und zwischenmenschlichen Bereich

Kommunikation ist der Austausch von Informationen (z. B. Fakten, Meinungen und Absichten) zwischen verschiedenen Stellen oder Personen. Kommunikation ist somit zu definieren als ein Prozess, bestehend aus der

- Aussendung von Informationen
- Reaktion bzw. Antwort der(s) Empfänger(s) entsprechend der Art und Weise, wie der Inhalt der Information wahrgenommen und interpretiert wird.

Häufigstes Kommunikationsmittel ist die Sprache, weiterhin dienen auch Mimik, Signale und Symbole (Schrift) der Kommunikation. Die wirtschaftlich-technische Entwicklung der letzten Jahrzehnte hat in zunehmendem Maße – vor allem in den Industriebetrieben – zur Arbeitsteilung und Spezialisierung der Aufgaben geführt. Durch diese wachsende Komplexität der Unternehmen sind Information bzw. Kommunikation heute zum Hauptproblem der Führung und Zusammenarbeit im Betrieb geworden. Bestmögliche Information sowie ein gut funktionierendes Netz von Kommunikationswegen sind Voraussetzung dafür, dass Mitarbeiter und Führungskräfte ihre Aufgaben im Sinne einer mitverantwortlichen Tätigkeit erfüllen können. Die Kommunikation ist der „Flaschenhals" in jeder Organisation. Denn jede Planung, Entscheidung sowie deren Realisierung und Kontrolle setzen Beratung und Berichte, Kontakte, Fragen und Antworten voraus. Für den Mitarbeiter sind Information und Kommunikation von erheblicher (psychologischer) Bedeutung. Es ist erfahrungsgemäß so, dass sich Mitarbeiter nur dann wirklich für etwas einsetzen, wenn sie zumindest Sinn und Zweck einer Maßnahme, Anordnung oder Entscheidung und die dazugehörigen Zusammenhänge erkannt haben. Mitwissen und Verstehen ist die Vorstufe für das Mitdenken. Mitdenken ist die Vorstufe für das Mitverantworten.

Literatur

Berschneider W (2003) Sinnzentrierte Unternehmensführung. Was Viktor E. Frankl den Führungskräften der Wirtschaft zu sagen hat. Lindau am Bodensee

Brandstätter V, Otto J-H (Hrsg) (2009) Handbuch der Allgemeinen Psychologie. Motivation und Emotion, Bd 11. Göttingen

Comelli G, von Rosenstiel L (2011) Führung durch Motivation. Mitarbeiter für Unternehmensziele gewinnen, 4. Aufl. München

Garmer M (2003) Moral macht erfolgreich. Ethische Unternehmensführung als Antwort auf die Krise. Berlin

Lohaus D, Habermann W (2012) Führung im Mittelstand. Ein praxisorientierter Leitfaden. München

Maus H-A (2009) Herausforderung Motivation. Denkpräferenzen und ihr Einfluss auf Engagement und Handeln im Beruf. Bielefeld

Meifert M-T (Hrsg) (2010) Psychologie für Führungskräfte, 3. Aufl. Freiburg im Breisgau

Ohno T (1978) Toyota production system. Beyond large-scale production. Tokio (übersetzt 1988)

Ulrich H, Probst GJB (1991) Anleitung zum ganzheitlichen Denken und Handeln, 3. Aufl. Bern

Stakeholder-Perspektive

5

Man kann Unternehmenskultur jedoch nicht nur aus der oben dargestellten Shareholder-Perspektive betrachten. Aus diesem Grunde wird im Folgenden die Unternehmenskultur unter dem Blickwinkel der Stakeholder-Perspektive beleuchtet – also aus der Perspektive von Dritten, welche Ansprüche gegen das Unternehmen haben. Der Begriff des Stakeholders beschreibt eine Gruppe, die über die Gruppe der Shareholder hinausgeht, also beispielsweise auch Mitarbeiter, Kunden, Lieferanten und Gläubiger der Gesellschaft, sowie auch Medien, Gesellschaften und Behörden. Sie alle üben Einfluss auf die Unternehmensziele aus. Deshalb gehören zur Stakeholder-Perspektive der Unternehmenskultur beispielsweise auch das Produzieren in ärmeren Drittländern zu fairen Preisen, der Einsatz von nachwachsenden Rohstoffen und die Produktion ohne Einsatz von Tierversuchen. Ausgangspunkt für die Betrachtung der Stakeholder-Perspektive bieten die externen Veränderungsprozesse, wie beispielsweise der in den vergangenen Jahrzehnten stattgefundene Wandel der Arbeit. Dieses alles dient dazu, die eigene Unternehmenskultur auch nach außen zu tragen. Die Unternehmen wollen den Blick der Stakeholder auf ihr Unternehmen beeinflussen und Verantwortung für die Umwelt und für die Region demonstrieren. Bevor die Maßnahmen dargelegt werden, ist es aber sinnvoll, sich zunächst mit dem Begriff der Verantwortung auseinanderzusetzen.

5.1 Verantwortung

Im alltäglichen Sprachgebrauch werden die Begriffe Verantwortung und Verantwortlichkeit häufig synonym gebraucht. Es gibt kaum einen anderen abstrakten Begriff, der in so vielen Bereichen eingesetzt wird, wie der Begriff der Verantwortung. Der undifferenzierte Gebrauch des Begriffes birgt die Gefahr einer Verdunkelung der eigentlichen inhaltlichen Bedeutung. Verantwortung ist zu einem Modewort geworden, welches sich – gerade auch

© Springer Fachmedien Wiesbaden 2014
A. Wien, N. Franzke, *Unternehmenskultur,* DOI 10.1007/978-3-658-05993-4_5

wegen des inflationären Gebrauchs – einer eindeutigen begrifflichen Zuordnung entzieht. Jann Holl brachte dieses Problem deutlich zum Ausdruck: „Alle Systematisierungsversuche und Festlegungen auf eine überzeugende Begrifflichkeit scheinen zum Scheitern verurteilt zu sein, wirken deshalb extrem künstlich und verfehlen am Ende den Tatbestand" (Holl 1989, S. 38). Das Deutsche Wörterbuch von Jacob und Wilhelm Grimm beschreibt den Begriff der Verantwortung als relativ jung. Das Substantiv Verantwortung lässt sich erst im neuhochdeutschen Sprachgebrauch belegen; wohingegen das Verb verantworten bereits im mittelhochdeutschen Sprachgebrauch bekannt war. Hier hatte es zunächst die Bedeutung von antworten und beantworten. Recht bald verbreitete sich der Anwendungsbereich auf den Aspekt des Rechenschaftgebens. Da der Begriff der Verantwortung in der deutschen Sprache erst relativ spät aufgetreten ist, bietet es sich an, in der lateinischen Sprache einen gleichbedeutenden Begriff zu suchen; schließlich kam dieser Sprache im gesamten Mittelalter eine herausgehobene Stellung zu, stellte sie doch zu dieser Zeit die Kirchen- und Amtssprache dar. So darf es auch nicht verwundern, wenn erst mit dem Aufkommen der neuhochdeutschen Sprache ein Bedürfnis nach der Schaffung eines deutschen Begriffs für dieses, nach seiner Semantik augenscheinlich in den Bereich von kirchlicher und kaiserlicher Gerichtsbarkeit gehörenden Wortes bestand. Das lateinische Verb „respondere" entspricht dem deutschen Wort verantworten. Es kann sowohl die Bedeutung von antworten als auch die Rechtfertigung und Verteidigung vor Gericht ausdrücken (vgl. Krings et al. 1974). Georg Picht vermutet aufgrund des späten Auftretens des Wortes Verantwortung im deutschen Sprachgebrauch, dass der Begriff aus dem lateinischen – möglicherweise im Zusammenhang mit Inquisitionsprozessen – in die deutsche Sprache übernommen wurde (vgl. Picht 1969, S. 318 f.).

Im juristischen Sprachgebrauch kommt den häufig synonym verwendeten Begriffen Verantwortung und Verantwortlichkeit unterschiedliche Bedeutung zu. Verantwortung kann identisch mit Zuständigkeit sein oder ein Verhältnis bedeuten, bei dem jemand einem anderen gegenüber für sein Handeln einstehen muss (vgl. Wilke 1975, S. 509–511). Während die Verantwortlichkeit auch die Leitungszuständigkeit meinen kann. In der soziologischen Literatur werden die Begriffe Verantwortung und Verantwortlichkeit ebenfalls oftmals synonym verwandt. Der Soziologe Franz-Xaver Kaufmann hingegen differenziert zwischen diesen beiden Begrifflichkeiten. Verantwortung ist nach seiner Auffassung überall dort erforderlich, wo keine festen Regeln mehr bestehen. Der Begriff der Verantwortung wird dementsprechend nicht von der Person selbst determiniert, sondern von der jeweiligen Rolle, welche von ihr übernommen wird. Während sich der Begriff der Verantwortung nicht auf die Person selbst, sondern auf deren Anwendungsbereiche bezieht, dient der Begriff der Verantwortlichkeit der Bezeichnung der Eigenschaften von Personen, denen Verantwortung zukommt. Unter Verantwortlichkeit versteht Kaufmann „die Zuschreibung an Personen bzw. Positionsinhaber als Fähigkeit, bestimmte Verantwortungen, insbesondere jedoch der Kombination mehrerer und potenziell konfligierender Verantwortungen gerecht zu werden".

Auch in der Philosophie ist die Frage nach der Verantwortung – hier allerdings zumeist nach der politischen Verantwortung – seit jeher erörtert worden. Bereits seit der Antike haben sich Philosophen und Staatslenker mit der Frage befasst, wie man die Führer von Staaten dazu bewegen kann, sich bei ihren Handlungen am Gemeinwohl zu orientieren und nicht einem Streben nach Macht und persönlichem Reichtum zu erliegen. Damit die Politiker in Spitzenämtern ihr Amt erfüllen können, muss ihnen zwar Macht anvertraut werden; allerdings sollen die Politiker auf der andern Seite die Macht nicht missbrauchen, sondern zum Wohle der Allgemeinheit einsetzen. Insbesondere der Philosoph Kant hat sich in seinem Werk „Metaphysik der Sitten" und einer Reihe kleinerer Schriften mit dem Verhältnis von Moral und Politik im Rechtsstaat befasst. Auch der Traktat „Zum ewigen Frieden", in welchem Kant auf die Idee einer moralisch-praktischen Aufgabe für die Politik hinweist, gehört zu seinen wichtigen Schriften. Dort stellt er die Unterscheidung zwischen dem politischen Moralisten und dem moralischen Politiker dar. Während sich der politische Moralist eine Moral entsprechend dem Vorteil des Staatsmannes schmiedet, nimmt der moralische Politiker verantwortungsbewusst die Prinzipien der Staatsklugheit, so dass sie mit der Moral zusammen bestehen können. Moralische Politiker sind – im Gegensatz zum politischen Moralisten, welcher statt der Praxis, deren er sich rühmt, nur Praktiken anwendet – darauf ausgerichtet, Gebrechen in der Staatsverfassung sobald wie möglich entsprechend den Richtlinien des Naturrechts zu beheben. Anknüpfungspunkt der Betrachtung ist der Versuch, ein Gleichgewicht zwischen Politik und Moral zu erreichen. Die Frage, ob in Aufgaben der praktischen Vernunft von ihrem materiellen oder formellen Prinzip auszugehen ist, ist nach Ansicht Kants vorrangig zu entscheiden, um dieses Ziel zu erreichen. Im Rahmen des materiellen Prinzips ordnet der Handelnde die Grundsätze dem Zweck unter; bei dem formellen Prinzip hingegen folgt er dem kategorischen Imperativ, welcher besagt: „handle so, dass die Maxime deines Willens jederzeit zugleich als Prinzip einer allgemeinen Gesetzgebung gelten könne". Der moralische Politiker folgt – nach Ansicht Kants – diesem Grundsatz der reinen praktischen Vernunft, welcher auf pflichtgemäßes Handeln zielt. Demgegenüber ordnet der politische Moralist die Grundsätze dem Zweck unter. Er betrachtet die Politik als eine bloße Kunstaufgabe.

Diese Pflichtethik Kants hat vollkommen andere Ansätze als Max Webers Entgegensetzung der Gesinnungsethik versus Verantwortungsethik. Max Weber hat dieses Gegensatzpaar in seinem Vortrag „Politik als Beruf" aus dem Revolutionswinter 1918/1919 näher untersucht. Im Kern seiner Aussage stellt er die Begriffsinhalte in ihrer Differenz heraus. Nach seiner Ansicht kann alles ethisch orientierte Handeln unter zwei voneinander verschiedenen Maximen bestehen – entweder unter einer gesinnungsethischen oder unter einer verantwortungsethischen. Es gibt einen abgrundtiefen Gegensatz, ob man unter gesinnungsethischer Maxime handelt, zum Beispiel aus religiöser Haltung oder unter verantwortungsethischer Maxime, wonach man für die (voraussehbaren) Folgen seines Handelns aufzukommen hat. Der Gesinnungsethiker fühlt sich nur dafür verantwortlich, dass die „Flamme der reinen Gesinnung … nicht erlischt". Sofern sein Handeln negative Folgen hervorbringt, so gilt ihm nicht der Handelnde, sondern die Welt dafür verantwortlich – oder „der Wille Gottes, der sie schuf".

Die Verantwortungsethik hingegen ist für Max Weber eine Ethik des politischen Handelns, welches von den Postulaten der Leidenschaft, des Augenmaßes und der Verantwortlichkeit geprägt wird. Eine Verantwortlichkeit, welche sich auf die Wirkung des Handelns bezieht; selbst dann, wenn die Wirkungen nicht vorausgesehen werden können. Der Verantwortungsethiker muss bereit sein, zwischen mehreren Risiken zu wählen. Nach Ansicht Max Webers sollte er sich „jener ethischen Paradoxien und seiner Verantwortung für das, was aus ihm selbst unter ihrem Druck werden kann, Bewusst sein". Er sieht in der Verantwortungsethik die Grenze der Gesinnungsethik. Die Gesinnungsethik weist zeitbedingt überzogen irreale Züge auf. Doch auch die Verantwortungsethik wirkt unbefriedigend und überzogen. Ziele und Mittel werden in ihr nur lose einander zugeordnet. Insbesondere der Bereich der Verantwortung erscheint zu fragmentarisch. Lediglich der Bezug des Handelnden zu sich selbst wird aufgezeigt. Im Grunde stellt Weber nur das persönliche Einstehen für die Folgen des Handelns heraus. Die Doppelfrage, vor wem Rechenschaft abzulegen und auf welche Weise Verantwortung zu tragen ist, thematisiert Weber fast gar nicht.

In der Philosophie nimmt der Begriff der Verantwortung im Rahmen der Verantwortungsethik eine herausgehobene Stellung ein. Doch hat der Verantwortungsbegriff im Laufe der Zeit hier unterschiedliche Modifikationen erfahren. Georg Picht hat im Jahre 1969 für die Verantwortungsethik die Theorie einer so genannten dreistelligen Relation aufgestellt „*jemand* ist *vor* einer Instanz und *für* etwas verantwortlich". Dreistellig ist dieser Ansatz, weil hier drei wesentliche Elemente enthalten sind. Otfried Höffe hat dieses Modell modifiziert und daraus das bis heute gebräuchliche Konzept der so genannten vierstelligen Relation entwickelt. Hiernach ist *jemand* verantwortlich *für* etwas *vor* einer Instanz nach bestimmten *Kriterien* und Normen. Hans Lenk geht noch einen Schritt weiter und fügte im Jahre 1991 der vierstelligen Relation die Worte „*gegenüber* jemandem" hinzu. Insofern wird von einer so genannten mindestens fünfstelligen Relation gesprochen.

Es ist zu überlegen, ob nicht neben den sich aus den Gesetzen ergebenden Kriterien auch weitere Anforderungen an Unternehmer gestellt werden sollten. Zu denken ist hier insbesondere an die Einhaltung eines Unternehmer-Ethos. Hierzu ist zu bemerken, dass in der Rechtswissenschaft Recht und Moral zwar zumeist voneinander getrennt behandelt werden, dies jedoch nicht bedeutet, dass beide Begriffe sich ausschließen oder keine Verbindung haben. Die insbesondere von Pufendorf durchgeführte Unterscheidung von Recht und Moral hat die Intention, durch die zwangsbewährte, rechtliche Ordnung, welche nur auf äußerliche Verhaltensweisen abstellte, den gesellschaftlichen Frieden zu sichern. Aus der pufendorfschen Unterscheidung und auch aus der kantschen Unterscheidung zwischen Moralität und Legalität hat erst das bewusst einseitige, positivistische Verständnis der Rechtswissenschaft des späten 19. Jahrhunderts jene künstliche Trennung stilisiert, in welcher Rechtsregeln nur noch als Zwangsregeln und ansonsten nicht weiter ausweisbare imperative zu begreifen sind. Nach diesem Verständnis ist Moralität ein selbstständig neben der objektiven Rechtsordnung stehendes Wertesystem, welches eine Einteilung des Handelns in Gut und Böse vornimmt. Als wichtig ist hierbei zu konstatieren, dass rechtmäßiges Verhalten nicht zwingend auch moralischen Ansprüchen genügt und moralwidriges Verhalten nicht notwendig auch rechtswidrig ist. Jedoch ist es falsch, daraus den Schluss zu ziehen, dass Recht und Moral nichts gemein und keinerlei Einfluss aufeinander hätten. Sofern man rechtmäßiges Handeln als moralisches Handeln ansieht, wird offenbar, dass zwar nicht immer, aber doch oft, Recht und Moral mit gleichem Maß zu messen ist. Viele der neu erlassenen Gesetze sind Kodifikation von seit langem bestehenden und eingehaltenen moralischen Verhaltensregeln.

5.2 Kulturelles und regionales Engagement

Heutzutage engagieren sich immer mehr Unternehmen im künstlerischen, im kulturellen und im regionalen Bereich. Dieses kann als Ausfluss einer Unternehmenskultur angesehen werden. Der Begriff Kulturförderung kann als Oberbegriff für sämtliche Aktivitäten gegenüber dem Staat, den Bürgern oder der Wirtschaft bezeichnet werden (vgl. Poloczek 2007, S. 9). Es gibt verschiedene Formen der Kulturförderung durch Wirtschaftsunternehmen. Im Rahmen der Kulturförderung sind vorrangig materielle Förderungen durch Sach-, Dienst-, Geld- oder andere Leistungen zu erkennen; darüber hinaus gibt es aber auch ideelle Förderungen mit Geldwert, wie beispielsweise Beziehungen oder Unterstützung durch Know-how (vgl. Schaub 2008, S. 83). Kulturförderung umfasst dementsprechend ein derart breites Spektrum an Aktionen, Ereignissen, Ideen und Kundgabe, dass es allein schon deshalb schwierig ist, hierfür eine allgemeine Definition aufzustellen. Die Formen des unternehmerischen kulturellen Engagements reichen dabei von der Unterhaltung von Kulturabteilungen, bis hin zu Spenden, Sponsoring und der Errichtung einer eigenen Stiftung (vgl. Poloczek 2007, S. 9).

Die Motivation der Kulturförderer ist äußerst vielfältig und erfuhr in den letzten Jahren einen grundlegenden Wandel. Klassische Kulturförderung durch Privatpersonen und Unternehmen resultiert zumeist aus der altruistischen Prägung der Förderer. Die Ursache war früher oftmals in der Unternehmenstradition zu finden. Heute sind derart mäzenatenhafte, selbstlose Förderprojekte nur noch selten anzutreffen. In aller Regel verbirgt sich hinter der uneigennützig anmutenden Kulturförderung ein egoistischer Motivationsantrieb. Die Unternehmen sind sich oftmals der Wirkung im Hinblick auf die Unternehmenskultur und die Unternehmenskommunikation sehr wohl bewusst und setzen diese auch gezielt ein (vgl. Bruhn 2003, S. 147). Die vielfältigen Möglichkeiten unternehmerischer Kulturförderung variieren je nach Konzept, Fördergut und Motivation. Im Rahmen der Kulturförderung haben sich dementsprechend unterschiedliche Arten der Förderung herausgebildet. Zum einen gibt es die unmittelbare Förderung. Hierzu zählt die unmittelbare Förderung durch Mäzenatentum, Sponsoring, Stiftungen, Fördervereine bzw. Fördergesellschaften, Spenden und Schenkungen (vgl. Schaub 2008, S. 89 ff.). Die andere Möglichkeit, die sich Unternehmen bietet, ist die mittelbare Förderung. Hierzu zählen Ankauf bzw. Abkauf von Sammlungen, Beauftragung und Personalmarketing. Die Vielzahl der Förderungsarten ist genauso immens wie die aus ihnen hervorgehenden Mischformen. So wurde aus dem Sponsoring und dem alten Begriff Mäzenatentum das mäzenatische Sponsoring. Ebenso verhält es sich mit den Begriffen Unternehmenskultur und kulturelles Management (vgl. Willnauer 1994, S. 101). Iris Lösel-Sauermann hat den Zusammenhang von Kultur und Wirtschaft mit folgenden Worten umschrieben: „Ohne Kunst und Kultur,

[…] scheint heute kein erfolgreiches Unternehmen mehr auszukommen" (Lösel-Sauermann 1994, S. 1).

Kulturelle Förderung gewinnt für viele Unternehmen besondere Bedeutung, wenn es um die Präsentation des Unternehmens in der Öffentlichkeit geht. Die Identität, welche auch mit dem englischen Begriff Corporate Identity gekennzeichnet wird, spiegelt das Selbstverständnis eines Unternehmens wieder, welches sich in einer „einheitlichen Gestaltung (Corporate Design), einer übereinstimmenden Kommunikation (Corporate Communication) und einem entsprechenden Verhalten aller Menschen im Unternehmen (Corporate Behaviour)" (Wendorf et al. 2005, S. 93). ausdrückt. Diese drei Bereiche müssen aufeinander abgestimmt sein, um nach außen ein einheitliches Bild zu erzielen. Eine so ausgeprägte Corporate Identity kann den Charakter des Unternehmens verdeutlichen. Corporate Behaviour ist dabei ein wesentlicher Aspekt für eine starke Corporate Identity, da sich dieses nicht in dem Maße wie das Erscheinungsbild und die Kommunikation steuern lässt, zugleich aber sehr eng mit den Unternehmensleistungen verbunden wird. Daher ist es wichtig, dass das Verhalten in Bezug auf die Mitarbeiter, Marktpartner und Investoren sowie gegenüber dem Staat und der Gesellschaft schlüssig und stimmig ist. Das wichtigste Ziel ist es, ein Wir-Gefühl unter den Mitarbeitern zu erzeugen, um so die Motivation zu steigern und nach außen ein positives Betriebsklima zu erzeugen (vgl. Wendorf et al. 2005, S. 93 ff.). Gegenüber der Corporate Identity steht das Corporate Image, welches das Fremdbild eines Unternehmens in der Öffentlichkeit meint (vgl. Ebert 2005, S. 34). Das Corporate Image basiert auf einer unverwechselbaren Corporate Identity und ist deren Spiegelbild „in den Köpfen und Herzen der Menschen" (Birkigt et al. 1988, S. 29). Die Übereinstimmung von Selbstbild und Fremdbild sollte daher angestrebt werden. Beide Bereiche sind ständigen Veränderungen und Prozessen unterworfen. Für ein Unternehmen ist es wichtig, mit seinem gesamten Umfeld zu kommunizieren, um so neue Entwicklungen früh erkennen zu können und mitgestalten zu können (vgl. Wendorf et al. 2005, S. 93). Betrachtet man den Einfluss von Kunst und Kultur, den sich die Unternehmen erhoffen, so stößt man schnell auf das Stichwort Unternehmenskultur. Unternehmenskultur bzw. Corporate Culture meint sämtliche Normen, Wertvorstellungen und Denkhaltungen, die von der Mehrzahl der unternehmenszugehörigen Personen geteilt und akzeptiert werden. Die Kultur eines Unternehmens kommt in der Organisation, im Verhalten, in der Kommunikation, im Erscheinungsbild, im Führungsstil, im Betriebsklima und der Corporate Identity eines Unternehmens zum Ausdruck. Sie äußert sich beispielsweise darin, wie die auf Kundenwünsche eingegangen wird oder wie effizient mit anderen Arbeitsbereichen oder Abteilungen zusammengearbeitet wird.

Oftmals nennen Unternehmen als Grund für ihr kulturelles Engagement das Motiv gesellschaftliche Verantwortung übernehmen zu wollen. Michael Roßnagl beschreibt das Interesse der Unternehmen an Kulturförderung damit, dass sie mit diesem Handeln versuchen, die Stellung des Unternehmens in der Gesellschaft zu festigen. Er schreibt hierzu:

> Man könnte von einer Perspektivenerweiterung im Rahmen der Unternehmenszielsetzungen sprechen: Industrielle Kulturförderung in einem modernen Verständnis beschäftigt sich auch

mit den Aspekten des sozialen Lebens und den allgemeinen Wertsetzungen innerhalb und
außerhalb des Unternehmens. (Roßnagl 1992, S. 244)

Unternehmen können über Kulturförderung aktiv in die Wertvorstellungen und Grund-
lagen der Gesellschaft eindringen, so dass sie sich fast symbiotische damit verbinden.
Damit dieses gelingt, damit also Kunst und Kulturförderung zur Akzeptanz, positiven
Images und Einfluss beiträgt, muss sie so beschaffen sein, dass sie den Interessen von
Kunst und Gesellschaft entspricht. Widerspricht sie ihnen, so funktioniert das gesamte
Konzept nicht. Martin Witt beschreibt dies aus Wirtschaftswissenschaftlichem Blickwin-
kel als Synergieeffekt:

> Die Dokumentation gesellschaftlicher Verantwortung bedeutet für viele Unternehmen keinen
> Widerspruch zu eigenen Imagezielen, sondern vielmehr die Nutzung eines Synergieeffektes:
> Erst durch die Dokumentation der gesellschaftlichen Verantwortung kann ein Großteil der
> Imagepositionierung erreicht werden. (Witt 2000, S. 90)

Die kühle Beschreibung des Ziels Imageprofilierung mittels Verantwortungsdemonstra-
tion wirkt ernüchternd und greift unseres Erachtens wahrscheinlich auch zu kurz. Es ist
vielmehr anzunehmen, dass sich auf Unternehmensseite tatsächlich vorhandenes Verantwortungsbewusstsein mit dem Ziel verbindet, die Position des Unternehmens in der Gesellschaft zu stärken. Gesellschaftliche Verantwortung bedeutet für Unternehmen auch
Denkanstöße zu geben und die geistige Entwicklung und Wachheit in der Gesellschaft zu
fördern.

Ein Unternehmen, welches sich kulturell in der Region engagiert, nimmt aktiv an der
Gestaltung der Region teil. Es kann durch sein Engagement die Attraktivität der Region
potenzieren. Diese gesteigerte Attraktivität provoziert den positiven Effekt, dass sich Mitarbeiter angesichts einer Zufriedenheit langfristig an den Unternehmenssitz binden. Hoch
qualifizierte Arbeitskräfte lassen sich dorthin rekrutieren, wo das kulturelle Angebot sie
zufrieden stellt (vgl. Gottschalk 2006, S. 81 f.). Somit schafft Kultur Arbeitsplätze. Die
Investition in die direkte Lebensumgebung und Wohnqualität durch Unternehmen kann,
neben mitarbeiterbezogenen Motiven, das Interesse von potentiellen Kunden und Zulie-
fererbetrieben fördern, in dieser Region ansässig zu werden. Hierdurch ergeben sich klare
Vorteile für das Unternehmen, wie beispielsweise kürzere Transportwege – also weniger
Transportkosten (vgl. Wien 2009, S. 97). Es eröffnet die Möglichkeit der besseren Kon-
taktpflege mit Zulieferern und Kunden (vgl. Wien 2009, S. 98). Tiefgreifende Kooperationen zwischen Wirtschaft und Kultur innerhalb der Stadt motivieren einen nachhaltigen
Transfer von Wissen, von Kreativität, von Image und von Ideen, die identifikationsstif-
tend sind und in einem kulturfreundlichen Klima wachsen (vgl. Scheytt 2001, S. 29 ff.,
S. 27 f.).

Die Unternehmen, die sich kulturell engagieren, können nach Branchen geordnet
werden (vgl. Landensberger 2002, S. 43). Eine Analyse der Branchenherkunft der in der
Kulturförderung engagierten Unternehmen zeigt, dass es Schwerpunkte in einzelnen Bereichen gibt. Im Vordergrund stehen aber Dienstleistungsbranchen, wie Sparkassen, Pri-
vatbanken, Kreditgenossenschaften, Energie/Bergbau, Handelskonzerne, Versicherungen

und die Industrie (vgl. Bruhn 1991, S. 212 f.). Einen großen Teil der kulturfördernden Unternehmen machen in Deutschland die Branche der Finanzdienstleistungen und der Nahrungs- und Genussmittelbranche aus. Insbesondere der Finanzdienstleistungsbereich verfügt über ein Filialnetz, welches in einer großen Zahl für Kunstobjekte die Möglichkeiten zur Ausstellung bieten kann (vgl. Landensberger 2002, S. 41). Kreditinstitute wie Banken, Sparkassen und Raiffeisenbanken fördern oftmals auf dem Gebiet der Heimat- und Brauchtumspflege, welches vor allem von lokal und regional ausgerichteten Sparkassen und Volksbanken ausgeht (vgl. Heinrichs 1997, S. 199). Banken und Versicherungen nehmen in ihr kulturelles Engagement oftmals auch den Aufbau von Kunstsammlungen auf (vgl. Heusser et al. 2004, S. 25), welche hauptsächlich in der Zentrale des Unternehmens ausgestellt werden (vgl. Landensberger 2002, S. 41). Musikalische Veranstaltungen haben hingegen eine besondere Beliebtheit bei Versicherungsgesellschaften. Mehr als 80 % aller Versicherungsgesellschaften fördern Musik (vgl. Heinrichs 1997, S. 199). Unternehmensziele der Banken und Versicherungen sind Kundenpflege, Akquisition und Sympathiewerbung in der Öffentlichkeit. Bei vielen Unternehmen aus dem Banken-, Versicherungs-, oder Dienstleistungssektor entstand im Laufe der Zeit das Anliegen, sich von der Konkurrenz zu unterscheiden, da der Auftritt Ihres Unternehmens Eigenständigkeit und Individualität zeigen soll. Durch das kulturelle Engagement wird dem Unternehmen die Möglichkeit gegeben, eine solche Einzigartigkeit auszustrahlen (vgl. Strachwitz und Toepler 1993, S. 301). Bei den Dienstleistungs- und Finanzunternehmen ist der Gedankenaustausch als Motiv für das Kulturengagement von Bedeutung. Für viele Finanzunternehmen spielen darüber hinaus oftmals auch Unternehmenstradition sowie die Darstellung eigener Kulturkompetenz eine bedeutende Rolle (vgl. Heusser et al. 2004, S. 25).

Die Nahrungs- und Genussmittelbranche nimmt im Branchenvergleich bei der Kulturförderung den zweiten Platz ein. Leitmotiv könnte hier die Thematik des Genusses sein. Die Branche beschäftigt sich mit Lebensmitteln, Getränken oder Tabak, welche über die Erfüllung der Grundnahrungsmittel hinausgeht und als Luxus, als Genuss der Sinne, gilt. Weitere kulturfördernde Unternehmen kommen aus dem warenproduzierenden Gewerbe. Dazu zählen auch der Bereich Energie- und Wasserversorgung, Bergbau, verarbeitendes Gewerbe und Baugewerbe (vgl. Heinrichs 1997, S. 148).

Speziell große, finanzstarke und renommierte Unternehmen engagieren sich im Bereich Kultur (vgl. Heinze 1999, S. 126). Vor allem Großbanken, Automobilhersteller, Versicherungen, die chemische Industrie und auch Technologiekonzerne. Kulturförderung bei großen Unternehmen hat eine große Kapitalkraft. Stellt ein solches Unternehmen große Summen für die Kulturarbeit bereit, dann kann man davon ausgehen, dass viele Antragsteller und Förderersuchende sich an dieses Unternehmen wenden. Bei großen Unternehmen laufen die Förderaktivitäten im Wesentlichen über bestimmte Institutionen oder über Stiftungen. Große Unternehmen orientieren sich im kulturellen Engagement nicht nur auf kleinen Betätigungsfeldern, sondern sie beschäftigen sich oftmals auch im Rahmen eines Corporate Identity Konzeptes mit einem großen Spektrum kultureller und künstlerischer Ausdrucksformen.

Interessant sind auch kleine und mittelständische Unternehmen, die als Kulturförderer in Frage kommen. Ein Motiv ist hier die Unterstützung von Projekten in der unmittelbaren Umgebung und Nachbarschaft. Diese Unternehmen werden in der Regel von ihren Besitzern selbst geführt und es stehen oftmals stark individuelle Fördermotive im Vordergrund. Kleinere Unternehmen unterstützen oftmals sportliche, soziale, kulturelle und ökologische Aktivitäten in ihrer Region (vgl. Litzel et al. 2003, S. 7).

5.3   Sponsoring

In der Praxis stellt das Sponsoring eines der bedeutendsten Möglichkeiten für Unternehmen dar, sich kulturell zu engagieren. Der Begriff des Sponsorings hat seinen Ursprung im angelsächsischen Raum. Er beruht auf dem Prinzip der Leistung und Gegenleistung. Die bis heute in der Literatur oft gebrauchte Definition prägte Michael Bruhn folgendermaßen:

> Sponsoring bedeutet die Planung, Organisation, Durchführung und Kontrolle sämtlicher Aktivitäten, die mit der Bereitstellung von Geld, Sachmitteln oder Dienstleistungen oder Know-how durch Unternehmen und Institutionen zur Förderung von Personen und/oder Organisationen in den Bereichen Sport, Kultur, Soziales, Umwelt und/oder den Medien verbunden sind, um damit gleichzeitig Ziele der Unternehmenskommunikation zu erreichen. (Bruhn 1998, S. 21, ebenso mit leichter Abwandlung Bruhn 1991, S. 21)

Vorteil dieser Definition ist, dass sie als Anwendungsbereich des Sponsorings die tatsächlich in der Praxis vorkommenden weit gestreuten Aspekte auf einer Bandbreite von Sport, Kultur, sozialen Bereichen, sowie Umwelt und Medien einschließt. Kernaussage ist, dass Leistung und Gegenleistung als wesentliches Profil des Sponsorings anzusehen ist (vgl. Kössner 1999, S. 26). Insofern kann ein Unternehmen immer dann als Sponsor angesehen werden, wenn es durch sein Engagement unter anderem eine kommunikative Wirkung erzielen möchte. In der Definition von Michael Bruhn kann durch den weit gefassten Begriff der Unternehmenskommunikation sowohl die interne als auch die externe Kommunikation verstanden werden – so dass damit selbst die Erhöhung der Mitarbeitermotivation hierunter fallen kann. Vom Mäzenatentum unterscheidet sich das Sponsoring also insbesondere dadurch, dass eine korrelierende Gegenleistung im Rahmen des Sponsorings erforderlich ist.

Im Rahmen des Sponsorings sind verschiedene Erscheinungsformen zu entdecken. Somit können folgende unterschiedliche Arten des Sponsorings voneinander abgegrenzt werden: Sport-, Kunst-, Sozio-, Öko-, Medien- und Wissenschaftssponsoring (vgl. Arndt und Scheibe 2008, S. 101).

Das Sportsponsoring kann als Urform des Sponsorings betrachtet werden. Noch heute ist es die finanziell bedeutsamste und am häufigsten eingesetzte Sponsoringart (vgl. Arndt und Scheibe 2008, S. 101 f.). Das Kunstsponsoring hingegen steht in seinem Stellenwert für Unternehmen sowohl im Budget als auch in der Höhe finanzieller Zuwendungen nach dem Sportsponsoring an zweiter Stelle. Das Sozio-Sponsoring stellt eine Besonderheit im

Rahmen der Sponsoringleistungen dar. Denn bei dieser Erscheinungsform des Sponsorings steht der Fördergedanke gewöhnlich noch mehr im Vordergrund als bei den übrigen
Varianten. Kössner beschreibt das Sozio-Sponsoring als „Unterstützung sozialer Organisationen und speziell des Gemeinwesens durch finanzielle Mittel, Sachleistungen oder
mit Know-how" (Kössner 1999, S. 31). Hierdurch zu fördernde Sozio-Organisationen
sind beispielsweise Selbsthilfeorganisationen, Organisationen der Altenpflege, Jugend-
organisationen oder Katastrophenhilfeorganisationen – also generell Sozial- und Gesund-
heitsorganisationen. Im Rahmen des Sozio-Sponsorings wird gewöhnlich keine direkte
Gegenleistung erwartet. Insofern stellt es eine Ausnahme im Rahmen der Sponsoringarten
dar (vgl. Arndt und Scheibe 2008, S. 103). Das Öko-Sponsoring wird oftmals auch als
Umweltsponsoring bezeichnet. Es bedeutet nach Bruhn eine „Verbesserung der Aufgabenerfüllung im ökologischen Bereich durch die Bereitstellung von Geld-/Sachmitteln
oder Dienstleistungen durch Unternehmen, die damit auch Wirkungen für ihre Unternehmenskultur und –kommunikation anstreben" (Bruhn 1990, S. 6). Öko-Sponsoring kann
beispielsweise durch selbst initiierte Umweltschutzprojekte, durch die Unterstützung von
Umweltforschungsprojekten oder durch die Förderung von Umweltschutzverbänden betrieben werden (vgl. Arndt und Scheibe 2008, S. 104). Im Rahmen des Öko-Sponsorings
steht also, ebenso wie beim Sozio-Sponsoring, der Fördergedanke im Vordergrund. Da
zugleich oftmals aber auch das Umweltbewusstsein, das Verantwortungsbewusstsein und
die Naturverbundenheit eines Unternehmens nach außen an Dritte kommuniziert werden
soll, hebt Kössner insbesondere auch die Imagewirkung des Öko-Sponsorings hervor (vgl.
Kössner 1999, S. 31). Sponsoring macht auch vor Medien nicht halt. Ansatzpunkt für Me-
diensponsoring sind insbesondere Rundfunk, Presse, TV und Internet. Hierbei besteht für
sponsoringwillige Unternehmen jedoch die Notwendigkeit, diejenigen Sendungen oder
Übertragungen auszuwählen, die zum Image des Unternehmens am besten passen (vgl.
Arndt und Scheibe 2008, S. 104). Oftmals bieten sich hierfür Sportübertragungen oder die
Ausstrahlung beliebter Fernsehserien oder Spielfilme an. Eine noch nicht ganz so stark
verbreitete Sponsoringart stellt das so genannte Wissenschafts-Sponsoring dar. Diese Art
des Sponsorings wird explizit bei Kössner (1999, S. 31) und Arndt und Scheibe (2008,
S. 104) genannt. Andere Autoren differenzieren hierbei noch feingliedriger in Schul-Spon-
soring (so z. B. Leuteritz et al. 2008, S. 20) und Hochschulsponsoring (so z. B. Leuteritz et al. 2008, S. 22). Die Möglichkeiten, welche sich im Bereich des Wissenschafts-
sponsorings bieten, reichen von der Förderung von Forschungsprojekten oder einzelner
Lehrveranstaltungen über die Gründung eigener Forschungsinstitute und die Ausstattung
von Bildungseinrichtungen bis hin zur Ausschreibung von Wissenschaftswettbewerben
(vgl. Kössner 1999, S. 31). Besonders verbreitet ist Hochschul-Sponsoring in den Fachrichtungen Wirtschaftswissenschaften und Medizin. Andere Fachrichtungen sind oftmals
zurückhaltender. Hochschulen haben oftmals noch eine gewisse Skepsis, den fördernden
Unternehmen in ihren Vorstellungen entgegenzukommen. Denn sie sehen hierdurch ihre
Freiheit von Forschung und Lehre gefährdet (vgl. Leuteritz et al. 2008, S. 22). Sofern sie
Rechte von Forschungsergebnissen an die fördernden Unternehmen abtreten müssen oder
diese sogar Einfluss auf die Lehre nehmen wollen, wäre diese Sorge auch berechtigt. Zu-

meist wollen die fördernden Unternehmen jedoch im Rahmen des Hochschul-Sponsorings lediglich Studentengruppen erreichen, um so talentierte Nachwuchskräfte zu rekrutieren.

Für die Kaufentscheidung gewinnt das Image eines Unternehmens immer mehr an Bedeutung, da die Produkte für den Konsumenten mittlerweile immer homogener und gleichwertiger erscheinen. Für die Unternehmen bedeutet dies, dass verstärkt ein Bedarf an innovativen Marketing-Ideen besteht. Hierfür bietet Kultursponsoring die Möglichkeit, das Image einer gesponserten Kultureinrichtung für das Unternehmen nutzbar zu machen, indem beispielsweise Imagemerkmale wie Ästhetik, Innovation, Prestige und Tradition mit dem Unternehmen verknüpft werden (vgl. Preiß 1999, S. 157). Aus diesem Grunde sind Unternehmen nicht nur daran interessiert, bei einem Kulturprojekt namentlich erwähnt zu werden; vielmehr möchten sie in ihrer eigenen Werbung und Öffentlichkeitsarbeit auch auf das Kulturprojekt hinweisen (vgl. Braun et al. 1996, S. 31). Neben potentiellen Kunden nehmen auch andere Kooperationspartner des Unternehmens, wie beispielsweise Lieferanten, Fremdkapitalanleger oder andere Multiplikatoren das Image des Unternehmens wahr. Kultursponsoring ist jedoch nicht nur auf die Außenwirkung eines Unternehmens beschränkt. Intern kann es dazu führen, dass sich Mitarbeiter stärker mit ihrem Unternehmen identifizieren, wenn es nicht nur die Erzielung von Gewinnen anstrebt, sondern sich außerdem für gesellschaftliche Anliegen einsetzt. Dieses wiederum kann sich auf die Arbeitsmotivation und damit auch auf die Arbeitsergebnisse auswirken. Um dieses zu erreichen ist es sinnvoll, als Voraussetzung auch die Mitarbeiter in die Vorbereitung und Durchführung von Sponsoring-Aktivitäten einzubinden (vgl. Braun et al. 1996, S. 34).

5.4 Konsumentenethos

Wichtig für die Unternehmenskultur ist auch das Erscheinungsbild gegenüber den Konsumenten. Die Unternehmenskultur zielt oftmals sogar darauf ab, ein Unternehmensimage aufzubauen, um sich am Markt zu festigen und Kunden zu binden. Die US-amerikanische Business-Ethics-Bewegung stellt die Bedeutung zur Durchsetzung unternehmensethischer Grundsätze im Sinne einer „moral leadership" in das Zentrum der Betrachtung. Vor dem Hintergrund der Annahme, dass die menschliche Arbeitsleistung nicht nur durch Kompetenzen sichergestellt, sondern ebenso durch den kulturellen Rahmen geformt wird. Mit Beginn der Massenproduktion und der Herausbildung einer Überflussgesellschaft in den fünfziger Jahren war die Massenproduktion zuerst kennzeichnend für die USA. Sie wurde Schritt für Schritt von allen Industrienationen übernommen. Grund hierfür war auf der einen Seite die kostengünstige Produktionsweise und auf der anderen Seite die Bedürfnisbefriedigung der Konsumenten (Abb. 5.1).

Der damit verbesserte Lebensstandard wurde als Zeichen der persönlichen Freiheit verstanden. Die Herausbildung von Statussymbolen materiellen Besitzes schob die Anerkennung durch Arbeit in den Hintergrund. Der sich hierbei herausgebildete Lebensstil führte zu einem wachsenden kulturellen Widerspruch moderner Gesellschaften. Vor dieser Ent-

Merke
Definition Bedürfnis: Bedürfnisse sind tatsächliche oder objektive Mangelempfindungen nach Sachgütern oder Dienstleistungen mit dem Wunsch der Befriedigung. (Bedürfnis = Nachfrage)

Bedürfnisart	Kennzeichnung	Beispiel
Existenzbedürfnis	Sicherung Existenz	Nahrung, Kleidung
Grundbedürfnis	Geltende Norm	Radio, Bildung
Luxusbedürfnis	Verzichtbare Wünsche	Schmuck, Urlaubsreise

Abb. 5.1 Definition Bedürfnis

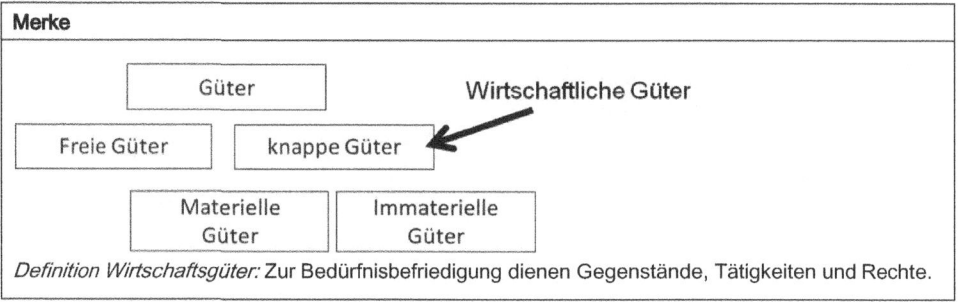

Abb. 5.2 Übersicht Güter

wicklung standen im Hinblick auf die Organisation von Produktion und Arbeit der Fleiß, die Selbstdisziplin sowie die Hingabe. Mit der Entstehung der Überflussgesellschaft wurde der Konsumbereich dahingegen gefördert, dass die Verschwendung und die Angeberei sich ausprägten. Sitten sowie Tugenden verloren an Bedeutung. Dieser Konflikt zwischen Zwang und Lockerung führte zu der Herausbildung eines Konsumentenethos. Die seit den siebziger Jahren diskutierten Ansätze wurden vorrangig im Bereich der Führungs- und Arbeitsethik geführt. Ansätze einer Konsumentenethik haben aber weniger Aufmerksamkeit in der wissenschaftlichen Diskussion gefunden.

Ansatz der Konsumentenethik ist die Theorie der Konsumentensouveränität. Sie besagt, dass die Konsumenten individuell für sich selbst entscheiden, wie sie über knappe Güter gemäß ihren Präferenzen umgehen (Abb. 5.2).

Sie entscheiden eigenverantwortlich und rational. Die Höhe der Kaufkraft ist von dem jeweils von dem zu Verfügung stehenden Budget abhängig. Sie bestimmt das Maß, nach dem der Konsument faktisch seine Souveränität ausüben kann. Konsumenten, welche nur ein geringes Budget aufweisen und somit letztendlich über eine geringe Kaufkraft verfügen, können ihren Präferenzen nur in eingeschränkter Weise nachgehen. Sie können sich weniger an dem Entscheidungsprozess über einen Ressourceneinsatz beteiligen. Die

Annahme der Konsumentensouveränität sagt aber auch aus, dass durch die alltägliche Kaufentscheidung, unabhängig vom Budget, die Konsumenten auf den freien, durch den Wettbewerb gesteuerten Märkten, das wirtschaftliche Handeln im Wesentlichen lenken. Diese Annahme gilt Vorrangig für den Konsum von Endprodukten.

Durch Glücksversprechen werden in der Werbung einer Überflussgesellschaft Waren kommuniziert. Kaufentscheidungen sind immer weniger ein Ergebnis von einer realen Bedarfssituation. Ihr Bedarf wird durch Werbeversprechen ausgelöst. Aufgrund des Kriteriums des Gebrauchswerts eines Gutes, müssen vermehrt Marketingaktionen unternommen werden, um eine erfolgreiche Vermarktung zu gewährleisten. Diese muss den Sinn, die Träume sowie die Wünsche des Konsumenten ansprechen. Mit Werbemaßnahmen werden die Präferenzen der Konsumenten neu geprägt. Der inszenierte Sinn eines Produktes wird mit der angebotenen Ware verknüpft. Diese Erscheinung des Werbeverhaltens in einer Überflussgesellschaft wird als **Theorie der Konsumentensouveränität** bezeichnet. Angesichts dieser Theorie liegt keine rationale Kaufentscheidung beim Konsumenten vor. Er wird in sein Tun und Handeln manipuliert. In den letzten zehn Jahren hat das Internet als Konsumplattform starken Zuwachs erfahren. Die Massenkulturelle Beeinflussung durch die **Meinungsindustrie** stieg stark an. Als Informationsquelle über Produkte, als Suchmaschine, und Vergleichsseiten werden dem Konsumenten neue Möglichkeiten im Konsumverhalten durch das Internet ermöglicht. In kann 24 Stunden am Tag shoppen – ortsunabhängig und vorerst bargeldlos. Bei hinterlegten Kommentierungen von anderen Konsumenten kann indirekt der individuelle Nutzen für den Konsumenten von einem anderen Konsumenten abgefragt werden. Kommentierungen sind Bestandteil von Online-Marketing-Aktivitäten. Diese Einflussmöglichkeiten auf Kaufentscheidungen im Internet treffen nicht auf Routine-Käufe zu, die nach bestimmten Traditionen und Gewohnheiten durchgeführt werden. Ein weiterer Bereich, der durch das Marketing nur unzureichend beeinflusst werden kann, sind die persönlichen Erfahrungen. Sie werden durch das soziale Umfeld des Konsumenten geprägt. Gelebte Vorbilder und individuelle Erfahrungen haben im Kaufverhalten eine besondere Rolle. Aus diesem Grund werden Werbespots zum Teil mit prominenten Schauspielern durchgeführt, wobei uns der Star in seiner Vorbildfunktion oder durch sein Image und Ansehen ein bestimmtes Produkt als notwendig suggeriert. Dieses Modell nimmt ebenfalls nur bedingt auf unsere Alltagsentscheidungen Einfluss. Es werden durch Prominente oftmals Produkte angepriesen, welche nicht lebensnotwendig sind. Das Konsumentenverhalten ist ein komplexer Vorgang. Die Theorie des Konsumentenverhaltens und die Manipulation der Meinungsindustrie sind vereinfachte Ansätze, um das Konsumverhalten näher zu beschreiben. Je nach Art des Produktes beeinflussen uns die Bedeutung für die Bedürfnisbefriedigung oder der zeitliche Aspekt bei einer Kaufentscheidung. Letztendlich beruht die Kaufentscheidung darauf, dass diese ethisch bewertet werden kann. Die Herausbildung eines Konsumentenethos stellt die Fragen, wie und unter welchen Bedingungen ethische Orientierungen das Kaufverhalten beeinflussen können. Nico STEHR hat in seiner kulturwissenschaftlichen Studie zur Moralisierung der Märkte Thesen entwickelt, welche das Marktverhalten der Zukunft beschreiben.

Nach Ansicht von STEHR nehmen in Zukunft folgende Eigenschaften einen immer stärkeren Einfluss auf die Kaufentscheidung der Konsumenten (vgl. hierzu vertiefend: Stehr 2007, S. 12):

Fairness,	Ausgleich,	Alter,
Authentizität,	Exklusivität,	Mitgefühl,
Goodwill,	Exklusivität,	Rache und
Nachhaltigkeit,	Originalität,	Ängste
	Solidarität,	

Der fortlaufend steigende Wohlstand der Industriestaaten und die Verbesserung des Bildungsstandes in der Bevölkerung beschreiben nicht-ökonomische Ziele. Sie werden nach STEHR immer mehr zu Motiven des Konsumverhaltens. Aber die Zunahme des Discounter-Marketings lässt die von Stehr dargestellte Entwicklung in eine andere Richtung tendieren.

5.5 Umgang mit Kunden

Zu einer guten Unternehmenskultur gehört nicht nur, dass diese nach Innen ausgerichtet wird; auch die Außenwirkung, die eine Unternehmenskultur mit sich bringt, ist entscheidend. Insbesondere der Umgang mit Kunden gehört zur Unternehmenskultur. Oft wurde in der Vergangenheit von der Servicewüste Deutschland gesprochen. Viel schlimmer noch, man konnte feststellen, dass viele Unternehmen lediglich auf den schnellen Profit aus waren und minderwertige Produkte an Kunden verkauft haben, schlechten Service geboten haben und alles dafür getan haben, um kurzfristig schnellen Profit zu erzielen. Eine derartige Sichtweise ist langfristig ungeeignet, Kunden an sich zu binden und letztlich auch ungeeignet, den Mitarbeitern eine Unternehmenskultur zu vermitteln, durch welche sie an das Unternehmen gebunden werden bzw. sich mit dem Unternehmen identifizieren. Wesentlicher ist es, Kunden langfristig an sich zu binden, indem auf Qualität geachtet wird und für den Kunden sinnvolle Serviceleistungen oder Zusatznutzen angeboten werden. Insofern sollte Kundenzufriedenheit als eines der wichtigsten Unternehmensziele betrachtet werden. Denn unzufriedene Kunden können mehr negative Effekte bewirken und mehr negative Propaganda verbreiten als ein positiv zufriedener Kunde positive Effekte erreichen kann. Lediglich ein verschwindend geringer Prozentsatz an unzufriedenen Kunden wendet sich direkt an das Unternehmen. Die überwiegende Zahl tut dies nicht, sondern macht ihrer Verärgerung über das Unternehmen dadurch Luft, dass sie einer Vielzahl von Personen von ihren negativen Erfahrungen berichten. Dies ist bereits als negativ anzusehen. Schlimmer jedoch wird es, wenn sogar die Wettbewerber/Mitbewerber oder die Medien hierauf aufmerksam werden. Insofern sollte eine Unternehmenskultur ganzheitlich auch die Außenwirkung der Unternehmenskultur umfassend und dementsprechend auch auf die Kunden bzw. die Zufriedenheit der Kunden ausgerichtet sein. Um dieses zu erreichen geht es aber nicht nur um die Qualität der Produkte. Es genügt heutzutage nicht mehr allein ein qualitätsvolles Produkt auf den Markt zu bringen. Mittlerweile müssen darüber hinaus auch emotionale Bedürfnisse des Kunden durch das Produkt erfüllt werden. Denn der Kunde nimmt mittlerweile Produktqualität als selbstverständlich war, so dass zu den Qualitätsstandards ein zusätzliches Element hinzutreten muss, um ihn von dem Produkt zu überzeugen bzw. ihn an das Produkt zu binden. Insofern entscheidet heutzutage eher der so genannte emotionale Mehrwert eines Produktes darüber, ob es sich am Markt durchsetzen kann. Dies kann mit der so genannten Kundenbindung erreicht werden. Hierbei werden die Produkte zusammen mit dem Kunden weiter entwickelt. Der Kunde wird also in den Prozess derart eingebunden dass er sich selbst als Kommunikationspartner sieht bzw. sich selbst als dem Unternehmen zugehörig eingeordnet. Der emotionale Mehrwert ist es, der Markenartikeln eine bessere Marktposition sichert als anderen. Denn nur die emotionale Bindung, die der Kunde zu einem Produkt bzw. einer Marke aufbaut, grenzt das Produkt von anderen, qualitativ gleichwertigen Produkten ab. Damit eine derartige Bindung aber auch langfristig gefestigt wird, muss sie in der Gefühlswelt des Kunden verankert werden. Dies ist aber nur möglich, wenn die Unternehmen das alte Bild vom Kunden aufgeben, bei dem es darum ging, lediglich über Außendienstmitarbeiter oder über Marketingabteilungen bzw. den Vertrieb mit dem Kunden in Kontakt zu treten. Heutzutage ist es wichtig, im gesamten Unternehmen auf die Bedürfnisse des Kunden einzugehen und ihn als Kommunikationspartner wahrzunehmen.

Denn Unternehmen können lediglich durch einen angemessenen Kundenkontakt innovativ bleiben. Hierbei ist insbesondere auch zu berücksichtigen, dass aus dem Blickwinkel des Kunden die Grenze zwischen Produzenten und dem eigentlichen Produkt oftmals verschwindet. Denn dort wo die Produkte angepriesen werden preist sich in Wirklichkeit auch das gesamte Unternehmen an. Hier tritt die Unternehmenskultur der jeweiligen Unternehmung zu Tage. Diese steht zusammen mit dem zu verkaufenden Produkt vor den kritischen Augen des Kunden auf dem Prüfstand. Um in diesem Wettbewerb zu bestehen, ist es notwendig, das Unternehmen aus dem Blickwinkel eines Kunden zu betrachten. Aus diesem Grunde ist es notwendig, den Kunden regelmäßig nach seiner Zufriedenheit zu fragen. Er darf nicht als schlichter Konsument der angebotenen Produkte betrachtet werden sondern als eigenständiges Subjekt.

Hierdurch soll erreicht werden, aktiv zufriedene Kunden zu haben. Im Unterschied zu so genannten passiv zufriedenen Kunden kann ein aktiv zufriedener Kunde gute Gründe nennen, weshalb er Kunde eines Unternehmens ist. Er infiziert sich mit der guten Leistung des Unternehmens, welches für ihn als einzigartig angesehen wird. Während also ein passiv zufriedener Kunde lediglich Gründe nennt wie:

- es ist ein bekanntes Unternehmen
- das habe ich schon immer gekauft
- das habe ich schon seit Jahren gekauft und hab damit nie schlechte Erfahrungen gemacht (aber auch keine guten).

Ein aktiv zufriedener Kunde hingegen hat:

* gute Erfahrungen mit dem Produkt gemacht
* wurde von dem Unternehmen bestens beraten bzw. mit dem Produkt bekannt gemacht.

Bei einem passiv zufriedenen Kunden fehlt es an einer richtigen Kundenbindung. Insofern kann er auch als Zufallskunde angesehen werden. Er wechselt zu einem anderen Unternehmen bzw. zu einem anderen Produkt, sobald ihm dort bessere Preise oder ein anderer Zusatznutzen deutlich wird. Aktiv zufriedene Kunden hingegen identifizieren sich derart mit dem Unternehmen, dass sie nicht sofort das Unternehmen bzw. das Produkt wechseln, wenn anderweitige Effekte dafür sprechen. Denn der aktiv zufriedene Kunde hat verinnerlicht, dass es gute Gründe gibt dieses Produkt zu kaufen bzw. Kunde dieses Unternehmens zu sein.

Ebenso verhält es sich mit den oben bereits angesprochenen Serviceleistungen. Mehr als zwei Drittel der Entscheidungen für ein bestimmtes Produkt werden nicht aufgrund des Preises getroffen, sondern hängen in unterschiedlicher Art und Weise mit dem Service zusammen, der für dieses Produkt erbracht wird. Insofern kann auch eine schlechte Kundenbetreuung, mangelnder Service bzw. Unkenntnis der Servicemitarbeiter zu unzufriedenen Kunden bis hin zum Verlust des Kunden führen. Denn der Kunde erwartet gewöhnlich einen hervorragenden Service. Hierzu gehört insbesondere auch, dass die ihn betreuenden Mitarbeiter in der Lage sind ihn kompetent und umfassend zu beraten. Doch es muss noch mehr geschehen. Zu einer Serviceorientierung gehört auch, dem Kunden dabei zu helfen, sich weiter zu qualifizieren. Das Wissensgefälle zwischen dem Kunden und dem Unternehmen muss abgebaut werden. Unternehmen die dies ernst meinen, müssen sich aber bewusst sein, dass dieses auch bedeutet, den Kunden in die Geschäftspolitik einzubeziehen. So umfasst dies auch mit den Kunden zusammen neue Strategien und Produktpläne zu erörtern. Wer die Welt mit den Augen des Kunden sehen will, muss auch bereit sein, Querdenker in Entwicklungsteams aufzunehmen. Leute, die bereit sind auch unbequeme Fragen zu stellen. Ein weiterer wesentlicher Faktor ist es, sich nicht auf dem Erreichten auszuruhen und den Kunden nicht auf seine einstmals geäußerten Wünsche festzulegen. Letztlich muss der Kundennutzen ständig neu hinterfragt werden. Dies kann nur erreicht werden, wenn man den Kunden hierbei einbindet. Denn die Qualität eines Produktes wird nicht im Unternehmen entschieden, sondern durch den Kunden. Im Hinblick auf die Unternehmenskultur sollte sich jeder Unternehmer vergegenwärtigen, dass die Beziehungen zu Kunden nicht besser sein können als die Beziehung zwischen Führungskraft und Mitarbeiter. Aus diesem Grunde kann die unternehmensinterne Kommunikation zugleich auch immer als Übung für die Kundenkommunikation verstanden werden. Unternehmen die den Kunden in den Mittelpunkt ihrer Betrachtung rücken verbessern dadurch zumeist also auch gleichzeitig ihre interne Kommunikation – und tragen letztlich zu einer besseren Unternehmenskultur bei.

5.6 Employer Brand (Arbeitgebermarke)

In den durch zunehmende Dynamik und Komplexität gekennzeichneten Geschäftsfeldern können die Mitarbeiter vor dem Hintergrund des Fachkräftemangels als strategischer Wettbewerbsvorteil angesehen werden. Herausforderungen der Gegenwart und der Zukunft müssen rechtzeitig erkannt und bewältigt werden. Der Erfolg eines Unternehmens auf den Märkten resultiert maßgeblich aus der technologischen, wirtschaftlichen, ökologischen und sozialen Fähigkeit. Um die zukünftige Leistungsfähigkeit des Unternehmens zu erhalten und sogar zu steigern, ist geeignetes Personal Grundvoraussetzung. Um hier gegenüber der Konkurrenz überlegen zu sein, sind geeignete Employer Branding-Maßnahmen zur Schaffung eindeutiger Arbeitgeberpräferenzen notwendig. Ein positives Employer Brandig erhöht kurzfristig die Arbeitgeberattraktivität. Langfristig gesehen stellt es einen strategischen Erfolgsfaktor dar. In vielen Bereichen ist ein Fachkräftemangel vorzufinden – trotz hoher Arbeitslosigkeit in Deutschland. Dieser Widerspruch ist kennzeichnend für die Entwicklung eines Fachkräftemangels. Unternehmen können für offene Stellen aufgrund der benötigten Qualifizierung keine geeigneten Mitarbeiter finden. Diese Mismatch-Problematik ist nicht nur auf den Qualifizierungsstand zurückzuführen. Vielmehr sind der beschleunigte Wandel innerhalb der wirtschaftlichen Strukturen und die damit verbundenen neuen Anforderungen an die Arbeitnehmer ausschlaggebend für den Fachkräftemangel. Durch die demografische Entwicklung wird die Situation verschärft. Emloyer-Branding-Ansätze dürfen nicht als trendige Werbemaßnahmen von Unternehmen verstanden werden. Vielmehr ist die gesellschaftliche und arbeitsmarktpolitische Strukturverschiebung Anlass hierfür. Die Arbeitgeberattraktivität bedarf einer personalstrategischen Steuerung.

Verschiedene Zielgruppe haben Anforderungen an das Unternehmen. Diese Erwartungen und Anforderungen sind Bestandteil eines Arbeitgebermarkenmanagements, welches auch **als Corporate Branding** bezeichnet wird. Employer Branding kann als Teilfunktion zum Arbeitgebermarkenmanagement zugeordnet werden, mit dem Ziel, die Prozesse der Planung, Koordination und Kontrolle der unterschiedlichen Anspruchsgruppen gerecht zu werden. Diese unterschiedlichen Ansichten werden einzeln betrachtet und in eine Gesamtstrategie eingebunden. Mittels einer ganzheitlichen Strategie werden eine positive Grundhaltung sowie präferenzfördernde Verhaltenseffekte bewirkt. Die Vielfalt der unterschiedlichen Interessensgruppen in einem Unternehmen erfordert ein organisationales Markenmanagement, welches in Verbindung mit einem bestehenden Branding-Konzept umgesetzt wird und zugleich für sämtliche Personenkreise ein vergleichbares Vorstellungsbild vom Unternehmen wiedergibt.

5.7 Change Management

Erfolgreiche Unternehmen unterliegen einer ständigen Marktanpassung. Änderungen unter anderem in den Rahmenbedingungen oder in den Kundenwünschen zwingen Unternehmen sowohl zur Weiterentwicklung ihrer Produkte als auch zur Weiterentwicklung der Organisation als Ganzes. Mit Hilfe einer flachen Aufbaustruktur und kurzen Entscheidungswege kann ein hoher Flexibilisierungsgrad erreicht und können die Produktionskosten gering gehalten werden. Veränderungsprozesse unterliegen daher keiner Einmaligkeit. Sie sind Bestandteil des täglichen Geschäftsprozesses in Unternehmen. Bei Unternehmen mit hohem Innovations- und Konkurrenzdruck werden Veränderungsprojekte durch hierfür besonders geschulte Spezialisten durchgeführt.

Veränderungsprojekte müssen in ihrer Gesamtheit sehr detailliert geplant werden, um das gesetzte Ziel zu erreichen. Mit Hilfe von Projektstrukturplänen, welche zumeist in unterschiedlichen Arbeitspaketen geplant werden, wird ein realistischer Zeitplan zu Grunde gelegt. Wenn im Prozessmanagement nur ein Arbeitspaket von vielen nicht umgesetzt werden kann, läuft das Unternehmen Gefahr, dass der ganze Veränderungsprozess als solches scheitert. Aus diesem Grund nimmt jedes Arbeitspaket, unabhängig von den Inhalten, den gleichen Stellenwert ein. Diese wichtige Grundannahme für ein erfolgreiches Change-Management kann durch das Eisbergmodell hergeleitet werden. Dieses Modell findet in der Praxis weite Verbreitung. Es wurde erstmals von Freud definiert und durch Paul Watzlawick und Edgar SCHEIN weiterentwickelt. Es weist auf die Notwendigkeit einer ganzheitlichen Vorgehensweise bei Veränderungsprozessen hin. Es darf nicht nur der Korpus einer Organisation betrachtet werden. Jedes einzelne Organisationsmitglied ist hier von Bedeutung. Wenn z. B. die Mitarbeiter die angepasste Organisation nicht leben, ist diese zum Scheitern verurteilt. Die harten Faktoren, welche den Korpus darstellen, wie z. B. Ausstattung, Finanzierung, Struktur und Abläufe, müssen gemeinsam und unter Berücksichtigung der weichen Faktoren geplant werden. Als weiche Faktoren sind hier die Gefühle, Einstellungen und Verhaltensnormen der Mitarbeiter zu verstehen. In der Praxis werden oft die weichen Faktoren vernachlässigt. Sie entscheiden aber zumeist über das Gelingen oder Misslingen von Veränderungsprojekten.

Beispiel

Ein Mitarbeiter, der mit der Einführung einer neuen EDV-Software nicht einverstanden ist und der den Sinn oder die Notwendigkeit der neuen Software nicht versteht, kann den ganzen Prozess boykottieren. Er wird letztendlich immer Gründe finden, dass die neue Software unzureichend ist und dies kommunizieren, so dass sich im schlimmsten Fall eine Vielzahl von Mitarbeitern seiner Meinung anschließt.

Somit wird die tägliche Nutzung bzw. die Anpassung der Software an die Bedürfnisse des Unternehmens ignoriert. Der Mitarbeiter hat nun bewusst oder unbewusst Konfliktsituationen geschaffen, in denen seine Bedenken erneut geprüft werden und die Software zum wiederholten Male einer Prüfung unterzogen wird. Mit einer solchen Prüfung kann man den Mitarbeiter aber zumeist immer noch nicht zufriedenstellen. Seine Ablehnung führt dann auf doppelte Weise zu Kosten für das Unternehmen. Die EDV-Software muss zum einen erneut auf Tauglichkeit geprüft werden und zum anderen können durch die Verzögerung der Inbetriebnahme ebenfalls hohe Kosten für das Unternehmen entstehen.

Durch das Eisbergmodell wird der Ansatz einer ganzheitlichen Vorgehensweise bildlich dargestellt. Diese bildliche Darstellung wurde in Anlehnung an den Untergang des Luxusdampfers Titanic veranschaulicht. Die Titanic soll nach der Überlieferung nicht durch den Eisberg, welcher oberhalb des Wassers lang, gesunken sein. Vielmehr scheiterte die Titanic an dem verborgenen Teil, welcher sich unter Wasser befand. Dabei war der unsichtbare Teil des Eisblocks erheblich größer als der sichtbare. Im Vergleich zu dem Gelingen eines Veränderungsprozesses nehmen demnach die weichen Faktoren einen höheren Stellenwert ein, als die harten Faktoren.

Das oberste strategische Ziel einer Unternehmung ist die langfristige Sicherstellung der Markt- und Wettbewerbsfähigkeit. Unter einer Strategie können hier die verschiedenen Wege zur Zielerreichung oder zur Lösung zukünftiger Unternehmensprozesse verstanden werden. Die strategischen Herausforderungen bestehen darin, den perspektivischen Wandel möglichst frühzeitig zu identifizieren und in der Installation geeigneter Maßnahmen (Abb. 5.3).

Die individuellen erfolgspotentiale des Unternehmens müssen durch einen kontinuierlichen Verbesserungsprozess weiter ausgebaut und nachhaltig gestärkt werden. Vorrangig müssen die unternehmensspezifischen Kernkompetenzen nachhaltig gesichert und verbessert werden. Dies kann u. a. mit dem Ausbau eines Wissensmanagements erfolgen. Unter den allgemeinen Merkmalen einer Kernkompetenz versteht man das vorhandene Lernpotential, den langfristigen Aufbau des unternehmensspezifischen Wissens sowie die unbeschränkte Mobilität. Mit der Mobilität ist im engeren Sinne eine Übertragbarkeit auf einen anderen Unternehmensbereich in der Organisation gemeint, bei dem dieselbe Aufbaustruktur zu Grunde liegt. Kernkompetenzen sind in der Regel unternehmensspezifisch. Sie sind das Ergebnis der vorhandenen Organisationsstrukturen und sind daher schwer imitierbar. Mit Hilfe der Kernkompetenzen kann der Unternehmenserfolg nachhaltig abgesichert werden.

Nach Jay Barney ist ein unternehmensspezifisches Prozesssystem für den Aufbau und Erhalt von Wettbewerbsvorteilen unabdingbar (vgl. hierzu vertiefend: Barney, S. 99–120).

Dabei unterliegt es folgende Bedingungen:

a. **Verwertbarkeit**
Der zu betrachtende Prozess muss im Ergebnis einen Wert für den Kunden aufweisen. Dieser erschaffene Wert kann durch prozessoptimierungsmaßnahmen die Effizienz und Effektivität der Prozesse steigern.

b. **Singularität**
Durch unternehmensspezifisches Know-how und Erfahrungswissen unterliegt der Prozess einer Einmaligkeit. Es können kaum Optimierungspotentiale durch standardisierte Lösungen erzielt werden.

Abb. 5.3 Integratives Orga-
nisations- und Prozessma-
nagement. (In Anlehnung an:
Binner 1997, S. 2–16)

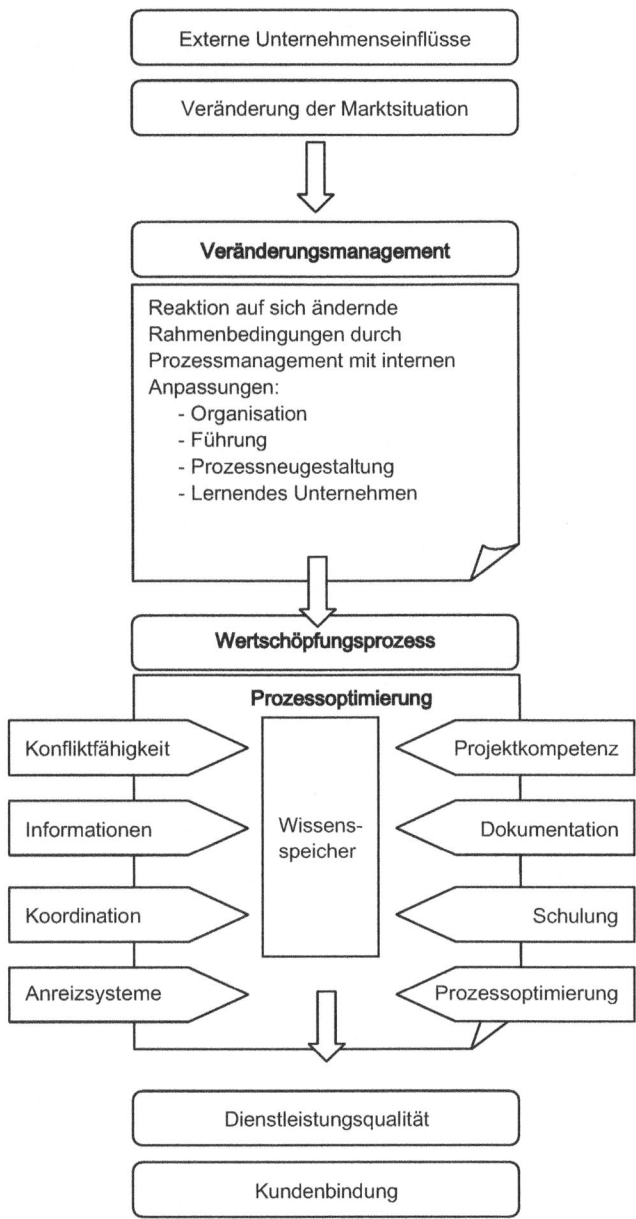

c. **Nichtsubstituierbarkeit**

Durch Optimierungsmaßnahmen sollten die betrachteten Prozesse nicht substituierbar
oder durch alternative Problemlösungen ersetzbar sein. Es muss die optimale Lösung
vorliegen.

d. Nichtimitierbarkeit

Soziologische Einflussgrößen sind bei der Kernkompetenzfindung mit zu betrachten. Prozessoptimierung ist kein ingenieurtechnischer Vorgang.

Um die Marktposition durch einen Imagegewinn zu steigern, bedarf es in erster Linie im Unternehmen einer ausgewogenen Mitarbeiterorientierung. Mit der Vorgabe von Unternehmenskultur-Grundsätzen und Leitbildern werden u. a.:

- die Zugehörigkeit,
- die Identifikation,
- die Verpflichtung und
- die Beteiligung

an alle Organisationsmitglieder vermittelt. Die Selbstdarstellung des Unternehmens nach außen in Form eines entsprechenden Corporate Design fordert eine Unternehmenskultur zusätzlich. Über Führungsleitlinien wird das Selbstverständnis transportiert. Dabei werden die Personalpolitik, die Organisation sowie verschiedene Führungstechniken zu Grunde gelegt. Durch verschiedene Optimierungsmaßnahmen aus prozessorientierter und sozialer Sichtweise, kann ein Unternehmen Glaubwürdigkeit gegenüber den Kunden vermitteln, Anreize zur Partnerschaft bieten und gegebenenfalls diverse Kooperationen eingehen.

Das Ziel einer Einmaligkeit der Unternehmung bekommt im Rahmen der Prozessoptimierung einen neuen Stellenwert. Die Unternehmenskultur muss bei den Organisationsmitgliedern zu einer Sensibilisierung im Umgang mit den Kunden führen. Darüber hinaus muss ein Verständnis für ein Problembewusstsein geschaffen werden. Nur wenn man Probleme erkennt und akzeptiert, ist eine Problemlösung möglich. Erst wenn die Mitarbeiterakzeptanz für die Unternehmenskultur vorhanden ist und sich die Mitarbeiter mit dem jeweiligen Unternehmen identifizieren, erst dann ist ein Prozessmanagement möglich. Ein Veränderungsmanagement gelingt nur gemeinsam (Abb. 5.4).

Durch den Veränderungsdruck und die hohe Komplexität der Anforderungen an die Führungskräfte erfordert die Mitarbeiterführung risikoreiche und exzeptionelle Transaktionen, die nur erfolgreich durchgeführt werden können, wenn diese vom Personal verstanden und mitgetragen werden. Notwendig dafür sind ein entsprechender Führungsstil, aber auch neue Kommunikationsformen. Dieses Führungsproblem geht in Transforma-

---

Merke

Zur Umsetzung der Unternehmensziele muss die Unternehmensorganisation für die vorgesehene Strategie verfügbar sein und dementsprechend angepasst werden. Da sich das Umfeld ständig ändert, ist es erforderlich, dass eine Organisation lernfähig bleibt. Als Teil der Organisation müssen sich die Mitarbeiter dem Veränderungsprozess stellen, wobei auch die individuellen Interessen nicht zu vernachlässigen sind.

Abb. 5.4 Veränderungsprozess

Merke
Elemente der Organisation   - *Die Stelle:* kleinste organisatorische Einheit + Zusammenfassung von Aufgaben und Funktionen zu Aufgaben und Arbeitsbereiche einer gedachten Person   - *Die Instanz:* ist eine Stelle, welche die Leistungsaufgaben bzgl. Ausführungsarbeiten mehrerer Stellen beinhaltet + ist eine ranghöhere Stelle und übernimmt Leistungsaufgaben für eine Vielzahl von rangniedrigeren Stellen   - *Die Aufgabe:* steht im Mittelpunkt der Organisation. Sie ist das Ziel, welches durch Arbeit erreicht werden soll.

Abb. 5.5 Elemente der Organisation

tionsprozessen meist von der Organisation aus. Die Komplexität und Spezialisierung einer Organisation resultiert, gerade auch durch die hohe Bürokratisierung, zu einem schwierigen Transformationsprozess. Veränderungen führen zu Irritationen und lassen von der gewohnten Routine abweichen. Auch wenn diese Organisationen bei einer Problembewältigung gut funktionieren, so können sie bei Transformationsprozessen aufgrund der traditionellen Ausrichtung versagen. Gerade in öffentlichen Einrichtungen ist es wichtig, dass die Führung das Potenzial der Belegschaft nicht in zu durchorganisierten Strukturen verkommen lässt. Durch die hohe Bürokratisierung sind zu große Hürden für die Modernisierung vorhanden. Der stetige gesellschaftliche Wandel macht es notwendig, dass durch Transformationsprozesse eine Zielorientierung und eine hohe Flexibilität geschaffen werden. Personalentwicklungsmaßnahmen müssen in diesem Zusammenhang dazu beitragen, Führungsprozesse als kulturelle Lernprozesse zu verstehen. Führungs- und Lernprozesse sind eng miteinander verbunden. Es gilt seitens der Führung den Lernprozess der Belegschaft anzuregen. Solch ein Vorgang benötigt eine wechselseitige Kommunikation mit der Belegschaft, welche über ein entsprechendes Feedback aktiv am Lernprozess teilnehmen muss. Dies zeigt, dass Changeprozesse nur im Verbund funktionieren können. Das klassische top-down Modell ist dafür nicht geeignet. Es gilt, den Veränderungsprozess gemeinsam und aktiv zu gestalten und diesen nicht nur von der Führung initiieren, steuern und kontrollieren zu lassen. Dessen müssen sich alle Teilnehmer bewusst sein. Solche Prozesse können nicht an kurzfristigen Ergebnissen gemessen werden; es geht um eine nachhaltige Lernfähigkeit. Ein gutes und erfolgreiches Führungssystem ist nur dann möglich, wenn die Eigenverantwortung und das Selbstvertrauen in jeder Hierarchiestufe gesteigert werden (Abb. 5.5).

Dabei geht es nicht um die Zufriedenheit der Belegschaft, sondern um die Kompetenz und Bereitschaft jedes Mitarbeiters, aktiv am Veränderungsprozess teilzunehmen, um Handlungsbedarf frühzeitig zu erkennen und weiterzuleiten. Die moderne Personalentwicklung muss diesen Führungsprozess als primäre Aufgabe verstehen; denn dies bedeutet, Lernprozesse auszulösen und diese aufrechtzuerhalten. Veränderungen in einer Organisation haben oft ein abwehrendes Verhalten der betroffenen Personen zur Folge. Diese Widerstände können sowohl kollektiv als auch einzeln auftreten und in verschiedenen

Abb. 5.6 Formen und Personentypen bei Widerständen

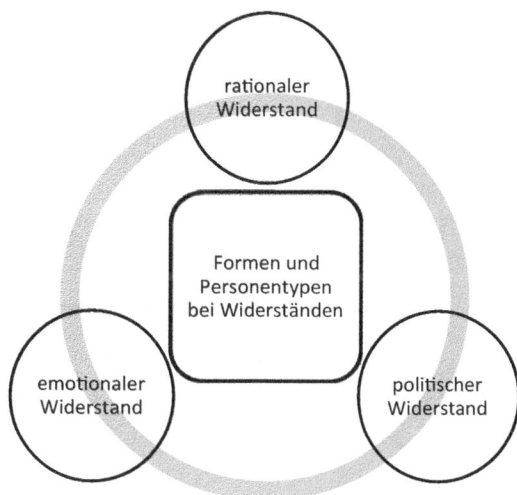

Formen Ausdruck finden. Es ist möglich, unterschiedliche Personentypen bei der Reaktion auf Widerstände zu unterscheiden und gezielt die eingenommenen Abwehrhaltungen so zu bearbeiten, dass sie aufgegeben werden. Vom Widerstand im organisatorischen Zusammenhang wird gesprochen, wenn sich das Verhalten als Reaktion auf Veränderungen destruktiv und behindernd entwickelt, um so die Umgestaltungen zu verhindern. Eine solche Reaktion kann vom einzelnen Individuum, aber auch von der Gesamtheit kommen. Die Ursachen von Widerständen können in zwei Bereiche eingeteilt werden: In den psychologischen und in den ökonomischen Bereich. So entsteht eine Ablehnung der geplanten Maßnahmen aus psychologischer Sicht, wenn die daraus resultierenden Konsequenzen als überaus negativ eingeschätzt werden. Als Gründe für die Ablehnung sind eine mangelnde Kommunikation, fehlendes Verständnis oder das Nichtvertrauen in die bevorstehenden Änderungen zu nennen. Aus ökonomischer Sicht können als Ursache für Widerstand die Angst der Betroffenen vor Mehrarbeit, Angst vor Bedrohung bzw. Gefährdung der sozialen Stellung oder ihrer Existenz genannt werden.

Bei organisatorischen Veränderungen gibt es drei Arten von Widerstand:

- rationaler Widerstand,
- politischer Widerstand und
- emotionaler Widerstand (Abb. 5.6).

5.7.1 Rationaler Widerstand

Der rationale Widerstand ist am leichtesten zu handhaben, da er auf logischen Argumenten gegen den Wandel beruht. Diese Widerstandsart kann mittels einer nachvollziehbaren Begründung, welche sich für den Wandel ausspricht und erklärt, warum er für die Organisation notwendig ist, beigelegt werden.

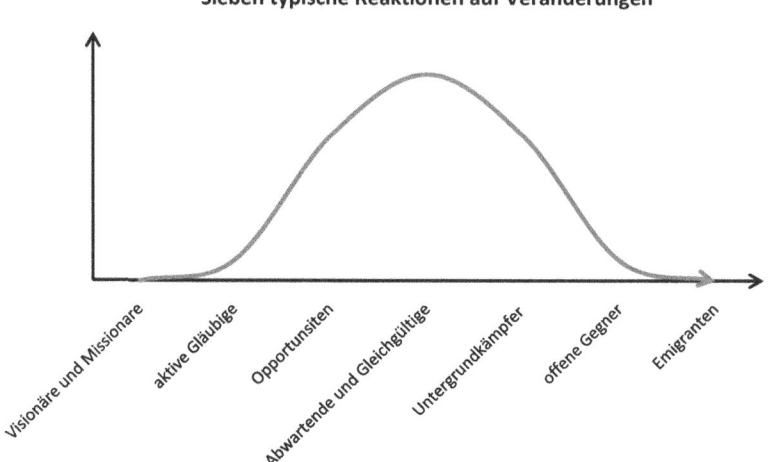

Abb. 5.7 Sieben typische Reaktionen auf Veränderungen (Vahs 2005, S. 291)

5.7.2 Politischer Widerstand

Diese Widerstandsform wird selten offen vorgebracht und entsteht aus der Angst der Mitarbeiter, durch die Veränderungen an Positionsmacht und Einfluss zu verlieren. Der Machterhaltungswille führt oft zu irrationalen Handlungen, welche dem Unternehmen großen Schaden zufügen können. Gelingt die Integration dieser Personen in den Veränderungsprozess nicht, bleibt als einzige Lösungsmöglichkeit eine rasche Trennung.

5.7.3 Emotionaler Widerstand

Dem Emotionalen Widerstand liegen keine sachlichen oder logischen Argumente zugrunde, er beruht allein auf dem subjektiven Gefühl des Einzelnen, beispielsweise der Angst, mit den Veränderungen, mit neuen Kollegen oder neuen Abläufen nicht mehr zurechtzukommen. Er kann mittels Gesprächen und schrittweiser Überzeugungsarbeit gelöst werden (Abb. 5.7).

Typische Mitarbeiterreaktionen auf Veränderungen

Im Rahmen der Beteiligungen am Widerstand können verschiedene Personentypen differenziert werden (vgl. Vahs 2005, S. 291) (Abb. 5.8):

5.7.4 Aktiver und Passiver Widerstand

Neben den drei Widerstandsformen (rationaler, politischer und emotionaler Widerstand), kann der Widerstand auch noch in aktiven und passiven Widerstand unterschieden werden. Beim aktiven Widerstand gibt es gezielte Handlungen, welche den Wandel verhin-

Visionäre und Missionare	Diese Personen bilden die Schlüsselgruppe in Veränderungsprozessen (VP) und gehören meist dem Top-Management an. Sie versuchen die übrigen Mitarbeiter von der Notwendigkeit der VP zu überzeugen.
Aktive Gläubige	Diese Typen sind die Ersten, die den bevorstehenden Wandel akzeptieren und sich dafür einsetzten. Sie bringen neue Ideen ein.
Opportunisten	Sie wägen die persönlichen Vor- und Nachteile ab, die der Wandel mit sich bringt und bewegen sich so zwischen Zustimmung und Skepsis.
Abwartende und Gleichgültige	Zu dieser Gruppe gehört die Mehrheit der Mitarbeiter. Sie ist geprägt durch eine geringe Bereitschaft, sich an Veränderungen zu beteiligen. Sie mit einzubinden und zu aktiven Gläubigen zu machen, verlangt viel Überzeugungsarbeit, bei der erste Erfolge vorgewiesen und der persönliche Nutzen deutlich gemacht werden sollte.
Untergrundkämpfer und offene Gegner	Sie sind die engagierten Feinde von Veränderungen, wobei Erstere verdeckt operieren und die Zweiten ihre widerstrebende Einstellung offen zeigen. Sie halten die getroffenen Entscheidungen und den eingeschlagenen Weg für falsch und nicht zielführend. Dennoch ist diese Gruppe wichtig. Ihre Einwände und Ideen tragen zur besseren Realisierung der geplanten Maßnahmen bei.
Emigranten	Emigranten sind oft Personen, die in der Veränderung und der Zeit danach für sich keine Perspektive erkennen. Darum beteiligen sie sich nicht am Wandel und werden wahrscheinlich das Unternehmen verlassen. Die Größe dieser Gruppe ist Indikator für den Erfolg/Misserfolg des VP, Führungskräfte sollten ihn als Anlass nehmen, den Verlauf und die Gestaltung des VP zu überdenken.

Abb. 5.8 Übersicht Personentypen

dern sollen. Der passive Widerstand hat zwar auch dieses Ziel; hier sind die Aktionen aber nicht ausschließlich dafür gedacht. In Anbetracht dessen, dass diese Protesthaltung von einzelnen Personen, aber auch von einer Gruppe kommen kann, ergibt sich folgende Matrix. In ihr sind verschiedene Arten dargestellt, wie Widerstand aussehen kann (Abb. 5.9).

Bei der Agitation beispielsweise nutzt eine aktive Person gezielt unterschiedliche Kommunikationsmittel wie E-Mail-Verteiler oder Telefon, um so zum Widerstand aufzufordern. Übt eine einzelne Person passiv Protest gegen den Wandel, so kann sie zum Beispiel eine Regression betreiben. So würde sie nach der Einführung neuer PC-Software weiterhin in alt eingefahrenen Wegen bleiben und die alten Mittel zur Aufgabenerfüllung nutzen.

Widerstand in Gruppen ist schon sehr viel effektiver. So können Gruppen andere Mitarbeiter unter Druck setzen, damit diese im Sinne der Widerstandsgruppe agieren (Beeinflussungsdruck). Ein passives Mittel der Ablehnung ist auch die Festlegung von Normen, die den Veränderungen entgegen gerichtet sind. Um einen falschen Umgang mit

Abb. 5.9 Manifestation der Widerstände auf individueller und Gruppenebene. (In Anlehnung an Schönbeck, S. 73)

	Individuum	Gruppe
Aktiv	Agitation Zuwiderhandlungen (Sabotage) Boykott	Ressourcenblockade Privilegien Beeinflussungsdruck
passiv	Gewohnheit selektive Wahrnehmung Regression Desengagement	Normen Tabus Ablehnung

Widerständen zu vermeiden, sollten sie als Signal für Probleme erkannt, aufgefasst und nicht disziplinarisch gemaßregelt werden. Vielmehr muss hinterfragt werden, warum sich Widerstand erhebt. Vordergründig sollte daher das Ziel sein, den Großteil der Belegschaft miteinzubeziehen und auf die eigene Seite zu bringen, um so deren Unterstützung zu gewinnen (vgl. hierzu vertiefend: Lauer 2010, S. 50, 108., vgl.. ebenso: Meifert 2010, S. 148 ff.). Um nun auf Widerstände adäquat reagieren zu können, hilft die Berücksichtigung folgender Erfolgsfaktoren: Die Vision (motivierende Ziele), das Führungspersonal, die Partizipation (Betroffene beteiligen) und, der wohl wichtigste Erfolgsfaktor, die Kommunikation (vgl. hierzu vertiefend: Lauer 2010, S. 73 ff., 95 ff., 105 ff., 125 ff.).

Visionen – motivierende Ziele Visionen können als Orientierung für die Mitarbeiter dienen, da sie richtungweisend sind. Auch kommt hinzu, dass der eingeschlagene Weg umso mehr hinterfragt wird, je höher der Bildungsgrad der Betroffenen ist, da sie diesen nachvollziehen wollen. Dadurch können sie ihre Aufgaben besser und zielgerichteter ausführen, was wiederum motivierend wirkt. Wenn den Mitarbeitern das Ziel als lohnenswert erscheint, setzen sie sich auch für die Sache ein. Damit die Vision ihre volle Wirkung entfalten kann, muss sie bestimmte Voraussetzungen erfüllen: Sie sollte kurz und prägnant, ethisch korrekt sowie umsetzbar sein. Zudem sollte die Vision Mitarbeiter motivieren können, indem sie erstrebenswerte Ziele enthält (vgl. hierzu vertiefend: Maus 2009, S. 140 ff.).

Führungspersonen Um Widerstände so gering wie möglich zu halten, haben ferner Führungspersonen die Aufgabe, die Motivation während des Veränderungsprozesses aufrecht zu erhalten und die Prozesse effizient zu koordinieren und zu ordnen (vgl. hierzu vertiefend: Brandstätter und Otto 2009, S. 356 ff., vgl. ebenso: Lohaus und Habermann 2012, S. 65 ff.). Des Weiteren sollen sie durch die Schaffung eines guten Betriebsklimas die Wandlungsbereitschaft von nahezu allen Organisationsmitgliedern, die vom Veränderungsprozess betroffen sind, fördern. Ebenfalls sind Führungspersonen für die Orientierung ihrer Mitarbeiter zuständig. Darunter wird eine ständige Unterrichtung der Mitarbeiter über Ziele, Fortgang der Dinge und resultierende Ergebnisse des Veränderungsprozesses verstanden.

Partizipation – Beteiligung aller Betroffenen Ein weiterer Erfolgsfaktor ist die Partizipation. Dabei werden die Betroffenen des Veränderungsprozesses von der Analyse über die Konzeption bis hin zur Umsetzung beteiligt. Als Folge ist eine geringere Wahrscheinlichkeit von Widerständen zu erwarten, da die Veränderung von innen heraus, von den Mitarbeitern selbst, initiiert wird.

Ziel dieser Vorgehensweise ist zunächst, durch effizientere und effektivere Arbeitsausübung die Unternehmensleistungsfähigkeit zu erhöhen sowie die Humanisierung der Arbeitswelt voranzutreiben. Das bedeutet für die Mitarbeiter, im Rahmen der Partizipation auch das eigene Umfeld bedarfs- und bedürfnisgerechter gestalten zu können.

Kommunikation mit den Mitarbeitern Der Begriff Kommunikation lässt sich von dem lateinischen Verb communicare ableiten und bedeutet so viel wie mitteilen oder teilnehmen (vgl. Schein 2008, S. 6). Kommunikation kann folglich als bedeutendes soziales Bindemittel zwischen Individuen verstanden werden, das durch persönliche Äußerungen entstehen kann (vgl. Elias und Schneider 1996, S. 9, vgl. hierzu auch: Garmer 2003, S. 55 ff.). Darüber hinaus stellt die Kommunikation zwischen Individuen einen Prozess der gegenseitigen Wahrnehmung und des Austausches durch Aussagen, Botschaften oder Gefühle dar (vgl. Mast 2006, S. 7 ff.). In Unternehmen bildet die Kommunikation zwischen Mitarbeitern und Führungskräften besonders in Veränderungsprozessen ein grundlegendes Instrument zur Mitarbeitermotivation und Bildung von Akzeptanz gegenüber Veränderungen (vgl. hierzu vertiefend: Maus 2009, S. 140 ff.).

Literatur

Arndt C, Scheibe H (2008) Sponsoring. In: Wien A, Renner R (Hrsg) Veranstaltungsmanagement. Marburg

Barney J Firm resources and sustained competitive adventages. J Manage 17:1

Binner H (1997) Integratives Organisations- und Prozeßmanagement. Die Umsetzung der General Management Strategie durch Integrative Managementsysteme. München

Birkigt K, Stadler M, Funck HJ (Hrsg) (1988) Corporate identity. Landsberg

Brandstätter V, Otto J-H (Hrsg) (2009) Handbuch der Allgemeinen Psychologie. Motivation und Emotion, Bd 11. Göttingen

Braun G, Gallus T, Scheytt O (1996) Kultursponsoring für die kommunale Kulturarbeit. Köln

Bruhn M (1990) Sozio- und Umweltsponsoring. München

Bruhn M (1991) Sponsoring. Wiesbaden

Bruhn M (1998) Sponsoring, 3. Aufl. Wiesbaden

Bruhn M (2003) Sozio- und Umweltsponsoring

Ebert HM (2005) Corporate Collections – Kunst als Kommunikationsinstrument in Unternehmen. Berlin

Elias K, Schneider KH (1996) Kommunikation. In: Christ H, Lammert F, Schneider KH (Hrsg) Kommunikation. Köln

Garmer M (2003) Moral macht erfolgreich. Ethische Unternehmensführung als Antwort auf die Krise. Berlin

Gottschalk I (2006) Kulturökonomik. Wiesbaden

Heinrichs W (1997) Kulturpolitik und Kulturfinanzierung. München

Heinze T (1999) Kulturfinanzierung. Münster

Heusser HJ, Wittig M, Stahl B (2004) Kulturmanagement von Unternehmen. München

Holl J (1989) Verantwortung zwischen sozialer Ordnung und individueller Freiheit. In: Lampe (Hrsg) Verantwortlichkeit und Recht, Jahrbuch für Rechtssoziologie und Rechtstheorie XIV. Opladen

Kössner B (1999) Marketingfaktor Kunstsponsoring. Wien

Krings H, Baumgartner HM, Wild C (1974) Handbuch philosophischer Grundbegriffe. München

Landensberger C (2002) Der Künstler zwischen Sponsoring und Mäzenatentum. Weimar

Lauer T (2010) Change Management. Grundlagen und Erfolgsfaktoren. Heidelberg

Leuteritz A, Wünschmann S, Schwarz U, Müller S (2008) Erfolgsfaktoren des Sponsoring. Göttingen

Litzel S, Loock F, Brackert A (Hrsg) (2003) Handbuch Wirtschaft und Kultur

Lohaus D, Habermann W (2012) Führung im Mittelstand. Ein praxisorientierter Leitfaden. München

Lösel-Sauermann (1994) Kulturförderung durch deutsche Unternehmen aus kunsthistorischer Sicht. Frankfurt a. M.

Mast C (2006) Unternehmenskommunikation, 2. Aufl. Stuttgart

Maus H-A (2009) Herausforderung Motivation. Denkpräferenzen und ihr Einfluss auf Engagement und Handeln im Beruf. Bielefeld

Meifert M-T (Hrsg) (2010) Psychologie für Führungskräfte, 3. Aufl. Freiburg im Breisgau

Picht G (1969) Wahrheit, Vernunft und Verantwortung. Philosophische Studien. Stuttgart

Poloczek A (2007) Unternehmensnahe Kulturstiftungen. Saarbrücken

Preiß J (1999) Anforderungen an das Kultursponsoring aus Unternehmenssicht. In: Heinze T (Hrsg) Kulturfinanzierung. Münster

Roßnagl M (1992) Kunstförderung und Kulturarbeit am Beispiel der Siemens AG. Personalführung 4

Schaub R (2008) Sponsoring und andere Verträge zur Förderung überindividueller Zwecke. Tübingen

Schein S (2008) Kommunikation – Definition, Ablauf, Arten. Norderstedt

Scheytt O (2001) Stadtkultur in Partnerschaft. In: Hoffmann H (Hrsg) Kultur und Wirtschaft. Köln Schönbeck

Stehr N (2007) Die Moralisierung der Märkte. Frankfurt a. M.

Strachwitz, Toepler (1993) S 301

Vahs (2005)

Wendorf A, Maas I, Kehsler A (Hrsg) (2005) Kulturförderung in Deutschland. Bad Honnef

Wien A (2009) Existenzgründung. München

Wilke D (1975) Über Verwaltungsverantwortung. DÖV 509–511

Willnauer F (1994) Kulturförderung. In: von Rauhe H, Demmer C (Hrsg) Kulturmanagement Berlin

Witt M (2000) Kunstsponsoring. Berlin

Mitarbeiterführung

6

6.1 Führung und Management

Die Begriffe Führung und Management werden vieldeutig verwendet. Man versteht darunter

- eine bestimmte Personengruppe, nämlich die Führungskräfte eines Unternehmens,
- die Gesamtheit der Funktionen, die diese Personen im Unternehmen wahrnehmen,
- die notwendigen Kenntnisse und Fähigkeiten zur Ausübung der Führungsfunktionen.

Welche Persönlichkeitsvoraussetzungen oder Führungseigenschaften eine Führungskraft besitzen muss, richtet sich nach den Führungsaufgaben und den zu ihrer Ausübung erforderlichen Kenntnissen und Fähigkeiten. Führungseigenschaften werden dementsprechend heute nicht mehr als grundsätzlich angeborene bzw. festliegende Charaktermerkmale (z. B. Durchsetzungsvermögen) angesehen, sondern sind funktionsabhängig und kenntnisbedingt und somit erlernbar. Vorrangig interessieren daher im Rahmen der Führung die Führungsfunktionen und die Art und Weise ihrer Ausübung. Um die Funktionen einer Führungskraft auf einen einfachen Nenner zu bringen, könnte man sagen: „Die Führungskraft trägt die Verantwortung dafür, dass zusammen mit den Mitarbeitern eine bestimmte Leistung erbracht wird." Aus dieser Verantwortung lassen sich zwei Kategorien von Aufgaben ableiten, die Sachaufgaben und die Führungsaufgaben.

Jede Führungskraft erfüllt in ihrem funktionalen Tätigkeitsbereich (z. B. Produktion oder Verkauf) fachliche Funktionen. Sie hat hierbei bestimmte Sachaufgaben zielorientiert zu erfüllen. Jede betriebliche Zielverwirklichung und Problemlösung verlangt ein systematisches Vorgehen, das sich als Handlungsablauf in der Form des Management-Kreises darstellen lässt:

© Springer Fachmedien Wiesbaden 2014
A. Wien, N. Franzke, *Unternehmenskultur*, DOI 10.1007/978-3-658-05993-4_6

Abb. 6.1 Managementkreis

Merke
Der Kreislauf stellt eine idealtypische Struktur dar. In der Praxis laufen einige Aktivitäten parallel außerdem gibt es Kupplungen und Überlappungen.

- Ausgangspunkt dieses Vorgangs ist die Zielsetzung, deren Hauptaufgabe die Abstimmung und Verknüpfung mit anderen Zielsetzungen ist.
- Die Planung zeigt alle Möglichkeiten der Zielerreichung auf und ermöglicht nach deren Bewertung die Entscheidung über eine von mehreren Alternativen.
- Die Realisierung der Entscheidung besteht in der Organisation der Ausführung. Die Durchführung ist eine dem Führungsprozess nicht unmittelbar zurechenbare Aktionsphase, denn: „Wer (selbst) ausführt, führt nicht!"
- Die Kontrolle dient der Feststellung, ob das Ziel durch die ergriffene Maßnahme auch erreicht ist bzw. erreicht werden kann. Sie macht evtl. eine neue Problemsituation
- sichtbar (Regler-Effekt der Kontrolle).

Da die Erfüllung der Sachaufgaben arbeitsteilig durch den Einsatz und die Zusammenarbeit der Mitarbeiter erfolgt, erhält die arbeitsbegleitende Sachinformation und der Austausch von Informationen eine zentrale Bedeutung. Deshalb ist die „Kommunikation" Voraussetzung für die Erfüllung der Sachaufgaben (Abb. 6.1).

6.2 Führungsaufgaben

Zur Bewältigung der Sachaufgaben werden der Führungskraft Mitarbeiter zugeordnet, für deren Einsatz und Führung sie verantwortlich ist. Man kann die Führungsaufgaben als ein Einwirken auf die Mitarbeiter verstehen, um die erforderliche Leistung möglichst „reibungsarm" zu erbringen (vgl. hierzu vertiefend: Niermeyer und Postal 2008, S. 146 ff.). Führungsaufgaben sind z. B.:

- Motivation der Mitarbeiter;
- Gestaltung der Kommunikationsbeziehungen;
- Delegation von Aufgaben, Kompetenzen und Verantwortung (vgl. Niermeyer und Seyffert 2011, S. 228 f., Müller 2004, S. 148 ff., Lohaus und Habermann 2012, S. 65 ff., Meifert 2010, S. 148 ff., Brandstätter und Otto 2009, S. 356 ff.);
- Zielvereinbarungen mit Mitarbeitern;
- Beurteilung und Förderung von Mitarbeitern.

6.3 Führungstechnik

Führungstechnik beschreibt verschiedene Hilfsmittel (Instrumente) und Vorgehensweisen (Methoden) formalorganisatorischer (z. B.: Stellenbeschreibungen) und sozialpsychologischer (z. B.: Gesprächstechniken) Techniken, die zur Gestaltung und Verwirklichung von Führungsstilen dienen. Eine eindeutige Unterscheidung zwischen diesen beiden Techniken ist oft sehr schwer zu erzielen. Die Führungstechnik dient dazu, bestimmte Führungsstile sinnvoll zu realisieren und das unternehmerische Handeln langfristig am Gewinnmaximum zu halten und einen arbeitsteiligen Prozess zu gewährleisten. Anhand von Aufgaben, die von der Führungsebene an die Mitarbeiter übertragen werden, kann ein Verhalten seitens der Mitarbeiter hervorgerufen werden, welches sich im Einklang mit der Zielvorgabe der Unternehmensleitung befindet. Die Management-by Formen sind Führungsprinzipen, die aus den amerikanischen Management-Ansätzen stammen. Bis vor einigen Jahren hat man nur vier bis fünf dieser Ansätze unterschieden. Inzwischen kommen mehr als elf Management-by Formen in der Praxis zur Anwendung. Deren Einsatz bewirkt eine Verbesserung der Leistungsfähigkeit der Organisation und eine Zufriedenheit der Organisationsmitglieder. Diese unterschiedlichen Formen ergänzen sich gegenseitig und können demnach auch gleichzeitig eingesetzt werden. Mitunter aus diesem Grund sind die Management-by Formen zu Teil schwer voneinander abgrenzbar. Die bedeutendsten Formen sind:

- Management-by Objectives,
- Management-by Delegation,
- Management-by Exception,
- Management-by System und
- Management-by Results.

6.3.1   Management-by Objectives (MbO)

Management-by Objectives bezeichnet man auch als „Führen durch Zielvereinbarung".
Dies ist eine Methode zur zielorientierten Unternehmensführung. Sie ist gegen eine Bürokratie und eine reine Verfahrensorientierung gerichtet. Es wird dadurch eine effektive
Zielerreichung angestrebt, welche gleichzeitig den Erfolg dieser Management-by Technik
ausdrückt. Weiteres Ziel des Management-by Typs besteht zum anderen darin, dass die
Führungskraft entlastet wird. Ebenso entwickeln die Mitarbeiter aufgrund der höherwer-
tigen Aufgabenwahrnehmung mehr Eigeninitiative und sind bereit, mehr Verantwortung
zu übernehmen sowie ihr Handeln an klaren Zielen auszurichten. Aufgrund der erhöhten
Forderung der Mitarbeiter wird ihrerseits ein Management-Denken erzeugt. Führungs-
und Mitarbeiterebene formulieren gemeinsam im Rahmen eines Mitarbeitergespräches
eine so genannte Zielvereinbarung. Die Mitarbeiter setzen sich die Ziele (Unterziel) aus
dem Gesamtziel der Organisation selbst, welches sie persönlich erreichen wollen. Um eine
Überforderung zu vermeiden bzw. einen Leistungs-Anreiz-Effekt zu setzen, sollte man
mindestens drei aber nur maximal sieben Ziele in die Zielvereinbarung aufnehmen. Der
Mitarbeiter hat für die Zielerreichung volle Gestaltungsfreiheit. Anhand von Leistungs-
standards kann deutlich gemacht werden, wann die Ziele als erreicht gelten. Dazu dienen
die im Voraus festgelegten und gemeinsam definierten Kontrolldaten und Kontrollverfah-
ren, sowie der entsprechende SOLL-IST-Vergleich, welche im Zielvereinbarungsgespräch
festzuhalten sind. Hierbei muss u. a. darauf geachtet werden, dass die Ziele

- erreichbar,
- messbar, realisierbar und
- terminierbar

sind. Hinzu kommt, dass die zeitliche Wirkung, Inhalt des Ziels, Gültigkeitsbereich und
die konkreten Ziele schriftlich dargestellt werden, um die spätere Zielerreichung nicht in
Frage zu stellen.

Bei unsachgemäßer Anwendung besteht die Gefahr eines überhöhten Leistungsdrucks.
Folge sind Miss-Erfolgsmotivation, Frustration oder Egoismus, welche die Erreichung
des Oberziels gefährden kann. Die Tendenz, sich nur auf die gesetzten messbaren Ziele
zu konzentrieren, ist sehr hoch, obwohl die qualitativen Ziele wesentlich wichtiger sind.
Darüber hinaus ist der Planungs- und Zielbildungsprozess zeitaufwendig. Dennoch ist die
Methode die modernste, umfassendste und am weitest entwickelte Management-by Form.

6.3.2   Management-by Delegation (MbD)

Management-by Delegation bedeutet, dass die Führungskraft aus ihrem Funktionsbereich
Aufgaben und Entscheidungen an die Mitarbeiter abgibt (also delegiert), jedoch nicht
die Verantwortung für das Führungsverhalten, wie Beratung, Information und Kontrol-

le. Delegiert werden Routinearbeiten und schwere Aufgaben. Dazu erteilt die Führungskraft Weisungsrechte und Vertretungsbefugnisse. Diese Form ist auch als „Harzburger Modell" bekannt geworden und wurde von HÖHN entwickelt. Diese Methode wendet sich gegen Hierarchie und gegen einen autoritären Führungsstil. Man möchte eine sinnvolle Arbeitsverteilung zwischen der Führungsebene und der Mitarbeiterebene herstellen. Die Unternehmensleitung wird durch Abgabe von Aufgaben entlastet und frei für „echte" Führungsaufgaben. Die Mitarbeiter können dabei lernen, wie man eigenverantwortliche Entscheidungen trifft und andererseits fördert man die

- Eigeninitiative,
- Leistungsmotivation und
- Verantwortungsbereitschaft.

Durch die Übertragung von „echten" Aufgaben mit den entsprechenden Vollmachten wird zusätzlich mehr Interesse bei dem Mitarbeiter für das Unternehmen geweckt. Er fühlt sich als ein wichtiges Zahnrad im Getriebe der Unternehmung. Voraussetzung für ein erfolgreiches Delegieren von Aufgaben ist vorher die persönlichen Eigenschaften der Mitarbeiter zu hinterfragen: „Besitzt der Mitarbeiter die geeignete Qualifikation, genug Zeit und den Willen die ihm übertragenen Aufgaben zu lösen?"

Jeder Mitarbeiter erhält seinen eigenen Delegationsbereich, in dem die zu erreichende Ziele, Kompetenzen und Verantwortungen überwacht werden. Zur praktischen Umsetzung des Grundprinzips der Delegation werden notwendige Maßnahmen schriftlich festgehalten. Aus einer z. B. ausführlichen Stellenbeschreibung geht die Handlungsverantwortung, die dem Mitarbeiter übertragen wird, hervor. Diese Stellenbeschreibung enthält eindeutige Abgrenzungen der Aufgaben, Rechte und Pflichten der Mitarbeiter. Es soll auch ersichtlich werden, wer wem was und wie zu berichten hat und wer wem Dienstanweisungen gibt. Dann folgt ein Informationskatalog, damit man weiß, wann und wie die Führungskraft zu informieren ist. Anschließend wird eine Dienstberatung durchgeführt, wo die Führungskräfte die Mitarbeiter über Entscheidungen informieren, Anweisungen geben und Kritik ansprechen aber auch seitens der Mitarbeiter Kritik annehmen. Darüber hinaus sind Mitarbeitergespräche zu führen, welche u. a. dem Informationsaustausch von außergewöhnlichen Situationen bzw. Fällen dienen soll. Zum Schluss kann eine Art Dienstaufsicht durch die Führungskraft erfolgen, zur Kontrolle des Arbeitsverhaltens des Mitarbeiters durch Stichproben oder durch eine Erfolgskontrolle der Arbeitsergebnisse mit Hilfe eines SOLL-IST-Vergleichs.

Beim Management-by Delegation wird keine Selbst- und Erfolgskontrolle auf die Mitarbeiter übertragen. Bei dieser Management-by Form bleiben viele Aspekte offen, weshalb sie kritisiert wird. Durch die Entlastung der Führungsebene von Routineentscheidungen, führt dies auf der Mitarbeiterebene zu einem geringeren Motivationseffekt, da es sich teilweise um uninteressante Aufgaben handelt. Zielorientiertes Denken der Mitarbeiter wird durch Anwendungen von Vorschriften überschüttet. Durch Eingreifen der Führungskräfte tragen die Mitarbeiter dementsprechend mehr Ausführungsverantwortung als Handlungsverantwortung. Führungskräfte sollten den Willen und die Fähigkeit besitzen, Aufgaben aus dem eigenen Verantwortungsbereich abgeben zu wollen. Dennoch ist es als einfaches Prinzip allgemeingültig verwendbar, aber nur begrenzt wirksam.

6.3.3 Management-by Exception (MbE)

Management-by Exception definiert die Führung durch Abweichungskontrolle und durch das Eingreifen in Ausnahmefällen. Führungskräfte geben ihre Routinearbeiten an die Mitarbeiter ab und diese können bis zu einer bestimmten Grenze selbstständig entscheiden. Dies beschreibt den Normallfall. Wenn diese Grenze überschritten wird, wenn also ein Ausnahmefall vorliegt, ist der Vorgesetzte Entscheidungsberechtigt. Führungskräfte werden befreit von Routinearbeiten und stehen somit den Führungsaufgaben zur Verfügung. Die Mitarbeiter tragen Eigenverantwortlichkeit innerhalb ihres Entscheidungsspielraums. Sie müssen lernen, den Zusammenhang von Schlüsselereignissen danach zu selektieren, ob die Arbeit nach Plan verläuft oder ob Fehlerabweichungen bestehen. Dann müssen sie die Situation schnell wieder in die richtige Richtung zu lenken oder sogar geeignete Hilfsmittel einleiten. Die Führungskraft delegiert alle Aufgaben, die sie selbst nicht wahrnehmen muss, an die Mitarbeiter. Die Mitarbeiter wiederrum erhalten für die Aufgaben mehr Spielraum, um Entscheidungen selbst zu treffen. Bei außergewöhnlichen Fällen wissen sie, dass diese nach oben weitergeleitet werden müssen, damit der Vorgesetzte die Möglichkeit zum Eingreifen hat. Um außergewöhnliche Fälle von Normalfällen zu unterscheiden, müssen Ziele, Abweichungstoleranzen und die Definition von Ausnahmefällen genau abgegrenzt werden. Ein wichtiger Bestandteil ist das Festlegen von SOLL-Ergebnissen, Informationsrückkopplung und ein entsprechendes Kontroll- und Berichtssystem. Der Vorgesetzte soll sorgfältig überprüfte und zusammengefasste Berichte von Ausnahmefällen erhalten. Dabei sollten außergewöhnlich gute und außergewöhnlich schlechte Abweichungen deutlich hervorgehoben werden.

Diese Methode ist ein einfaches und allgemeines Prinzip und kein eigenständiges neue Modell. Die Mitarbeitermotivation ist durch die Erledigung der Routinearbeiten sehr gering gehalten und möglicherweise kann die Beurteilung der Mitarbeiter nicht angemessen sein, da der Vorgesetzte womöglich ihre Arbeit nur nach der Ausnahmesituation beurteilt. Die Eigeninitiative und die Verantwortungsfreude der Mitarbeiter kann somit nicht gefördert werden.

6.3.4 Management-by System (MbS)

Management-by System wird definiert als Führung durch Systemsteuerung. Es ist eine ganzheitliche Führung durch ein computergestütztes Planungs-, Kontroll- und Informationssystem. Welches auf systematisch ermittelte Ergebnisse, Analysen und Zukunftsbeurteilungen aus allen Unternehmensbereichen basiert, die zur Entscheidungshilfe und zur

Beurteilungs- und Rechtfertigungsgrundlage für abgelaufene Geschäftsperioden dienen. Mit Hilfe der systematischen Ordnung versucht man die Unternehmensleitung zu entlasten und zu unterstützen, sowie die

- Qualität,
- Leistung und
- Flexibilität

zu erhöhen und den Erfolg aller Prozesse zu verbessern. Unter anderem möchte man die Vielzahl der Kontrollen in allen Bereichen des Unternehmens organisieren, miteinander in Bezug bringen, auf ein einheitliches Unternehmensziel ausrichten und übersichtlich darstellen. Zunächst wird anhand von einer Verfahrensordnung festgelegt, welche Arbeit von wem und wann zu erledigen ist. Dann folgt zusammen mit einer Methodenfestlegung, wie eine Arbeit ausgeführt wird und welche Mittel eingesetzt werden. Zum Schluss legt man ein Schema zur Durchführung der Haupttätigkeit und Hauptfunktion des Unternehmens im Sinne des Systems fest. Management-by System ist eine Vorgehensweise für alle Bereiche des Unternehmens und dient insbesondere im Rahmen von Entscheidungshilfen, Beurteilungs- und Rechtfertigungsgrundlagen. Demzufolge erzielt man eine höhere Flexibilität und einen Ausgleich bei personellen Engpässen, da Mitarbeiter aus anderen Aufgabenbereichen mit Hilfe der Systemsteuerung dieselbe Arbeit verrichten können. Management-by System führt auch zu einer besseren Zusammenarbeit bzw. zu einer Steigerung der sozialen Unternehmenskultur in den verschiedenen kaufmännischen und technischen Bereichen. Der Nachteil ist jedoch, dass das Übertragen von Aufgaben an die Mitarbeiter und deren Motivation von dieser Theorie nicht erfasst werden.

6.3.5 Management-by Results (MbR)

Management-by Results ist eine eng mit dem Mangement-by Objectives verbundene Theorie. Die gesamte Aufmerksamkeit der Vorgesetzten bezieht sich auf die Vorgabe und Kontrolle der Leistungsziele. Diese Theorie wird auch als ergebnisorientierte Führung bezeichnet, die dem Mitarbeiter klare Leistungsergebnisse vorschreibt und zukunftsorientiert ausgerichtet ist. Mit Hilfe von Ergebnisanalysen aus sämtlichen Bereichen, einer Analyse von rentablen und unrentablen Produkten von heute in die Zukunft sowie der Kostenkontrolle verfolgt man das Ziel, das Unternehmen auf gewinnträchtige Bereiche aufmerksam zu machen. Weiterhin werden Führungskräfte entlastet, da sie lediglich die Ergebnisse kontrollieren. Von den Mitarbeitern wird Selbstständigkeit gefordert und sie werden mittels einer angemessenen Zielvereinbarung motiviert. Bei einem Mitarbeitergespräch zwischen der Führungskraft und dem Mitarbeiter legt die Führungsebene die zu erreichenden Ziele fest. Die Ergebnisse sollten schriftlich festgehalten werden, realistisch und messbar sein und außerdem mit einem genauen Termin versehen sein. Schließlich werden die zu erreichenden Ziele mit den tatsächlich erreichten Zielen zu einem vereinbarten Termin vom Vorgesetzten verglichen (SOLL-IST-Vergleich). Wichtig ist es, bei der Zielvorgabe den Erfolg bei Erreichen des Ziels oder bei Nicht-Erreichen des Ziels mit entsprechenden Konsequenzen, wie beispielsweise einer zusätzlichen Vergütung, zu vereinbaren. Dieses Führungsmodell hebt Misstrauen gegenüber dem Leistungswillen der Mitarbeiter hervor, da sie nur durch Kontrollen geführt werden und nicht durch Vertrauen. Durch unrealistische Zielvorgaben, die ständigen Kontrollen und die geringen Entfaltungsmöglichkeiten kann die Anwendung dieses Führungsstils zu einer allgemeinen Demotivation führen. Da die Mitarbeiter zu wenige Aufgabenbereiche haben und ständig kontrolliert werden, können sie sich nicht mehr auf ihre Ziele konzentrieren.

6.4   Die Führungssituation und ihr Wandel

Zwischen Führungs- und Leitungsaufgaben besteht eine gegenseitige Abhängigkeit. Die Art und Weise, wie beide zusammen bewältigt werden, bestimmt die Qualität einer Führungskraft. Man würde es sich zu leicht machen, wenn man ein Patentrezept anbieten könnte, in welcher Weise Führungs- und Leitungsaufgaben zu erledigen sind und welcher Führungsstil der „richtige" wäre. Die häufig gestellte Frage nach dem „richtigen" Führungsstil lässt sich nur so beantworten: Weder ein kooperativer noch ein autoritärer Führungsstil ist per se der „richtige"; richtig ist ein Führungsverhalten, welches den Anforderungen der Aufgabe und der Situation sowie der beteiligten Personen am besten gerecht wird. Nur dieses verspricht langfristig Erfolg. Die Führungssituation ist gekennzeichnet durch eine Führungskraft (FK), die mit Hilfe von Mitarbeitern (MA) Ziele erreichen bzw. Aufgaben bewältigen will (Abb. 6.2).

Die Führungstätigkeit hat damit im Gegensatz zur reinen Sachaufgabe gleichzeitig einen personenbezogenen (MA) und einen sachbezogenen Aspekt (Ziel). Das Führungsverhalten muss sich auf den Mitarbeiter und die Zielsetzung bzw. Aufgabe einstellen und wird von diesen beeinflusst. Auf diese einzelnen Führungskomponenten wirken außerdem noch die gesamtbetriebliche Sphäre (z. B. Organisation, Betriebsklima) und die außerbetriebliche Sphäre (z. B. soziale und politische Aspekte) ein. Sowohl Mitarbeiter, Zielsetzung bzw. Aufgabenstellung, betriebliche und außerbetriebliche Sphäre als auch die Führungskraft selbst unterliegen Veränderungen. Vor allem hat sich das Selbstverständnis des Mitarbeiters im Sinne einer geistigen und sozialen Emanzipation gewandelt, was sich in seinen veränderten Bedürfnissen, Erwartungen und Vorstellungen äußert. Hiermit eng verbunden hat sich auch die gesamte betriebliche Struktur vom rein patriarchalisch-autoritären, hin zu einem mehr und mehr kooperativen Arbeitsverhältnis entwickelt. Diese Führungskomponenten sind stark beeinflusst von den außerbetrieblichen (politischen, sozialen und wirtschaftlichen) Entwicklungen, z. B. Mitbestimmung, Humanisierung der Arbeitswelt und Vermögensbildung. Gerade sie haben auch zu sich häufig ändernden Aufgabenstellungen und neuen Zielsetzungen geführt.

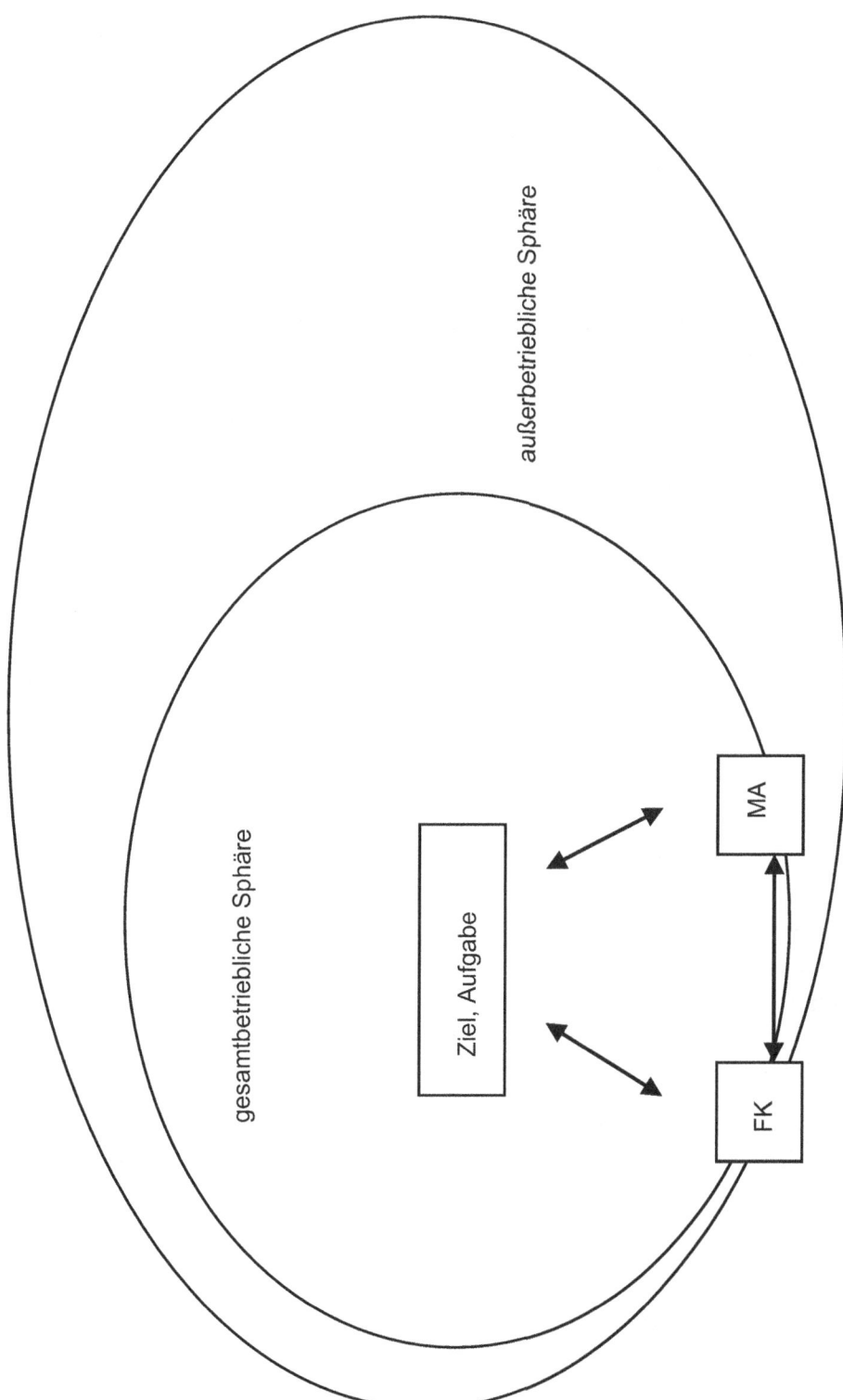

Abb. 6.2 Führungssituation

6.5   Zusammenhang zwischen Führungsverhalten und Leistung

Die Frage nach der Leistungswirksamkeit eines bestimmten Führungsstils wird von der Praxis und der Wissenschaft immer wieder gestellt. Eine Auswertung von experimentellen Studien über die Wirkung von Führungsstilen zeigte folgendes Ergebnis (Abb. 6.3):

Aus dieser globalen Übersichtsdarstellung geht hervor, dass die Behauptung, irgendein Führungsstil sei wegen seiner Leistungswirksamkeit besonders zu empfehlen, nicht haltbar ist. Die unterschiedlichen Ergebnisse werden dann plausibel, wenn man berücksichtigt, dass das Führungsverhalten nur eine Größe unter vielen ist, die das Leistungsverhalten der Mitarbeiter beeinflusst. Wie oben schon angedeutet, hängt der Erfolg eines bestimmten Führungsstils in hohem Maße von der spezifischen Situation ab, die der Vorgesetzte in seinem Bereich vorfindet (vgl. hierzu vertiefend: Meifert 2010, S. 148 ff.). Vor allem die Anforderungen der Arbeitsaufgabe, die Arbeitsbedingungen und die Erwartungen der Mitarbeiter spielen eine Rolle für die Leistungswirksamkeit eines Führungsstils. In zunehmendem Maße wird allerdings zu Recht die Forderung erhoben, dass auch die Zufriedenheit der Mitarbeiter als ein wesentlicher Bestandteil der Zielsetzung der Führungskraft berücksichtigt werden muss. Bei diesem Kriterium hat im Übrigen der kooperative Führungsstil deutliche Vorteile gegenüber dem autoritären Führungsstil. Allerdings: Zufriedenheit und Leistung – das ist ein gut abgesichertes Ergebnis der Arbeitsmotivationsforschung – stehen in keinem unmittelbaren Zusammenhang miteinander. Es bleibt weiterhin eine bisher nicht gelöste Aufgabe der Forschung, herauszufinden, welche Führungsstile die Ziele der Mitarbeiter und die Ziele der Organisation in bestimmten Situationen zugleich erreichen lassen. Aus der sicherlich unbefriedigenden Aussage, dass der Erfolg des Führungsverhaltens von der spezifischen Situation abhängt, ergibt sich

| | Überlegenheit des | | Keine eindeutige |
	Autoritären Führungsstils	Kooperativen Führungsstils	Überlegenheit eines Führungsstils
Leistungskriterien (z.B. Qualität, Produktivität)	8	9	6
Einstellungsdaten (z.B. Zufriedenheit mit der Arbeit und dem Betrieb)	6	17	5
Verhalten (z.B. Fluktuation, Konflikte)	1	3	0

Abb. 6.3 Führungsverhalten und Leistung

dennoch eine Konsequenz für die betriebliche Führungspraxis. Von einer Führungskraft müssen drei zentrale Führungseigenschaften verlangt werden:

- Fähigkeit zur Situationsanalyse;
- Flexibilität, d. h. die Fähigkeit, sich den wechselnden Anforderungen der Situation entsprechend verhalten zu können;
- Fähigkeit, Situationen zu verändern (vgl. Berschneider 2003, S. 74 ff., Müller 2004, S. 148 ff., Brandstätter und Otto 2009, S. 356 ff.).

6.6   Mitarbeiterleistung und Arbeitszufriedenheit als Führungsziel

Was wir von einem Menschen unmittelbar wahrnehmen, ist – neben seiner äußeren Erscheinung – sein Verhalten. Was wir aber nicht erkennen können:

- Warum handelt ein Mensch so, wie er handelt?
- Warum tut er das, was er tut?

So lautet die zentrale Frage der Motivationsforschung: Welche Kräfte treiben den Menschen zum Handeln an? Lange Zeit meinte man, es würden ausschließlich die Reize der Umwelt den Menschen zu Reaktionen veranlassen. Danach sollten alle Energien für menschliches Handeln aus der einfachen Kopplung REIZ – REAKTION entstehen. Zahlreiche Untersuchungen und Beobachtungen haben jedoch ergeben, dass dieser Kopplungsmechanismus nicht ausschließlich als Motor für menschliches Handeln angesehen werden kann, sondern vielmehr psychische Energien im Inneren des Menschen. Diese Energien entstehen, wenn der Mensch in eine Spannung gerät, weil ein bestimmtes Bedürfnis geweckt, jedoch nicht erfüllt wird. So führt z. B. allmählich zunehmendes Hungergefühl zu einer Spannung (Bedürfnis etwas Essbares zu sich zu nehmen), die erst durch Sättigung beseitigt werden kann. Die Reize aus der Umwelt (z. B. Schaufensterauslagen eines Feinkostgeschäftes) werden dagegen als „Auslöser" derartig gespannter psychischer Systeme betrachtet. Sie bestimmen Form und Richtung des Handelns (vgl. hierzu vertiefend: Maus 2009, S. 140 ff.). Das heißt:

- psychische Systeme geraten in Spannung und „treiben" zur Handlung,
- Reize aus der Umwelt lösen eine Handlung aus, wodurch gespannte Systeme wieder entspannt werden. Man spricht hier auch von „Anreiz" (vgl. hierzu vertiefend: Brandstätter und Otto 2009, S. 356 ff.) (Abb. 6.4).

Die Motivarten lassen sich nach unterschiedlichen Gesichtspunkten klassifizieren. In diesem Zusammenhang ist die Unterscheidung:

Merke

Mit Motiv wird all das bezeichnet, was eine zielgerichtete Handlung in Gang setzt. Es ist ein

Sammelbegriff für viele umgangssprachliche Ausdrücke, wie Bedürfnis, Beweggrund, Trieb, Drang,

Streben, Wollen, Sucht, Affekt etc. Wir wollen uns hier nicht in die wissenschaftliche Diskussion über

die Differenzierung der einzelnen Begriffe einschalten. Wichtig für uns ist die Tatsache, dass die Zahl

der Motivarten unübersehbar ist. Wollen wir etwas über die Motive unserer Mitmenschen erfahren, so

müssen wir nachdem „WARUM" menschlicher Handlungen fragen; und hier bekommen wir viele

verschiedene Antworten, die alle Motive ausdrücken.

Abb. 6.4 Definition Motiv

- nach der Entwicklung der Motive und
- nach ihrer Wirksamkeit im Arbeitsprozess von Bedeutung.

6.6.1 Primäre Motive

Biologische Motive sind lebenserhaltend, wie Hunger, Durst und andere vergleichbare Faktoren. Sie sind angeboren, allen Menschen gemeinsam und zum Leben notwendig. Darüber hinaus gibt es weitere Motive, die als „ursprünglich" bezeichnet und in der Liste der primären Motive geführt werden:

- Soziale Bedürfnisse (Bedürfnisse nach Hilfe, nach Anschluss, nach Geselligkeit; Bedürfnis, Hilfe zu geben u. a.);
- Zweckfreie Bedürfnisse nach Aktivität (Bewegungstrieb, allgemeines Streben nach Aktivität u. a.);
- Erkundungstrieb (Streben nach Wissen, Bedürfnis nach Information; Entdeckungsdrang u. a.).

Es ist durchaus möglich, dass die als „ursprünglich" bezeichneten Motive zu einem Teil durch Umwelteinflüsse geformt worden sind. Hier sind die Grenzen zu den sekundären Motiven fließend.

6.6.2 Sekundäre Motive

Sie sind erworben und durch Lernen oder Erfahrungen aus primären Motiven entwickelt worden. Sie entstehen während des Hineinwachsens in die Gesellschaft (Sozialisationsprozess). Dazu zählen z. B. Leistungsstreben, Interesse und Geltungsdrang – auch Angst wird als ein erlerntes, auf Erfahrung gründendes Motiv aufgefasst.

6.7 Motive im Arbeitsprozess

Sicherlich ist die Wirksamkeit der Motive nicht auf einen bestimmten Aktivitätsbereich beschränkt. Somit wäre eine Unterteilung der Motive in z. B. „Motive der beruflichen Aktivität" und „Motive der privaten Aktivität" unsinnig und verfehlt. Im Nachfolgenden sind nur einige Motivarten aufgeführt, die für die Arbeitswelt von besonderer Bedeutung sind, da sie für den Vorgesetzten Möglichkeiten der Motivation bieten. Sie gelten selbstverständlich auch für nicht berufsbezogene Aktivitäten.

- **Motive der kognitiven „Welterkundung":** z. B. Neugier; Lernbereitschaft, Wissensdrang, Erlebnishunger; Bedürfnis nach Information und Informationsverarbeitung, Interesse;
- **Soziale Motive:** z. B. Bedürfnisse nach Sicherheit; Geselligkeitsbedürfnis; Hilfsbedürftigkeit; Bedürfnis nach Prestige (Anerkennung, Geltung, Ansehen); Bedürfnis nach Lob;
- **Leistungsmotiv:** z. B. Bedürfnis, die eigene Leistung unter dem Aspekt des „besser oder schlechter" zu sehen; Hoffnung auf Erfolg zur Steigerung der eigenen Tüchtigkeit; Tendenz, Aufgaben nach einem eigenen Gütemaßstab zu bewerten und sie entsprechend mit Energie und Ausdauer bis zum erfolgreichen Abschluss zu bearbeiten.
- **Motive zur Vermeidung von etwas Unangenehmen:** als Vermeidungsmotive gelten beispielsweise Abwendung bedrohlicher Situationen; Furcht vor Misserfolg; Furcht, dass Bedürfnisse nicht erfüllt werden (vgl. Holtbrügge 2007, S. 13 ff., Berschneider 2003, S. 74 ff., Müller 2004, S. 148 ff., Brandstätter und Otto 2009, S. 356 ff.).

Eine Unterteilung der Bedürfnisse nach Art und Rangfolge hat der amerikanische Psychologe Maslow zusammenfassend dargestellt (vgl. hierzu vertiefend: Kaletta 2008, S. 31 f.). In diesem Modell wird von der Annahme ausgegangen, dass in der Hierarchie höher stehende Bedürfnisse erst dann als „Triebfeder" für menschliches Verhalten wirksam werden können, wenn niedriger stehende Bedürfnisse bereits befriedigt sind. So wird beispielsweise für einen Menschen, der Hunger und Durst leidet, das Bedürfnis nach Anerkennung und Lob wohl kaum stark genug sein, die Aktivitäten zu dessen Befriedigung einzuleiten, sondern der Mensch wird eher durch das Bedürfnis etwas Essbares bzw. Trinkbares zu finden zum Handeln angeregt (vgl. Kerpen 2007, S. 46.; Schöpf 1987, S. 42 f.).

Sowohl die Ebene der sozialen- als auch die Ebene der Sicherheitsbedürfnisse umfassen gegenwärtig die Ansatzpunkte für eine betriebliche Motivation, da die physiologischen Bedürfnisse der materiellen Sicherheit und eines Mindesteinkommens bei Arbeitnehmern gewöhnlich befriedigt sind (vgl. hierzu vertiefend: Holtbrügge 2007, S. 13 ff.). Motive sind dauerhafte Grundmuster, die bewusst oder unbewusst im Innern der Person ruhen. Sie sind Beweggründe für das Handeln des Menschen und antworten auf die Frage: Warum? Sie führen im Allgemeinen nicht unmittelbar zur Handlung, sondern müssen meist durch Reize aus der Umwelt aktiviert werden. Wenn das geschieht, wird ein Handlungsprozess

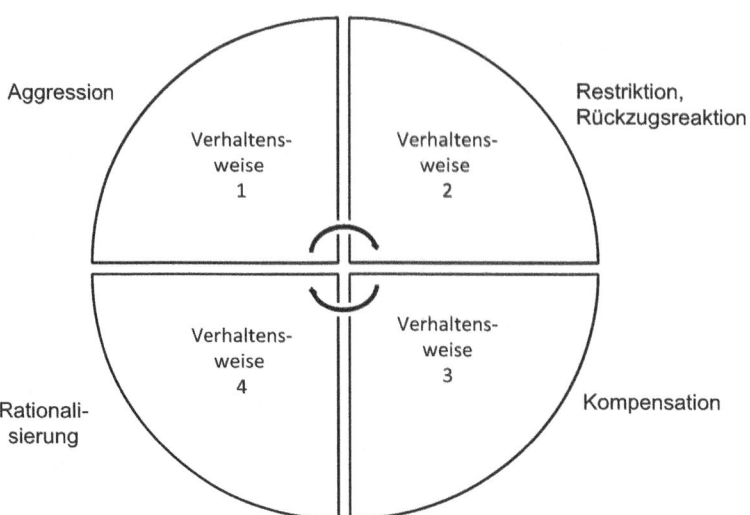

Abb. 6.5 Verhaltensweisen bei Frustration nach motiviertem Verhalten

in Gang gesetzt, der als Motivation bezeichnet wird. Eine Führungskraft sollte die Möglichkeit einer Motivierung seiner Mitarbeiter nicht ungenutzt lassen. Eine zielgerichtete Motivation ist Grundlage für eine erfolgreiche Zusammenarbeit; nicht zuletzt auch durch die Tatsache, dass arbeitsmotivierte Mitarbeiter in der Regel auch zufriedenere Mitarbeiter sind. In der Phase der Motivierung sollte die Führungskraft:

- auf Motive der Mitarbeiter zurückgreifen,
- die Motive in einen „Spannungszustand" versetzen, indem die Arbeitssituation und die Aufgaben als „Anreiz" gestaltet werden,
- die positiven „Folgen", die die Zielsetzung mit sich bringen, verdeutlichen (Schöpf 1987, S. 42 f.).

Bleibt einem Mensch über längere Zeit versagt ein bewusstgewordenes Motiv zu befriedigen, etwa durch Blockierung der Ziele, entsteht ein Spannungszustand, den man als Frustration bezeichnen kann. Nun treten – besonders bei Frustrationen von längerer Dauer – Verhaltensweisen auf, die nicht eine Lösung des Problems bedeuten, sondern lediglich den Schutz des Selbstbewusstseins des Menschen angesichts fortwährender Frustrationen gewährleisten sollen. Diese Verhaltensweisen beeinträchtigen in hohem Maße das Arbeitsklima und das Leistungsverhalten. Die wichtigsten Verhaltensweisen sind (Abb. 6.5):

- **Aggression**
  - direkte Aggression gegen das Hindernis, das der Erreichung eines Zieles im Wege steht;
  - verlagerte Aggression richtet sich gegen ein Objekt oder eine andere Person (Sündenbock), die an der Frustration keine Schuld trägt.

- **Restriktion (Rückzugsreaktion)**
  - Gefühlsmäßige Abkapselung
  - Apathie – Stumpfheit
- **Kompensation**
  - Statt des eigentlichen Ziels wird ein wichtigeres Ersatzziel angestrebt.
- **Rationalisierung**
  Man benutzt Scheinargumente, um das eigene Versagen zu entschuldigen:
  - Von einem Ziel, das nicht erreicht wurde, wird behauptet, es sei eigentlich gar nicht erstrebenswert.
  - Es wird versucht, einem Misserfolg positive Seiten abzugewinnen. In der eigentlich unbefriedigenden Situation werden sogar noch Vorteile gesehen und diese in den Vordergrund gestellt.

Der Betrieb ist einerseits eine Leistungsstruktur, zum anderen eine Sozialstruktur.

- Der Zweck der Leistungsstruktur ist Güter und Dienstleistungen bereitzustellen.
- Die Sozialstruktur muss den Bedürfnissen der Menschen in der sozialen Organisation Rechnung tragen.

Im Betrieb müssen deshalb Bedingungen geschaffen werden, damit zwei Ziele realisiert werden können:

- Leistungs- bzw. Aufgabenerfüllung
- Zufriedenheit der Mitarbeiter (vgl. hierzu vertiefend: Kunz 2010, S. 27 f.).

Motivation als Führungsaufgabe muss diese beiden Ziele gleichzeitig verfolgen (Management by Motivation). Einige immer noch oft angewendete Führungsmittel, die Leistung im Wesentlichen durch Zwang, Angst und Einschüchterung bewirken, sind nicht dazu geeignet, gleichzeitig Zufriedenheit zu geben (vgl. Holtbrügge 2007, S. 13 ff., Schöpf 1987, S. 42 f.). Dies gilt sicherlich auch für Führungsmittel, die Gehorsam, Pflicht und Ehrfurcht ansprechen. Aus den Überlegungen zum Ziel der Motivation ergibt sich, dass aus der Vielzahl möglicher Führungsmittel zur Leistungsbeeinflussung nur jene zur Anwendung kommen dürfen, die gleichzeitig auch Motive positiv befriedigen können. Die grundsätzliche Beschränkung der Führungsmittel auf solche, die auch Zufriedenheit der Mitarbeiter bewirken, lässt nun aber die Frage offen, wie Zufriedenheit bzw. Unzufriedenheit überhaupt entsteht. Umfangreiche Untersuchungen und Beobachtungen haben ergeben, dass Faktoren, die Unzufriedenheit auf Seiten der Mitarbeiter bewirken, überwiegend andere sind, als die Faktoren, welche eine Befriedigung ermöglichen, also motivierenden Charakter besitzen. Als wichtigste Ursachen der Unzufriedenheit wurden folgende Komponenten ermittelt:

- Betriebspolitik und Administration,
- Führungsstil und Führungsform,

- Gehaltssystem,
- zwischenmenschliche Beziehungen,
- äußere Arbeitsbedingungen (vgl. hierzu vertiefend: Brandstätter und Otto 2009, S. 356 ff.).

Die Faktoren dieser Gruppe können also – sind sie optimal gestaltet – Unzufriedenheit und negative Einstellungen verhindern, sind aber überwiegend nicht in der Lage, Engagement und eine positive, motivierte Einstellung zu bewirken. Als wichtigste Ursachen der Zufriedenheit wurden folgende Komponenten ermittelt:

- Leistung und Erfolg,
- Anerkennung,
- Art der Arbeit,
- Übertragen von Verantwortung,
- Aufstieg.

Die Faktoren der zweiten Gruppe werden als Motivationsfaktoren oder Motivatoren bezeichnet. Sie beziehen sich unmittelbar auf die Tätigkeit oder den Tätigkeitsinhalt. Es handelt sich um Faktoren, die Soziale-, vorwiegend Psychische- und Leistungsmotive ansprechen (Schöpf 1987, S. 42 f.).

6.8 Leistungsmotivation

Das Verhalten des Menschen, z. B. das Leistungsverhalten im Betrieb, wird nicht nur durch seine Motive bestimmt, sondern auch durch seine Fähigkeiten. Es handelt sich u. a. dabei um seine körperliche Belastbarkeit, seine Geschicklichkeit und seine Fertigkeiten, die vor allem auf Schulung und Erfahrung beruhen, aber auch auf der Grundlage seiner Intelligenz und der Richtung seiner Begabung. Außer den Fähigkeiten und Anlagen ist entscheidend, ob eine Situation ein bestimmtes Verhalten überhaupt zulässt. Die unzureichende Erledigung einer Arbeitsaufgabe durch einen Mitarbeiter kann seine Gründe darin haben, dass er entweder schwach motiviert oder hinsichtlich seiner Fähigkeiten überfordert war oder dass die Situation – warum auch immer – eine befriedigende Bearbeitung überhaupt nicht zuließ. In diesem Zusammenhang werden Erscheinungen wirksam, die der Leistungsmotivation zuzuordnen sind und die Festlegung des individuellen Anspruchsniveaus beeinflussen. Das Anspruchsniveau bestimmt die Zielsetzung für eine zukünftige Leistung, die aufgrund einer erreichten Leistung bestimmt wird. Es ist eine schwierige Führungsaufgabe das richtige Anspruchsniveau zu treffen, welches von den Mitarbeitern verschieden hoch angesetzt wird. Die Einstellung der Mitarbeiter zu ihrer Leistung ist unterschiedlich: Manche sind auf Erfolg eingestellt und erhoffen ihn – andere fürchten den Misserfolg und versuchen ihn zu vermeiden.

6.8.1 Erfolgsmotivierte mit „Hoffnung auf Erfolg"

Sie werden motiviert, wenn der Erfolg einer Handlung erstrebenswert ist. Haben sie Erfolg, sind sie stolz. Misserfolge enttäuschen nicht, sondern spornen an. Bei Dauererfolg sinkt die Motivation, weil der Erfolg dann nicht mehr als besondere Leistung gilt, auf die man stolz sein könnte. Sie suchen den Erfolg. Ihr Anspruchsniveau liegt in der mittleren Schwierigkeit, eher etwas darüber. Nach der Handlung wird es realistisch versetzt: bei Erfolg erhöht, bei Misserfolg gesenkt.

6.8.2 Misserfolgsmotivierte mit „Furcht vor Misserfolg"

Sie werden dann motiviert, wenn eine Handlung zum Vermeiden eines Verlustes oder Nachteils nötig wird. Sie gehen ihr oft aus dem Weg, weil sie Misserfolg befürchten und meinen, sich deshalb schämen zu müssen. Misserfolge enttäuschen und führen zur Aufgabe der Handlung. Sie brauchen Erfolg. Sie legen ihr Anspruchsniveau entweder auf einen geringen oder einen unrealistischen, sehr hohen Schwierigkeitsgrad. Im letzten Fall rechnen sie damit, dass andere, bei gleichem Schwierigkeitsgrad, auch Misserfolge haben werden, und dass ihr eigenes Versagen nicht auffällt. Dagegen wird bei mittlerem Schwierigkeitsgrad ihr Misserfolg deutlich, weil wahrscheinlich viele die Aufgabe lösen werden (hierzu vertiefend: Berschneider 2003, S. 74 ff., vgl.. ebenso: Brandstätter und Otto 2009, S. 356 ff.).

6.9 Problemanalyse und systematische Entscheidungsfindung

In betrieblichen Abteilungen, in Arbeitsgruppen, Ausschusssitzungen und am Schreibtisch der Führungskräfte wird jeden Tag eine Vielzahl an Entscheidungen getroffen. Eine der wichtigsten Aufgaben der Führungskraft ist es also, Entscheidungen zu treffen. Entscheidungen können in ihrem Inhalt, ihrer Tragweite, ihrer Häufigkeit und der Anzahl der beteiligten Personen sehr unterschiedlich sein. Dennoch ist ihnen ein Merkmal gemeinsam:

- Entscheiden bedeutet die Auswahl aus verschiedenen Möglichkeiten.
- Dabei besteht nun eine gewisse Unsicherheit, welche der verschiedenen Möglichkeiten die Beste ist – das ist das Entscheidungsrisiko.

6.9.1 Risiko der Entscheidung

Es gibt Entscheidungen, die einfach zu treffen sind:

- Wenn es nur wenige, vielleicht nur zwei Handlungsmöglichkeiten gibt;
- Wenn man genau weiß, wie sich die Handlungsmöglichkeiten auswirken werden;

- Wenn die Entscheidungen keine große Tragweite haben;
- Wenn man ähnliche Entscheidungen häufig trifft.

Bei solchen Entscheidungen ist das Entscheidungsrisiko – also die Wahrscheinlichkeit, falsch zu handeln – gering. Man spricht dann von so genannten Routine-Entscheidungen. Jede Führungskraft hat Entscheidungen dieser Art häufig zu treffen, und solche Entscheidungen sind auch relativ unproblematisch. Problematisch und schwierig sind solche Entscheidungen, bei denen ein hohes Entscheidungsrisiko besteht:

- Es muss aus einer großen Auswahl von Handlungsmöglichkeiten ausgewählt werden;
- Man weiß nicht genau, wie sich die verschiedenen Handlungsmöglichkeiten auswirken werden;
- Ähnliche Entscheidungen fallen selten an; es gibt kaum Erfahrungswerte;
- Der „Gegenstand" der Entscheidung bzw. das zu beseitigende Problem ist von großer Tragweite.

Bei diesen komplexen, wichtigen Entscheidungen ist es sicher notwendig, das Entscheidungsrisiko zu senken. Deshalb bietet sich eine Systematisierung des Entscheidungsprozesses an.

6.9.2 Entscheidungsprozess

Die Entscheidung erschöpft sich nicht in der Auswahl der optimalen Möglichkeit. Die Führungsaufgabe „Entscheiden" kann nicht isoliert gesehen werden. Ein enger Zusammenhang besteht mit den im Managementkreis vorausgehenden Funktionen, der Zielsetzung und Planung sowie der Realisierung und der nachgeschalteten Kontrolle. Häufig spricht man deshalb von einem Entscheidungsprozess. Im Rahmen von Gruppenentscheidungen bzw. Problemlösungsgesprächen gibt es zur Lösung eines Problems einen sachnotwendig optimalen Prozess (dies gilt auch, abgesehen von den gruppenbezogenen Elementen, für eine Einzelentscheidung). Dieser Entscheidungsprozess lässt sich in vier Phasen unterteilen (Abb. 6.6):

- **Problem- oder Entscheidungsphase**
  Diese Phase umfasst die organisatorische Vorbereitung des Gesprächs (Raum, Hilfsmittel, Einladung der Teilnehmer mit Vorinformationen über den Gesprächsgegenstand), die gemeinsame Formulierung des Problems und die Festlegung des Gesprächsziels. Gegebenenfalls gehört zu dieser Phase noch, dass Aufgaben wie die des Gesprächsleiters und des Protokollführers vergeben werden.

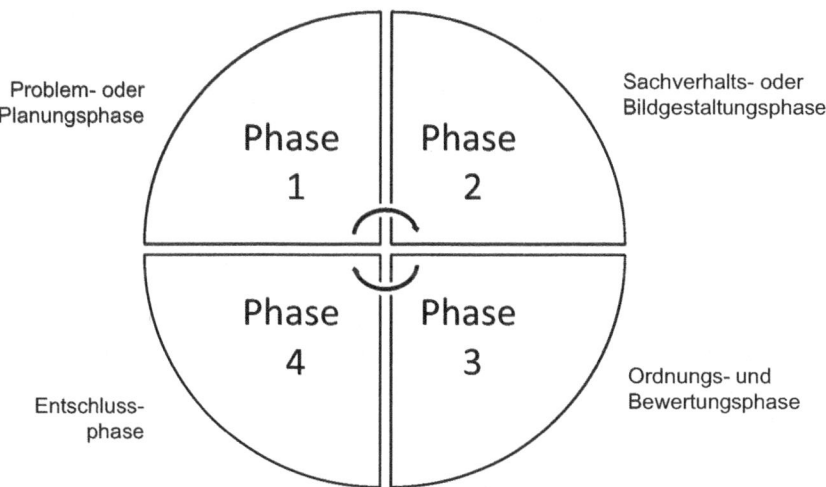

Problem- oder
Planungsphase

Sachverhalts- oder
Bildgestaltungsphase

Entschluss-
phase

Ordnungs- und
Bewertungsphase

Abb. 6.6 Der Entscheidungsprozess

- **Sachverhalts- oder Bildgestaltungsphase**
  In der zweiten Phase des Entscheidungsprozesses gilt es, alle zum Problem vorhandenen Daten, Fakten und Erfahrungen zu sammeln. Es ist für die Qualität des Ergebnisses wichtig, dass möglichst alle Aspekte erfasst werden. Vor allem auch die Ursachen bzw. Hintergründe der Problemstellung sind zu ermitteln. Die Beiträge werden möglichst wertungsfrei gehalten und auch von anderen Teilnehmern noch nicht bewertet. Vorschnelle Lösungsansätze sind zu vermeiden, da nicht immer der erste Zugang zum Problem und ein sich daraus anbietender Lösungsweg auch der Beste ist. Das Ziel dieser Phase ist dann erreicht, wenn alle Gesprächsteilnehmer ein gemeinsames, möglichst breit angelegtes Bild des Problems erlangt haben.
- **Ordnungs- und Bewertungsphase**
  In dieser Phase werden Fakten, d. h. das vorhandene Material, geordnet, der Kern des Problems wird herausgearbeitet und mögliche Alternativen zur Lösung entwickelt. Außerdem werden die Kriterien gesammelt, nach denen die Lösungsalternativen beurteilt werden sollen (geringe Kosten, wenig Zeitaufwand, hohe Qualität, maximale Sicherheit, Akzeptanz durch die Mitarbeiter). Man kann die Alternativen nun danach beurteilen, in welchem Maß sie die Beurteilungskriterien erfüllen und die möglichen Vorteile, Nachteile und Konsequenzen der einzelnen Alternative bedenken und berücksichtigen.
- **Entschlussphase**
  Ziel dieser Phase ist ein gemeinsamer Beschluss, der von allen Beteiligten bejaht wird. Aus diesem Beschluss muss klar hervorgehen, wer, was, wo, wie, womit und bis wann zu tun hat. Falls erforderlich, werden flankierende Maßnahmen beschlossen.

Abb. 6.7 CIM-Prozess

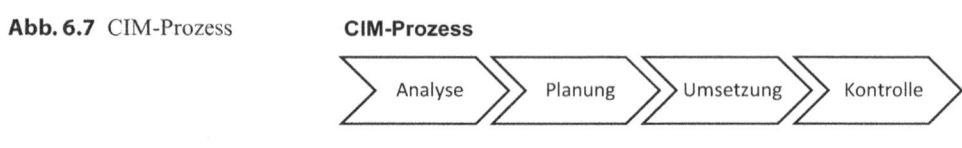

CIM-Prozess

Analyse Planung Umsetzung Kontrolle

6.10   Management als Kunstaufgabe

Es gibt starke Unternehmenspersönlichkeiten, die jeder kennt. Sie sind nicht zufällig so stark geworden, sondern kompetente Manager haben sie in einem langwierigen Prozess dorthin entwickelt. Corporate Identity Management ist also der Prozess, das Selbstverständnis des Unternehmens systematisch und langfristig zu erkennen, zu gestalten, zu vermitteln und zu prüfen.

Dies geschieht in vier Schritten: Analyse, Planung, Umsetzung, Kontrolle (vgl. hierzu weiterführend: Reisenauer 2011, S. 143 ff.) (Abb. 6.7).

In der **Analyse** werden Probleme mit dem gemeinsamen Selbstständnis über die Unternehmenspersönlichkeit aufgedeckt und sorgfältig formuliert. Dies erfordert ein ausführliches Sammeln von Daten, ein Aufbereiten und Bewerten von Informationen. Jeder Schritt erfordert Entscheidungen, die für die Richtung des weiteren Prozesses ausschlaggebend sind.

- **Beschaffung von Daten**
  Grundlage sorgfältiger Planung ist eine zuverlässige und möglichst breite Datenplattform. Hierfür werden in einer sorgfältigen Untersuchung der Ausgangssituation zunächst alle wichtigen internen und externen Daten über das Unternehmen gesammelt. Die interne Analyse erfasst das Vorstellungsbild von der Unternehmenspersönlichkeit bei der Belegschaft, deren Wünsche und Erwartungen. Außerdem werden Leistungen, Ressourcen und Potentiale des Unternehmens geprüft sowie das Erscheinungsbild bewertet. Diese Informationen sind wichtig, weil sie darüber entscheiden können, ob ein Unternehmen überhaupt in der Lage ist, bestimmte Absichten in sein Leitbild aufzunehmen. Zudem wird zur Bewertung des Firmenauftritts das Verhalten intern und extern sowie auch die Kommunikationsaktivitäten mit einbezogen – insbesondere Werbung, Public Relations, Verkaufsförderung und Sponsoring aber auch Design und Verhaltensweisen. Diese Einschätzung soll Aussagen über das vorhandene Erscheinungsbild ermöglichen. Die Ergebnisse werden durch die weichen Fakten ergänzt, also das Bild, das die Mitarbeiter von ihrem Unternehmen haben, wie sie es gern sehen würden, welche Erwartungen sie haben und welches Verhalten sie sich von ihm wünschen. Die interne Analyse ermittelt auch die Sicht der Geschäftsführung über Ist- und Soll-Zustand des Unternehmens. Die einzelnen Mitglieder des Verwaltungsrates bzw. der Geschäftsführung (und parallel natürlich auch die Mitarbeiter) sollen Auskunft geben, wie sie das Unternehmen bzw. seine spezifischen Kompetenzen sehen und wie sie seine Leistungen einschätzen. Die externe Analyse untersucht die Bekanntheit des

Unternehmens bei wichtigen Bezugsgruppen sowie deren Vorstellungsbild aber auch Wünsche und Erwartungen an künftiges Verhalten am Markt und in der Gesellschaft. In der Untersuchung sollten alle wichtigen Bezugsgruppen vertreten sein. Auch hier hängt es von den zeitlichen, finanziellen und organisatorischen Möglichkeiten ab, wie viele Gruppen dies sind und wie viele Vertreter jeweils befragt werden (vgl. hierzu auch: Garmer 2003, S. 55 ff.).

• **Aufbereitung der Daten**
Die gesammelten Daten sind zu verdichten und auszuwerten. Hierzu eignet sich ein Sortieren nach den gegenwärtigen Stärken und Schwächen. So wichtig wie der Blick in die Gegenwart ist auch der Blick in die Zukunft. Dies zwingt dazu, Entwicklungen aufzugreifen und deren Konsequenzen für das Unternehmen zu erkennen, zum Beispiel durch Änderungen in Strukturen, Prozessen und dem Verhalten.

• **Bestimmung der Aufgabe**
Aus den Stärken und Schwächen, Chancen und Risiken werden die Aufgaben für den weiteren CIM-Prozess bestimmt, nach innen und außen: Besteht überhaupt Handlungsbedarf? Welche Meinungen und Einstellungen sind zu stärken oder zu ändern? Welche Handlungen sind zu korrigieren, welche Darstellung zu überarbeiten?

In der **Planung**sphase wird der kraftvolle Gesamtplan entwickelt, wie die formulierten Aufgaben zu lösen sind. Dieser Plan besteht aus drei zentralen Bausteinen: dem Ziel (welchen Zustand gilt es zu erreichen?), den Strategien (mit welchem grundsätzlichen Verhalten soll dieser Zustand erreicht werden?) sowie den Mitteln und Maßnahmen (wodurch kann dies erreicht werden?).

• **Ziele**
Auf der Grundlage der Aufgabenstellung wird als erstes das Ziel festgelegt, also der Zustand, der erreicht werden soll. Je genauer das Ziel formuliert ist, desto zuverlässiger kann während und nach der Durchführung der Erfolg des CIM geprüft werden. Die Zielformulierung enthält immer Aussagen über die Richtung, den Inhalt und das Ausmaß des angestrebten Zustandes.

• **Strategien**
Auf welchem Weg das Ziel erreicht wird, legt die Strategie fest; dem untergeordnet sind die taktischen Einzelmaßnahmen. Folgende Strategien sind möglich (Abb. 6.8):

• **Leitbild (vgl. hierzu auch: Garmer 2003, S. 55 ff.)**
Bei der Formulierung oder Überarbeitung eines Leitbildes gibt es folgende Möglichkeiten (Abb. 6.9):
Nach dem Verabschieden des Leitbildes gilt es, die weiteren Aufgaben im CIM-Prozess festzulegen, damit das Leitbild bekannt wird und danach gehandelt wird. In der Umsetzung geht es darum, den Mix der CI-Instrumente, das sind Corporate Design, Corporate Communication und Corporate Behaviour, so zu gestalten, dass die angestrebten Ziele erreicht werden können (vgl. hierzu weiterführend: Reisenauer 2011, S. 143 ff.).

Das Unternehmen kommuniziert sein Selbstverständnis:	Hier zeigt die Analyse, dass das Unternehmen ein sehr diffuses Image bei den Bezugsgruppen hat. Dies können sowohl die Mitarbeiter sein und die Art und Weise, wie sie ihr Unternehmen wahrnehmen, als auch externeBezugsgruppen. Die Strategie ist daher vor allem darauf gerichtet, den Bezugsgruppen dasLeitbild des Unternehmens zu vermitteln.
Das Unternehmen ändert die Wahrnehmung der Bezugsgruppen:	Das Unternehmen bleibt, wie es ist, und versucht, Wahrnehmung, Ideale, Wünsche und Erwartungen seiner Bezugsgruppen zuändern, um sie näher an die eigene Position zu führen. Diesen Weg wird das Unternehmen dann beschreiten, wenn es sein Verhalten nicht ändern will oder kann.
Das Unternehmen korrigiert sein Selbstverständnis (und die Wahrnehmung seiner Bezugsgruppen):	Diese Strategie ist einzuschlagen, wenn zügige Verhaltensänderungen nicht erwartet werden können, wie zum Beispiel im Fall von internen Führungsproblemen. In diesem Fall geht es darum, das Leitbild zu korrigieren und das Verhalten der Führungskräfte zu ändern.

Abb. 6.8 Strategien der Planungsphase im CIM-Prozess

- **Maßnahmen**

  Neben dem Bestimmen der Ziele und Strategien werden die Maßnahmen festgelegt, mit denen das Unternehmen seine CIM-Ziele erreichen will (Abb. 6.10).

  Für den Einsatz der Maßnahmen und Instrumente gibt es kein Patentrezept, aber viele Möglichkeiten. Hierin ist zum einen der Reiz dieses Modells begründet und zum anderen bietet es die Möglichkeit, sich von den Mitbewerbern abzuheben. Ein gewisses unvermeidliches Risiko aufgrund der Unvorhersehbarkeit der Wirkung lässt sich durch gute Vorarbeit minimieren.

- **Zeitplan**

  Für ein komplexes CIM-Projekt ist eine solide Zeitplanung unerlässlich. Der Zeitplan hält den Gesamtablauf sowie Einzelschritte, Maßnahmen, Termine und Zuständigkeiten fest. Dies dient dazu, Instrumente und Maßnahmen zu koordinieren und zu kontrollieren. Für die Zeitplanung gibt es viele nützliche Instrumente wie die Netzplantechnik und Computerprogramme, die eine optimale Planung des Zeitablaufs des CIM-Projektes ermöglichen.

Das Topmanagement formuliert das Leitbild.	**Vorteil:** Dies kostet nicht viel Zeit und garantiert,dass das Leitbild den Vorstellungen der Geschäftsleitung entspricht. **Nachteile:** Vorhandenes Wissen und Erfahrungen im Unternehmen werden nicht genutzt. Geringe Akzeptanz, da die Mitarbeiter nicht einbezogen sind.
Die Mitarbeiter formulieren das Leitbild.	**Vorteil:** Große Chance, dass das Leitbild von denBetroffenen gelebt wird. Erfahrung und Wissen der Mitarbeiter über das Unternehmen, den Wettbewerb und das gesellschaftliche Umfeld fließen ein. **Nachteil:** Das Topmanagement steht eventuell nicht hinter dem Leitbild, empfindet Machtverlust. Der Prozess ist sehr aufwendig. Probleme entstehen, wer Entscheidungen wann trifft. Das Leitbild wird zerredet.
Das Topmanagement erstellt den Entwurf, der im Unternehmen diskutiert wird.	**Vorteil:** Mitarbeiter können Zustimmung und Kritik äußern, eigene Vorstellungen artikulieren und damit aktiv auf das Konzept einwirken. **Nachteil:** Dieses Vorgehen sichert das größte Meinungsspektrum, ist aber aufwändig. Dieser Weg hat sich dennoch als am praktikabelsten erwiesen. Deshalb: Das Leitbild wird vom Top-Management entwickelt und dann imUnternehmen veröffentlicht, diskutiert und umgesetzt!

Abb. 6.9 Formulierung eines Unternehmensleitbildes

Intern können diese Maßnahmen sein:
- im Design, wie zum Beispiel das Gestalten eines visuellen Erscheinungsbildes
- in der Kommunikation, wie zum Beispiel Info-Messen oder Diskussionsforen, eine Anzeigenkampagne oder Tage der offenen Tür;
- zum Verhalten, wie zum Beispiel die Änderung des Führungsverhaltens, die Einführung von Qualitätszirkeln, Gruppenarbeiten oder Lernstätten, der Ausbau des Kundendienstes, die Optimierung des Wartungsdienstes oder des Beschwerdemanagements.

Abb. 6.10 Maßnahmen zur CIM-Zielerreichung

- **Budget**

  Aus den Bestandteilen des CIM-Programms, den Instrumenten und deren Einsatz lassen sich die Kosten errechnen. Sinnvoll ist hierbei, einen Gesamtetat sowie Etats für Aktionen und Maßnahmen zu kalkulieren. Dies ermöglicht zum einen der Geschäftsleitung einen Überblick über die Kosten; zum anderen ist es möglich, Maßnahmen zu kürzen oder hinzuzufügen. Nicht zu vergessen sind bei der Budgetplanung die externen Dienstleister, wie zum Bespiel Berater und Agenturen.

Bei der Umsetzungsphase sind folgende Punkte zu betrachten:

Äußeres Erscheinungsbild In der visuellen Umsetzung (Brand Design) geht es darum, das Leitbild bei der Gestaltung von Produkten und ihrer Verpackung, der Kommunikationsmittel sowie der Architektur zu vermitteln. Zu Beginn der CD-Aktivitäten sind verbindliche, allgemeingültige Gestaltungsrichtlinien für das gesamte Unternehmen zu entwickeln. Zusammen mit einigen Arbeitsmitteln, wie zum Beispiel Reprovorlagen der Logos und Maßblätter der Raster, werden sie in einem Manual niedergelegt und dann möglichst breit im Unternehmen und an zuarbeitende Agenturen verteilt. Zunehmend setzt sich hierbei das rein digitale Regelwerk im Intranet durch, das auch den weltweiten Zugang im Unternehmen sicherstellt. Der Vorteil: Logovorlagen, Schrifttypen, Farbparameter, Dokumentvorlagen, Gestaltungsraster etc. sind fälschungssicher und können in höchster digitaler Präzision eingebunden werden. Ohne Qualitätsverlust werden sie kostengünstig sofort weiterverarbeitet. Schließlich sichert dieser Weg auch die visuelle Beständigkeit und die Korrektheit des Designs.

Kommunikation Die Markenkommunikation (Brand Communication) vermittelt die Marke durch widerspruchsfreie, abgestimmte Kommunikation nach innen und außen. In der Werbung geht es um die Gestaltung der Werbemittel. Das ist die Form einer Werbebotschaft als Anzeige, Funkspot, TV-Spot, Kinospot, Plakat, Broschüre oder als anderes visuelles Medium. Außerdem werden Werbeträger als Medium für Werbebotschaften gebucht wie Zeitschrift, Zeitung, Funk, Fernsehen, Kino, Plakate und Litfaßsäulen. In der Verkaufsförderung sind typische Aktionsmittel zu gestalten, wie zum Beispiel Displays in verschiedener Form, Prospekte für Preisausschreiben, Zweit- und Sonderplatzierungen, Sonderpackungen, Packungen mit Zusatznutzen für den Verbraucher. Gratisproben werden verteilt und Preisausschreiben und Gewinnspiele veranstaltet. In den Public Relations geht es zum Beispiel um die Medienarbeit für Presse, Hörfunk, Fernsehen und Fachpublikationen. Weitere Instrumente sind CI-Anzeigen, Broschüren, Filme, audiovisuelle Medien wie CD-ROM, Veranstaltungen wie Ausstellungen und Kongresse, Unterstützung von Veranstaltungen in den Bereichen Kultur, Sport, Soziales etc. Interne Medien sind Schwarzes Brett, Betriebsversammlungen, Mitarbeiterzeitung, Gespräche zwischen der Geschäftsführung und Mitarbeiter(-gruppen), regelmäßige Mitarbeiterbesprechungen, Einführungsschriften für neue Mitarbeiter, aktuelle schriftliche Informationen, Infodienste an spezielle Leserkreise wie Meister, Management, Vertrieb.

Voruntersuchung „Pretest":	Ein Pretest bewertet die Maßnahmen vor einer Kampagne oder einer Aktion. Diese Ergebnisse können später mit den Werten verglichen werden, die nach einer CIM-Kampagneerhoben werden.
Laufende Untersuchung:	Sie beantwortet die Frage, ob sich der Prozess wie gewünscht entwickelt und die Maßnahmen wie geplant laufen. Durch fortlaufendes Prüfen und Kontrollieren erkennt der CIM-Profi etwaige Schwachstellen und kann sein Handeln flexibel anpassen. Hierbei helfen die formulierten Zwischenziele, die er während einer Aktion oder Kampagne prüft und hernach eventuell Maßnahmen korrigiert und neue hinzufügt.
Nachträgliche Untersuchung„Posttest":	Sie untersucht die Frage, ob eine Prozessphase oder eine Kampagne erfolgreich war und was beim nächsten Mal verbessert werden muss. Vor allem interessiert, ob die Bezugsgruppen erreicht wurden, welche Informationen sie aufgenommen und wie verarbeitet haben und welches Image entstanden ist beziehungsweise verändert wurde.

Abb. 6.11 Aspekte der Kontrollphase im CIM-Prozess

Verhalten Das Umsetzen des leitbildgerechten Verhaltens erfolgt meist über Führungsleitsätze, die den Führungs- und Kooperationsstil des Unternehmens beeinflussen sollen. Diese Führungsgrundsätze beinhalten Vorgaben zur Delegation von Aufgaben und Kompetenzen, gezielte Information der Mitarbeiter, Bestimmung von Zielen und Arbeitsschwerpunkten, Motivation und Förderung der Mitarbeiter, Beurteilung der Mitarbeiter, Kontrolle und Dienstaufsicht (vgl. Niermeyer und Seyffert 2011, S. 228 f., Müller 2004, S. 148 ff., Lohaus und Habermann 2012, S. 65 ff., Maus 2009, S. 140 ff.). Die Mitarbeiter werden aufgefordert zu selbständigem und initiativem Handeln, zur Identifikation mit den Aufgaben und Zielen des Unternehmens, zu rechtzeitiger und umfassender Information der Führungskräfte, selbstständiger Informationsbeschaffung, der Bereitschaft zur Aus- und Weiterbildung, zu kollegialer Zusammenarbeit mit Vorgesetzten und Kollegen. Um die Umsetzung der Führungsleitsätze zu unterstützen, kann ein eigenes Beurteilungssystem für Führungskräfte im außertariflichen Bereich entsprechend den Leitsätzen aufgebaut werden (vgl. hierzu vertiefend: Niermeyer und Postal 2008, S. 146 ff.). Leitbild und Führungsleitsätze geben außerdem Orientierung für die Nachfolgeplanung und die Besetzungspolitik. Unter Beteiligung von Führungskräften kann ein Personalbeurteilungsverfahren für alle Mitarbeiter erstellt werden. Darüber hinaus fließen die Vorgaben ein in Stellenbeschreibungen, Zielvereinbarung im Rahmen von Mitarbeitergesprächen, in das Vorschlags- und Beschwerdewesen oder ein Gewinnbeteiligungssystem.

In der Planung des CIM hat das Unternehmen seine Ziele festgelegt. In der **Kontrolle** geht es darum, das Erreichen dieser Ziele zu kontrollieren. Hierbei ist zu klären, wann und wie kontrolliert wird (Abb. 6.11):

Literatur

Berschneider W (2003) Sinnzentrierte Unternehmensführung. Was Viktor E. Frankl den Führungskräften der Wirtschaft zu sagen hat. Lindau am Bodensee

Brandstätter V, Otto J-H (Hrsg) (2009) Handbuch der Allgemeinen Psychologie. Motivation und Emotion, Bd 11. Göttingen

Garmer M (2003) Moral macht erfolgreich. Ethische Unternehmensführung als Antwort auf die Krise. Berlin

Holtbrügge D (2007) Personalmanagement, 3. Aufl. Berlin

Kaletta B (2008) Anerkennung oder Abwertung. Über die Verarbeitung sozialer Desintegration. Wiesbaden

Kerpen P (2007) Internes Marketing und Unternehmenskultur. Analyse der Interdependenzen unter marktorientierten Gesichtspunkten. Hamburg

Kunz C (2010) Das Führen und Motivieren von Teams. Norderstedt

Lohaus D, Habermann W (2012) Führung im Mittelstand. Ein praxisorientierter Leitfaden. München

Maus H-A (2009) Herausforderung Motivation. Denkpräferenzen und ihr Einfluss auf Engagement und Handeln im Beruf. Bielefeld

Meifert M-T (Hrsg) (2010) Psychologie für Führungskräfte, 3. Aufl. Freiburg im Breisgau

Müller U (2004) Controlling aus verwaltungswissenschaftlicher Perspektive. Ein Beitrag zur Verwaltungsreform. München

Müller U (2008) Controlling aus verwaltungswissenschaftlicher Perspektive. Ein Beitrag zur In: Niermeyer R, Postall N (Hrsg) Führen. Die erfolgreichsten Instrumente und Techniken, 2. Aufl. München

Niermeyer R, Postall N (2008) Führen. Die erfolgreichsten Instrumente und Techniken, 2. Aufl. München

Niermeyer R, Seyffert M (2004) Motivation. Freiburg im Breisgau 2011, S 228 f., vgl. ebenso: Müller U (2004) Controlling aus verwaltungswissenschaftlicher Perspektive. Ein Beitrag zur Verwaltungsreform. München

Niermeyer R, Seyffert M (2011) Motivation. Freiburg im Breisgau

Reisenauer TM (2011) Moralische Unternehmensführung. Ethische Analyse der Weltwirtschaftskrise. Hamburg

Schöpf A (1987) Bedürfnis, Wunsch, Begehren. Probleme einer philosophischen Sozialanthropologie. Würzburg

Strategieorientiertes Human Resource Management

Mit einer durch die Unternehmensführung zielgerichteten Entwicklung der Unternehmenskultur mit dem Ziel eines stärkeren Zusammenhalts der Mitarbeiter können mehrere Aspekte betrachtet werden.

Unter Betrachtung des **Krankenstandes und Fluktuation** kann festgehalten werden, dass enge Zusammenhänge mit der Unternehmenskultur und dem Engagement der Mitarbeiter bestehen. Bezüglich des Einflusses auf dem Krankenstand sind hier die Aspekte eines fairen Umganges miteinander sowie ehrliches und soziales Verhalten der Führungskräfte gemeint. Eine Kündigung durch den Mitarbeiter geht oft mit schlechten Arbeitsbedingungen, einem geringen Bindungswunsch, einer schlechten Bewertung der Qualität des gesamten Arbeitsplatzes einher. Unter Betrachtung verschiedener Einzelaspekte gibt es die Möglichkeit, hier im Voraus eine Bewertung abzugeben. Eine fehlende Gesundheitsförderung, die mangelnde Klarheit der Zielvorstellungen sowie der fehlende optimale Einsatz der eigenen Fähigkeiten fördern den Prozess der freiwilligen Kündigung (vgl. hierzu auch: Garmer 2003, S. 55 ff.).

Eine Kündigung durch den Arbeitgeber aufgrund der verschiedenen Ausprägungen der Arbeitsplatzbedingungen und der zugrundeliegenden Unternehmenskultur lässt ebenso Rückschlüsse auf die Möglichkeit zu. Die Unterschiede im Kündigungsverhalten stehen mit 32 % im engen Zusammenhang mit dem Kulturaspekt. Die durch eine Kündigung bedrohten Mitarbeiter in Unternehmen, erleben i. d. R. folgende Phänomene:

- fehlende Arbeitszeitflexibilität,
- geringes Angebot an Sozialleistungen,
- kein verantwortungsvoller Umgang des Managements mit Kündigungen,
- schlechte Integration bei Arbeitsantritt,
- fehlende Unterstützung bei der beruflichen Entwicklung,

© Springer Fachmedien Wiesbaden 2014
A. Wien, N. Franzke, *Unternehmenskultur*, DOI 10.1007/978-3-658-05993-4_7

- sehr geringe Fehlertoleranz und
- wenig Spaß bei der Arbeit.

In Unternehmen, in denen häufig Kündigungen ausgesprochen werden, ist eine Identifikation mit dem Unternehmen von allen Mitarbeitern nicht vorhanden (vgl. Hauser et al. 2008, S. 26 f., Müller 2004, S. 148 ff.). Arbeitszufriedenheit und Motivation der Mitarbeiter ist betrachtet über die verschiedenen Unternehmensgößenklassen einheitlich und vergleichbar. Die Entwicklung der Arbeitssituation wird ebenfalls über alle Unternehmensgrößenklassen hinweg einheitlich durch die Mitarbeiter erlebt. Mitarbeiter in größeren Unternehmen empfinden den Leistungsdruck größer und bewerten dadurch ihren Arbeitsplatz als unsicherer (vgl. Hauser et al. 2008, S. 27., Meifert 2010, S. 148 ff.).

Die gesellschaftliche Zielstellung, die Verbesserung der Arbeitsqualität und der Arbeitsbedingungen, wurde in den siebziger und achtziger Jahren eine wichtige Zielgröße im Hinblick auf die Humanisierung der Arbeit. Der enge Zusammenhang zwischen Arbeitszufriedenheit und Leistungsfähigkeit wurde durch Unternehmen erkannt. Infolge dessen werden die unterschiedlichen Managementansätze und deren Instrumente und Methoden im HR-Ansatz betrachtet. Der Indikator der Arbeitszufriedenheit nimmt seit den neunziger Jahren eine wichtige Rolle in der betrieblichen Gesundheitsförderung ein. Die Arbeitszufriedenheit ist eine wichtige Voraussetzung für eine allgemeine Lebenszufriedenheit. Arbeit dient nicht nur der materiellen Existenzsicherung. Sie leistet einen wichtigen Beitrag für die Befriedigung sozialer, persönlicher und kultureller Bedürfnisse. Demzufolge strahlt eine Arbeitszufriedenheit auf alle Lebensbereiche aus. Eine allgemeine Lebenszufriedenheit hat direkte Auswirkungen auf die physische und psychische Gesundheit. Demzufolge hat eine Arbeitszufriedenheit eine besondere unternehmens- und volkswirtschaftliche Relevanz. Spätestens seit dem Erscheinen der Motivationstheorien von Maslow, Herzberg und auch einiger empirischer Feld-Untersuchungen im deutschen Sprachraum wissen wir, dass auch Anerkennung ein fundamentales Grundbedürfnis des Menschen ist und was dadurch bewirkt wird (vgl. ebenso: Lohaus und Habermann 2012, S. 65 ff.). Obwohl wir uns dieser Tatsache bewusst sind, tun sich insbesondere Vorgesetzte oftmals schwer, ihre Mitarbeiter durch eine dem Menschen und der Situation gerecht werdenden Anerkennung zu motivieren. Häufige Gründe und Konstellationen für eine fehlende Mitarbeiteranerkennung sind:

- weil gute Arbeit als selbstverständlich angesehen wird; dafür wird der Mitarbeiter ja schließlich bezahlt;
- die Leistungserwartungen zu hoch angesetzt sind:
- Furcht vor Folgewirkungen der Anerkennung z. B.:
  - der anschließende Wunsch nach materieller Besserstellung;
  - das Nachlassen der Leistung;
  - Eifersüchteleien und dadurch hervorgerufen eine gewisse Unzufriedenheit unter den Mitarbeitern;

- die Meinung, mein Vorgesetzter findet ja auch kein anerkennendes Wort für mich, warum soll es meinen Mitarbeiter dann besser gehen;
- weil es immer noch Vorgesetzte gibt, die die Anerkennung ihrer Mitarbeiter noch weitgehend so verstehen: „Wenn ich Euch nicht kritisiere, ist das schon Anerkennung genug" (vgl. hierzu vertiefend: Kerpen 2007, S. 35 ff.).

Anerkannt zu werden, heißt auch gleichzeitig ein Erfolgserlebnis zu haben. Verschafft der Vorgesetzte also seinen Mitarbeiter bei richtigem Verhalten ein Erfolgsgefühl, so werden diese versuchen, das für sie erfolgreiche Verhalten beizubehalten oder gar zu verstärken. In der stillen Hoffnung auf ein weiteres Lob bzw. Erfolgserlebnis. Theoretisch brauchte also ein Vorgesetzter seine Mitarbeiter nur in immer kürzeren Abständen zu loben, um immer bessere Ergebnisse zu erzielen. Dem steht aber in der Praxis entgegen, dass:

- alles was zu oft verabreicht wird, nicht mehr motivierend wirkt (es ist ja nichts Besonderes mehr);
- wenn der konkrete Anlass des Lobens vom Mitarbeiter nicht gesehen wird, die Leistungsbereitschaft über einen längeren Zeitraum hinweg eher abfällt als ansteigt. Die Anerkennung wird dann als „Masche" empfunden oder dem Vorgesetzten sogar als Schwäche ausgelegt.

Beispiel

Ist es üblich, dass in einem Betrieb Mitarbeiter jeden Abend eine Stunde länger arbeiten, wird es unzweckmäßig sein, die Betreffenden dafür jeden Tag zu loben. Arbeitet dagegen ein Mitarbeiter einmal in Monat an einem Tag drei Stunden länger, sollte diese besondere Leistung sicherlich anerkannt werden.

Zusammenfassend lässt sich sagen: Wer es versäumt, seinen Mitarbeiter für gute Leistungen Anerkennung zu zeigen, braucht sich nicht zu wundern, wenn sie gleichgültig werden, und nachlässig arbeiten. Die Mitarbeiter erledigen ihre Arbeit mit Unlust und Widerwillen und geben dadurch dem Vorgesetzten immer wieder Anlass an ihnen herumzumeckern. Im Vergleich dazu führt Anerkennung zu guter Mitarbeit und das gibt Anlass zu erneuter Anerkennung. Wir wissen zwar, dass alle Menschen um ein wenig Anerkennung ringen, und doch wird sie ihnen vorenthalten. Viele sind bereit, schon bei kleinsten Fehlern wütend und schimpfend zu tadeln, sogar zu strafen, aber wie selten kommt ein Lob über unsere Lippen. Anerkennung ist nicht immer gleichzusetzen mit Lob (Abb. 7.1).

Und können wir uns doch einmal dazu durchringen, dann geschieht das recht vorsichtig, während unser Missfallen meistens laut und unnachgiebig verkündet wird. Um bei der Arbeit ein sachliches Erfolgserlebnis zu verspüren, muss man das Gefühl haben, dass die Arbeit wichtig ist und dass man die Arbeit richtig macht. Zweck der Bestätigung ist es, ein sachliches Erfolgserlebnis zu vermitteln. Neben der sachlichen Bestätigung ihrer Leistung erwarten die Mitarbeiter gelegentlich auch soziale Anerkennung. Ein menschlich gutes

---

Merke

Unterschied zwischen Anerkennung und Lob

Anerkennung steckt z.B. schon darin, dass ich den anderen über meine Ziele informiere und ihm damit deutlich mache, dass mir sein Mittun und Mitdenken hilft, also mehr eine Bestätigung der positiven Zusammenarbeit in der Vergangenheit.

Als Lob würde man demgegenüber die direkte Anerkennung einer besonderen Leistung oder auch die Bestätigung des guten Willens verstehen (wichtig bei Auszubildenden), auch wenn die Arbeit nicht gleich beim ersten Mal zur vollsten Zufriedenheit erledigt worden ist.

Abb. 7.1 Unterschied zwischen Anerkennung und Lob

Verhältnis zum Vorgesetzten, das Gefühl, dass der Vorgesetzte Interesse, Wohlwollen und Sympathie für seine Mitarbeiter empfindet, hebt die Arbeitsfreude. Die einfachste und wirksamste Form der sozialen Anerkennung besteht darin, dass der Vorgesetzte gelegentlich ein paar persönliche Worte mit dem Mitarbeiter wechselt. Das persönliche Gespräch (Themen: Hobbys, Freizeitbeschäftigung, Familie, Fernsehsendungen, aktuelle Tagesnachrichten oder allgemeine Probleme) mit den Vorgesetzten bewahrt den Mitarbeiter vor dem Gefühl, nur Rädchen in einer seelenlosen Maschinerie zu sein.

Wenn man Führungskräfte befragt, warum sie so selten loben, führen sie oft die Befürchtung ins Feld, dass Loben Unzufriedenheit schafft. Also tadeln sie so oft es geht, loben dagegen nur selten. Aber erst, wenn wir einen solchen Standpunkt überwinden, werden wir den menschlichen Bedürfnissen gerecht, erreichen wir eine gedeihliche Zusammenarbeit. Das zu erreichen, ist aber das wichtigste Ziel aller Menschenführung. Wir erziehen unsere Mitarbeiter dadurch zu selbstbewussten, tätigen und selbstständigen Partnern, die sich dem Betrieb verpflichtet fühlen.

Mitarbeiter verhalten sich manchmal anders, als der Vorgesetzte es sich vorstellt und als es von der Sache her sinnvoll und richtig wäre. Sie verhalten sich falsch, sie machen mehr oder weniger schwerwiegende Fehler. Dabei muss man unterscheiden, ob es sich um Fehler handelt, die aufgrund fehlender bzw. unzulänglicher Informationen, Kenntnissen, Fertigkeiten, einer momentanen Unaufmerksamkeit oder einer Ausnahmesituation vorkommen oder ob es sich um falsche Verhaltensgewohnheiten handelt. Bei einem situationsbedingten Fehler, etwa aufgrund einer momentanen Unaufmerksamkeit, hat es wenig Sinn, zu versuchen, das Verhalten des Mitarbeiters direkt zu beeinflussen – beispielsweise durch ein Kritikgespräch. Denn jeder Mensch unterliegt unwillkürlich Schwankungen der Aufmerksamkeit oder ist durch Störungen von außen ablenkbar. In diesem Fall wird der Vorgesetzte zunächst gemeinsam mit dem Mitarbeiter die Auswirkungen des Fehlers ausgleichen. Dann wird er versuchen, die Ursache des Fehlers abzustellen. Dabei wird er vielleicht den Arbeitsablauf ändern, mehr Kontrollmöglichkeiten einbauen, Störfaktoren ausschalten oder den Arbeitsplatz verändern. Ist der Fehler aber durch falsches Verhalten des Mitarbeiters zustande gekommen, welches der Mitarbeiter selbst ändern könnte, muss der Vorgesetzte auf den Mitarbeiter einwirken.

7.1 Arbeit, Erziehung und Familie

Das politische und theoretische Leitmotiv des feministischen Denkens in den siebziger Jahren „Das Private ist Politisch" prägte mitunter das Umdenken im Spannungsverhältnis von Arbeit und Privatem. Ziel dieses Motives war es, das Verhältnis von Arbeit und Privatleben ebenfalls unter dem Gesichtspunkt einer Gleichstellung zwischen Frau und Mann zu betrachten. Die Frauen sollten nicht mehr der Unsichtbarkeit der Privatatmosphäre überlassen werden, sondern aktiv mit ihren Fähigkeiten und Fertigkeiten im wirtschaftlichen Leben auf gleicher Augenhöhe mit ihren männlichen Kollegen zusammenarbeiten. Feministisch orientierte Untersuchungen warfen in der Moralphilosophie die Frage der Gerechtigkeit in der Familie auf und sprengten dadurch auch die Grenzen zwischen privater und öffentlicher Sphäre. „Bis heute orientiert sich die Wirtschaftsethik jedoch an den etablierten Grenzziehungen und thematisiert allein solche Fragen, die sich innerhalb der Wirtschaftssphäre stellen." (Beschorner et al. 2005, S. 339). Da die Arbeit von ihrer Begrifflichkeit definiert ist als eine Leistung die monetär abgegolten wird, sind Frauen, welche zu Hause den familiären Pflichten nachgehen und dementsprechend kein Geld für ihre Leistung bekommen, nicht weiter betrachtet worden. Mit der Frauenbewegung in den siebziger Jahren wurde der Versuch einer neuen Begriffsbestimmung der Arbeit unternommen. Infolgedessen wird die Leistung der Hausfrauen erfasst. Letztendlich findet bis zum jetzigen Zeitpunkt immer noch keine Anerkennung zu den häuslichen Pflichten statt. Das ethische Problem, diese Leistung anzuerkennen, ist in der aktuellen wirtschaftsethischen Diskussion immer noch ungelöst. Aktuell befinden wir uns in einer breiten ethischen Debatte zu allgemeinen Fragen der sozialen Gerechtigkeit. Die sich abzeichnende demografische Entwicklung und die sich damit verändernde Bevölkerungsstruktur werden einen erhöhten Bedarf an Pflege- und Betreuungsleistungen nach sich ziehen, da sich die Anzahl der älteren Menschen erhöht. Ein weiteres Phänomen ist in der Kindererziehung zu beobachten. Immer mehr Familien bevorzugen im Vergleich zu noch vor 30 Jahren eine außerhäusliche Kinderbetreuung. Die Veränderungen führen zu einer vermehrten Belastung der finanziellen Ressourcen des sozialen Sicherungssystems. Die hierbei immer wiederkehrende Diskussion ist zum einen aufgrund der begründungstheoretischen Zuspitzung der Situation und zum anderen mit dem Anstieg der Anforderungen an den Wohlfahrtstaat verbunden.

7.2 Führung prägt Unternehmenskultur

Aus der Unternehmenskultur leitet sich direkt die Führungskultur ab. Sie ist eine gelebte Form der spezifischen Unternehmenskultur. In der Führungskultur kommen Aspekte, welche das Zusammenspiel Mitarbeiter und Vorgesetzter betreffen, zum Tragen. In den folgenden Beispielen werden drei Modelle von Mitarbeitersteuerung und -kontrolle vorgestellt, bei denen unterschiedliche Rollenwahrnehmungen dargestellt sind (vgl. hierzu auch: Garmer 2003, S. 47 ff.) (Abb. 7.2).

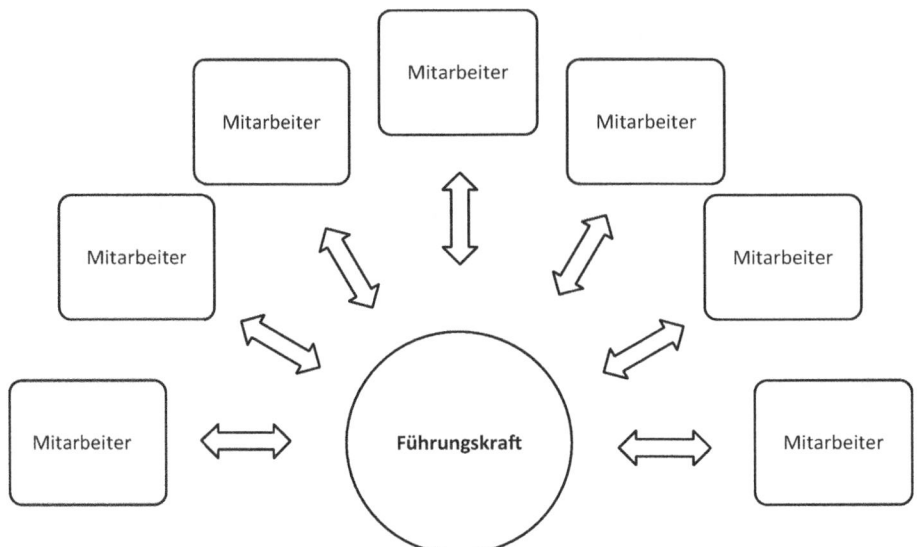

Abb. 7.2 Führungsrolle – Steuerung und Kontrolle

Die Führungskraft kommuniziert direkt mit dem Mitarbeiter. Ebenso interveniert die Führungskraft aufgrund ihrer Machtbasis in den Sachbereich des Mitarbeiters. Teamarbeit wird bei dieser Rollenwahrnehmung nicht befürwortet. Das traditionell-hierarchische Modell basiert auf Macht, Delegation, Kontrolle und direkter Steuerung (vgl. hierzu vertiefend: Niermeyer und Postal 2008, S. 146 ff.) (Abb. 7.3).

Die Kommunikationswege verlaufen zwischen den einzelnen Mitarbeitern, wobei die Führungskraft aufgrund ihrer Machtbasis den Sachbereich der Teams interveniert, wenn sie es für erforderlich hält. Dieses Modell der Führungsrolle zeigt in der Praxis einen instabilen Charakter auf, da das Modell bei Problemen häufig zu der Führungsrolle Steuerung und Kontrolle tendiert (Abb. 7.4).

Die aufgezeigten Kommunikationswege im Modell der Führungsrolle Kommunikator/Wissensmanager/Moderator verlaufen ebenso wie im zweiten Modell zwischen den Mitarbeitern. Sie bilden aber im Unterschied zum zweiten Modell echte Teams, welche selbst im Wesentlichen die Qualitätssicherung übernehmen. Als Qualitätssicherungssysteme können hier Zielkontrollsysteme oder Feedbacksysteme verstanden werden. Die Führungskraft beschränkt sich auf die Steuerung der Kommunikation untereinander im Sinne eines Moderators. Er stellt die Vernetzung zwischen den einzelnen Teams her. Seine Machtbasis ist hier durch Vertrauen, Selbstkontrolle und indirekte Steuerung gekennzeichnet.

Das dritte Modell beschreibt einen kooperativen Führungsstil. Es ist kein allgemein optimales Modell. Je nachdem wie die spezifischen Eigenschaften eines Unternehmens aussehen, ist die notwendige Führungsrolle anzusetzen. Bei einfachen und kleinen Aufgaben, welche nur eine sehr geringe Qualifikation der Mitarbeiter voraussetzt, ist z. B. das erste Modell der Führungsrolle im Sinne einer Kontrolle und Steuerung sinnvoll. Wird diese

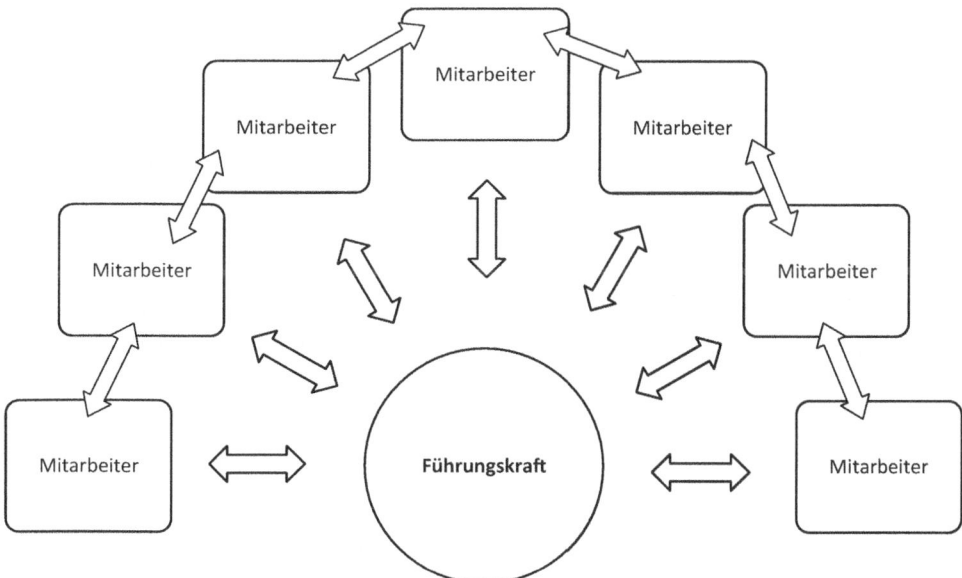

Abb. 7.3 Führungsrolle – Teamentwicklung/Führen mit Zielen

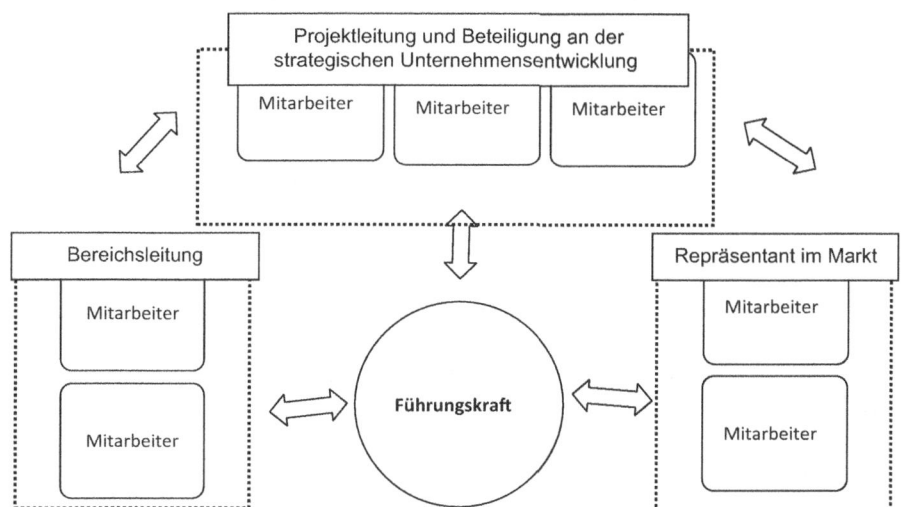

Abb. 7.4 Führungsrolle – Kommunikator/Wissensmanager/Moderator

Führungsrolle bei Mitarbeitern mit komplexen Aufgaben, welche durch eine hohe Qualifikation charakterisiert sind bzw. eine hohen Spezialisierungsgrad aufweisen umgesetzt, läuft das Unternehmen Gefahr, dass die Fluktuationsquote steigt. Aufgrund des Knowhow der Mitarbeiter als Spezialisten, ist das dritte Modell der Führungskraft als Kommunikator/Wissensmanger/Moderator anzustreben. Junge Unternehmen mit unerfahrenen

Merke
Coaching als Personalentwicklungsinstrument:
- ist eine Führungs- und Betreuungsaufgabe des Unternehmens, die häufig auch von den direkten Vorgesetzten übernommen wird,
- fördert Elite und Spitzenleistungen, kann nur auf kleine Zielgruppen ausgerichtet sein und benötigt interne oder externe anerkannte Persönlichkeiten zur Durchführung,
- ist Impulsgeber zur Selbsthilfe und hat weniger mit Therapie und psychischen Problemen zu tun,
- benutzt Methoden, die Basis und Schlüsselqualifikationen vermitteln,
- läuft eher partnerschaftlich ab, ist individuell und konzentriert sich nicht auf fachliche Erfahrungen, sondern auf Managementqualifikationen,
- ist ein Prozess zur Bewältigung von Krisen und dient der Persönlichkeitsentwicklung.

Abb. 7.5 Coaching als Personalentwicklungsinstrument

Führungskräften führen meist ihre Mitarbeiter nicht nach einem autoritären Führungsstil. Ebenfalls besitzen sie meist ein unzureichendes Bild für Führungsstile. Meist neigen sie zu einem überfreundlichen Führungsstil, da sie Angst haben, zu hart zu führen. Ob nun zu überfreundlich oder zu hart, mit beiden Extremen können die Mitarbeiter nur unzureichend und angemessen geführt werden. Ein autoritärer Führungsstil mit einer freundlichen Führung kann sowohl Klarheit bei der Zielsetzung als auch die notwendige Zuwendung für einen wertschätzenden Führungsstil geben. Für die erbrachte Leistung und das dabei gezeigte Verhalten benötigen Mitarbeiter eine Berechenbarkeit der Führungskraft sowie ein klares Feedback. Dies ist Voraussetzung für ein stabiles Miteinander zwischen Mitarbeiter und Führungskraft (vgl. hierzu weiterführend: Reisenauer 2011, S. 143 ff.) (Abb. 7.5).

7.3 Bewusste Aufgabendelegation festigen die Unternehmenskultur

In vielschichtigen und hierarchisch gegliederten Organisationen ist die Arbeitsteilung grundlegende Voraussetzung für die Funktionsfähigkeit des Unternehmens und die Verwirklichung gesetzter Ziele. Aufgaben, Befugnisse und Verantwortung sind weitgehend durch Organisationspläne, Stellen- oder Tätigkeitsbeschreibungen etc. festgelegt. Jede Führungskraft hat gemeinsam mit den Mitarbeitern einen bestimmten Aufgabenbereich zu erfüllen. Es hängt nun u. a. von den Fähigkeiten und den Kenntnissen der Mitarbeiter ab, inwieweit die Aufgaben bewältigt und die gesetzten Ziele erreicht werden, aber auch überwiegend von dem Vermögen der Führungskraft, diese Fähigkeiten und Kenntnisse der Mitarbeiter richtig einzusetzen und im Sinne der Aufgabenbewältigung nutzbar zu machen. Die grundsätzliche Frage, die sich jede Führungskraft stellen sollte, nämlich die Frage, was sie ihren Mitarbeitern übertragen kann und wie sie dabei vorgeht, kann unter dem Begriff des „Delegationsprinzips" gesehen werden (vgl. hierzu vertiefend: Kratz 2003,

S. 88 ff., vgl. ebenso: Niermeyer und Seyffert 2011, S. 228 f.). Die Führungskraft wird vor die Entscheidung gestellt, ob nicht in vielen Fällen Arbeiten von den Mitarbeitern besser ausgeführt werden können oder ob die Mitarbeiter Arbeiten übernehmen sollten, die die Führungskraft selbst nur belasten und von ihren eigentlichen Aufgaben fernhalten (vgl. hierzu vertiefend: Niermeyer und Postall 2008, S. 146 ff.). Unter Delegierung wird nicht nur die Verteilung und Weitergabe von Arbeiten verstanden (Vervielfachung der Hände); zwingend erforderlich ist auch, dass gleichzeitig:

- die dazugehörigen Kompetenzen (Entscheidungsvollmachten) mit übertragen werden,
- die Verantwortung für die sachgemäße Durchführung festgelegt wird.

Aufgaben, Kompetenzen und die dazugehörige Verantwortung sollten in einem ausgewogenen
Gleichgewicht stehen und sich gegenseitig entsprechen. Dieses Prinzip erfordert:

- **vom Vorgesetzten,** dass er bereit und sich dessen bewusst ist, dass mit einer Weitergabe von Aufgaben, Kompetenzen und Verantwortung eine Arbeitsteilung stattgefunden hat. Was weitergegeben wurde, gehört nicht mehr zu den eigenen Aufgaben. Der Vorgesetzte sollte sich nur dann konkret in die Aufgabenerledigung einschalten, wenn ohne sein Eingreifen der Arbeitserfolg durch eine Fehlentscheidung oder durch eine unvertretbare Verzögerung gefährdet würde (kein „Hineinregieren" in andere Stellen).
- **vom Mitarbeiter** die Bereitschaft zu selbstständiger Arbeit und zur Verantwortungsübernahme. Was übernommen wurde, kann im Allgemeinen nicht zurückgegeben werden.
- **vom Vorgesetzten und Mitarbeiter** gemeinsam die Praktizierung kooperativen Verhaltens (vgl. hierzu vertiefend: Lorenz und Rohrschneider 2010, S. 107 ff.).

Die Übertragung von Arbeitsaufgaben ist weitgehend durch Anordnungen, Dienstanweisungen etc. geregelt. Dabei besteht die Gefahr, dass aus unsachlichen Gründen die Verteilung in wenig sinnvoller Weise vorgenommen wird. Kernpunkt der Arbeitszuteilung ist die Frage, ob dies, vom Vorgesetzten aus gesehen, notwendig ist und ob unter Berücksichtigung aller Auswirkungen ein anderer die Arbeit wirtschaftlicher verrichten kann. Bei der Übertragung von Befugnissen müssen mehrere Voraussetzungen erfüllt sein:

- Genaue Aufgabenabgrenzung und -verteilung;
- eindeutige Unterstellungsverhältnisse und eine klare Rangordnung;
- Die Kompetenzen sollten der jeweiligen Rangstufe und des erteilten Auftrages entsprechen (d. h. der Mitarbeiter benötigt alle Befugnisse, Entscheidungen treffen zu können, die zur Aufgabenerledigung notwendig sind) (vgl. hierzu vertiefend: Niermeyer und Postall 2008, S. 146 ff.).

Verantwortung lässt sich grundsätzlich aufspalten in

- Führungsverantwortung (des Vorgesetzten) und
- Handlungsverantwortung (des Mitarbeiters) (vgl. hierzu vertiefend: Kratz 2003, S. 88 ff.).

Der Vorgesetzte trägt die Führungsverantwortung. Er ist nicht für alles verantwortlich, was in seinem Verantwortungsbereich geschieht. Er muss die Mitarbeiter richtig auswählen und ihnen die entsprechende, geeignete Arbeit zuweisen, die Mitarbeiter richtig einführen und informieren, die Kontrolle des Erfolgs der Mitarbeiter durchführen, im Bedarfsfall durch geeignete Hinweise Korrekturen im Verhalten der Mitarbeiter auslösen. Sicherlich kann sich eine Führungskraft in der Praxis nicht gänzlich der Verantwortung, auch für delegierte Aufgaben, entziehen. Beispielsweise wird der Vorgesetzte gegenüber Kunden dann die Verantwortung für das Versagen eines Mitarbeiters übernehmen müssen, auch wenn dieser in Eigenverantwortung gehandelt hat. Dies sollte jedoch auf Ausnahmesituationen beschränkt bleiben, da der Vorgesetzte überwiegend seiner Führungsverantwortung gerecht werden sollte. Der Mitarbeiter trägt die Handlungsverantwortung, er hat selbst für alles einzustehen, was er in dem an ihn delegierten Bereich tut oder nicht tut, nicht sein Vorgesetzter (vgl. hierzu vertiefend: Niermeyer und Seyffert 2011, S. 228 f., vgl. ebenso: Lorenz und Rohrschneider 2010, S. 107 ff.).

Nachfolgende Stufen der Delegation beziehen sich auf die gesamte Arbeitsgruppe. Sinngemäß gelten die Abstufungen der Ausprägung auch für die Delegation von Aufgaben an Einzelpersonen (vgl. hierzu vertiefend: Niermeyer und Postall 2008, S. 146 ff.) (Abb. 7.6).

Die Delegation von Aufgaben, Kompetenzen und Verantwortung beinhaltet ein differenziertes Vorgehen. Fähigkeiten und Kenntnisse der Mitarbeiter, die Aufgabenstellung und die jeweilige Arbeitssituation müssen berücksichtigt werden. Je nach „Konstellation" und Ausprägung dieser einzelnen Faktoren muss das „Delegationsprinzip" unterschiedlich eingesetzt werden. Die Vorteile der Delegation liegen zum einen im Freiwerden der Führungskraft für ihre eigentlichen Funktionen, zum anderen hat die Übertragung von Aufgaben, Befugnissen und Verantwortung eine motivierende Wirkung auf die Mitarbeiter. Dies gilt sowohl für die dauerhafte Delegation als auch für die fallweise Delegation von Aufgaben (vgl. hierzu vertiefend: Kratz 2003, S. 88 ff.).

7.4 Human Move

Jedes Unternehmen steht immer wieder vor neuen Anforderungen. Die Einkaufs- und Absatzmärkte ändern sich. Die Bedürfnisse der Kunden ändern sich. Gesetzliche Regelungen verändern sich. Die Ansprüche der Eigentümer und Banken ändern sich. Die Ansprüche der Beschäftigten ändern sich.

Vorgesetzter	Mitglied der Arbeitsgruppe
- entscheidet alles, nämlich wer was wie tun muss. Die Aufgäben werden genau vorgeschrieben und zugewiesen. Die Kompetenzen werden streng begrenzt oder zurückbehalten.	- entscheiden nichts, führen nur aus.Sie haben die Verpflichtung, sich streng an die Anweisungen zu halten und sie genau auszuführen.
- entscheidet, wer was tun muss. Die Aufgaben werden zugewiesen, derFachmann setzt hier sein Wissen ein,wie es zu tun ist. Die Kompetenzen sind begrenzt, derjenige der den Auftrag durchführt, hat jedoch "Prozesssouveränität". („Wie" der Durchführung)	- entscheiden darüber, wie die Aufgabe gelöst werden soll. Der Einzelne ist verpflichtet, die Aufgabe sachlich richtig und seinen Fähigkeiten entsprechend durchzuführen.
- entscheidet was getan werden muss. (Zielsetzung) Die Aufgaben werden zugewiesen. Die Gruppe entscheidet jedoch über die Durchführungsmodalitäten selbst und hat hierzu auch die Kompetenzen.	- entscheidet, wer es tut und wie es getan werden soll. Die Gruppe ist verpflichtet, die Zielsetzungen zu erfüllen.Die Mitglieder übernehmen die volle Verantwortung für ihre Teilaufgabe.
- entscheidet, dass etwas getan werden muss. Die Aufgaben werden von der Gruppe Einzelnen zugewiesen (Vorgesetzter ist Mitglied der Gruppe). Sieformuliert die Ziele; plant die Durchführungund kontrolliert die Erfüllung. Die Kompetenzen werden durch die Gruppe den einzelnen Mitgliedern übertragen.	- entscheiden zusammen mit ihrem Vorgesetzten, wer was wie tun muss, nachdem feststeht, dass etwas getan werden muss. Die Gruppe trägt die Konsequenzen ihres Handelns. Der Vorgesetzte berichtet über die Ergebnisse nach oben.
- entscheidet selbst nichts, überlässt die Entscheidung, ob etwas getan werden soll, der Gruppe, in der er gleichberechtigtes Mitglied ist.	- entscheiden alles, nämlich dass etwas getan wird, wer was wie tun muss.

Abb. 7.6 Delegations-Kontinuum

Unternehmen können diesen Anforderungen begegnen, wenn sie über ein Management-konzept verfügen, welches die bewusste Gestaltung der Unternehmenskultur einschließt. Im Mittelpunkt der Idee des „Human Move" steht die Entwicklung sowie Umsetzung eines

Wertekanons. Dieser Wertekanon ist abgeleitet aus den Unternehmensanforderungen. Mit ihm werden die Fragen beantwortet, warum etwas getan werden muss, wie gehandelt werden soll und wozu es dient. Gemeinsam mit den Beschäftigten erarbeitet, bildet ein solcher Wertekanon die stabile Grundlage für Verhalten in sich schnell verändernden Unternehmen. Die im Unternehmen stattfindende Arbeit an der Idee des „Human Move" basiert auf den zentralen Werten einer auf den Menschen ausgerichteten Organisationsentwicklung. Transparenz, Handlungsspielräume und Beeinflussbarkeit, Berücksichtigung persönlicher Interessen, Werte und Gefühlslagen, Verbindung von Kompetenzentwicklung und (rascher) Umsetzung, Prüfen und Abwägen von Alternativen sind Eckpunkte dieser Organisationsentwicklung. Es wird sowohl auf der Sachebene (fachlich-organisatorisch) als auch auf der Beziehungsebene (einstellungs- und gefühlsorientiert) gearbeitet. Auf diese Weise wird im Entwicklungsprozess selbst bereits ein Verhalten gefördert, das veränderungs- und innovationsfreundlich ist. Die Unternehmenskultur entsteht quasi in der Veränderung. Einbezogen werden alle Beschäftigtengruppen und Interessenträger, die für das Unternehmen von Bedeutung sind. Das sind Führungskräfte ebenso wie die Beschäftigten, Betriebs-und Personalräte sowie die Eigentümer eines Unternehmens.

Im Ergebnis entsteht ein vereinbartes System an Werten und gelebten Verhaltensmustern, das auch in Zeiten schneller und vielfältiger Wandlungen Bestand hat. Es fördert den Zusammenhalt, das Verständnis und die Verständigung der betroffenen Beschäftigten und Führungskräfte auch in schwierigen, anspruchsvollen Situationen. Das Unternehmen, das Team und der Einzelne bleiben stets handlungs- und kooperationsfähig. Psychische Belastungen werden reduziert. Die Anlässe zur Umsetzung dieser Idee sind vielfältig. Die erste Gruppe von Anlässen bezieht sich auf die Gegenwart. Sie umfasst alle Erscheinungen von Unzufriedenheit mit dem aktuellen Unternehmenszustand. Dazu gehören z. B. ein schlechtes Arbeitsklima, hohe Fluktuation und Krankenstand, unzureichende Arbeitsergebnisse, mangelnde Veränderungsbereitschaft bzw. auch Angst vor Veränderung und Abwehr von Veränderung sowie geringe Eigeninitiative. Diese Symptome deuten auf eine Lücke zwischen erwartetem Verhalten („gute Kultur") und realisiertem bzw. gelebtem Verhalten im Unternehmen hin. Dies wiederum wird dann als „schlechte Kultur" oder auch als „keine Kultur" kritisiert.

Diese Unzufriedenheit führt zu Produktivitätslücken, verhindert das kreative Ausfüllen von Handlungs- und Entscheidungsspielräumen und lähmt die Entwicklung eines Unternehmens. Jede Strategie, und sei sie noch so gut, jede Organisationsform, und sei sie noch so intelligent, ist damit zum Scheitern verurteilt. Die Idee des „Human Move" sichert somit die Leistungs- und Entwicklungsfähigkeit des Unternehmens (Abb. 7.7).

Die zweite Gruppe von Anlässen zur werteorientierten Unternehmenskulturentwicklung ist zukunftsorientiert. In diesen Unternehmen geht es im Rahmen von „Human Move" um die Modellierung von Verhaltensmustern auf der Basis von gemeinsam getragenen und akzeptierten Werten, die für die Umsetzung neuer Strategien, für die Realisierung von Anpassungsmaßnahmen, für das Wachstum von Unternehmen und für die Schaffung neuer Organisationseinheiten von ausschlaggebender Bedeutung sind. In diesen Unternehmen ermöglicht das Konzept, die Veränderung des vorhandenen Werteka-

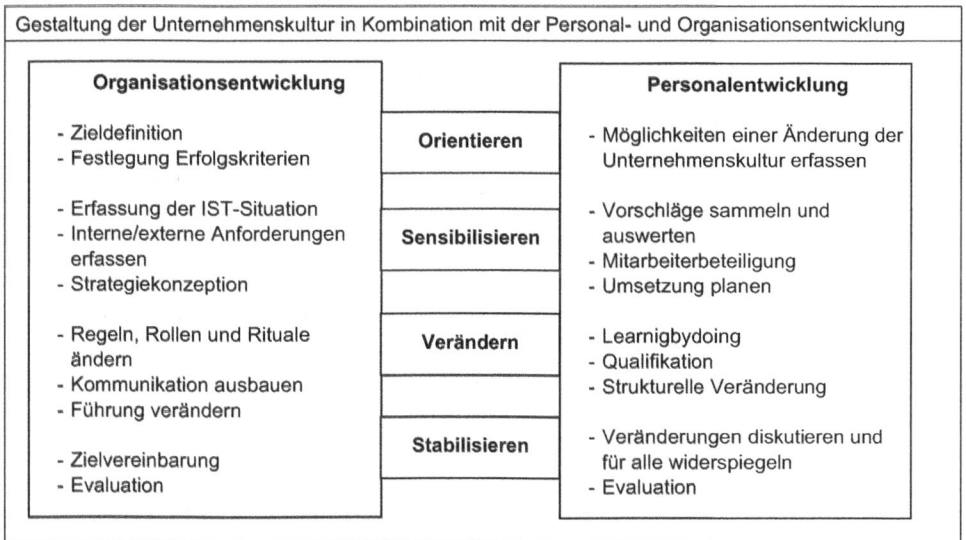

Abb. 7.7 Bedeutung der Personal- und Organisationsentwicklung zur Unternehmenskulturgestaltung

nons bewusst zu gestalten. Neue Verhaltensmuster entstehen so nicht hinter dem Rücken der Führungskräfte und Beschäftigten. Die normalen, latenten und lähmenden Ängste und Bedrohungsgefühle dürfen sichtbar gemacht werden, die neuen Werte werden definiert und konkretisiert, und auf diese Weise werden Widerstände abgebaut. Der Veränderungsprozess, die Reorganisation, die Umstrukturierung oder auch das Wachstum werden auf diese Weise beschleunigt.

Eine dritte Gruppe von Anlässen zur Umsetzung des Konzeptes „Human Move" besteht in der Art von Arbeit, die in den jeweiligen Unternehmen realisiert werden muss. Je enger die Erfüllung der Arbeitsaufgabe an die Werte und an die daraus resultierenden Verhaltensweisen geknüpft ist, desto wichtiger ist die Verständigung über die zentralen Werte des Unternehmens. Insbesondere in Tätigkeitsfeldern

- die wenig strukturiert, weil neu sind,
- die sich schnell verändern,
- die in unternehmensinternen und –übergreifenden Netzwerken stattfinden,
- mit Aufgaben, die häufig Projektcharakter haben,
- die die Bewältigung schlecht definierter Probleme erfordern,
- die unternehmerisches Denken und berufliche Mobilität sowie Flexibilität benötigen,

sind mittlerweile Werte sowie Verhaltensmuster und nicht die Arbeitsvorgaben die Orientierungsgrößen für schnelles und sicheres Handeln aller Beteiligten. In diesen Unternehmen und in diesen Arbeitsaufgaben wirkt die bewusste Gestaltung der Unternehmenskultur somit ganz direkt auf die Arbeitsleistung und Arbeitsergebnisse der Beschäftigten. Die Gestaltung der innovationsförderlichen Unternehmenskultur ist in der Idee des „Human Move" als verknüpfter Personal- und Organisationsentwicklungsprozess angelegt.

Schritt 1 – Orientieren: In der Orientierungsphase klärt eine Gruppe von Entscheidern, worin das Handlungs- bzw. Problemfeld für die Gestaltung der Unternehmenskultur besteht. Diese können im Bereich aktueller Probleme liegen oder auch die Gestaltung zukünftiger Strategien umfassen. Grundsätzlich geht es um Managementfelder, in denen die Grundannahmen der beteiligten Beschäftigten und Führungskräfte in Entscheidungen wirksam werden, so oder anders zu handeln. Das kann z. B. die Themen Teamarbeit, Qualität, Führung, Vertrieb, Produktinnovation, Optimierung und Verbesserung betreffen. Ausgehend von einer Analyse aktueller und zukünftiger Rahmenbedingungen wird ein Leitbild erarbeitet. Die Entscheider untersetzen dieses Leitbild mit den notwendigen Werten und Verhaltensmustern. Für die erarbeiteten Handlungs- bzw. Problemfelder werden die Ziele geklärt und Erfolgskriterien festgelegt. Damit sichert das Unternehmen den Anfangs- und den Endpunkt der gezielten Entwicklungsarbeit und den unternehmerischen Bezug.

Schritt 2 – Sensibilisieren und Veränderungsbereitschaft fördern: Die Sensibilisierung ist der Prozess der Reflexion von Mustern und Routinen sowie die gedankliche Entwicklung neuer Muster. Die Beteiligten erarbeiten (häufig nicht bewusste) Erwartungen und Befürchtungen, Stärken und Schwächen. Sie konstruieren Soll-Zustände, die mit den Ist-Zuständen verglichen werden. Aus der Lücke zwischen den Soll- und Ist-Zuständen entstehen die Vorschläge für Veränderung, die zusammengetragen, bewertet, ausgewählt und in ihrer Umsetzung geplant werden. In der Werteanalyse bewerten die Beteiligten die im Unternehmen notwendigen bzw. umgesetzten Werte nach ihren eigenen Wertvorstellungen. Eigenes und fremdes Verhalten wird analysiert und einer Prüfung unterzogen. Auf diese Weise sensibilisiert die Werteanalyse Personen für die Veränderung von Verhalten.

Schritt 3 – Verändern: Im Prozess der Veränderung der Unternehmenskultur geht es um die Umsetzung der vereinbarten Werte anhand der gedanklich vorweggenommenen Verhaltensmuster. Strukturen werden verändert, Qualifizierungen werden durchgeführt; am Maßstab des erarbeiteten Wertekanons wird im Prozess der Arbeit gelernt. So ist z. B. der Wert „Wertschätzung" mit einer bestimmten Art von Kommunikation verbunden. Dazu gehört der Respekt vor anderen Meinungen, die Anerkennung unterschiedlicher Stärken und Schwächen, eine aufbauende statt verletzende Kritik. Feedback, aktives Zuhören, hypothesengestützte Rollenanalysen und kollegiale Beratung sind Instrumente und Techniken, die zur Umsetzung dieses Wertes im Verhalten in Qualifizierungsprozessen vermittelt werden. In der Veränderungsphase ist es notwendig, die Entwicklung der Verhaltensweisen entlang der Werte zu thematisieren, da sie noch nicht selbstverständlich geworden sind. Die Erfolgskriterien werden ebenfalls überprüft.

Schritt 4 – Stabilisieren: In der Phase der Stabilisierung wird erreicht, dass die erwünschten Werte in Verhalten umgesetzt werden. Sie sind Routine und neue Muster. Der Veränderungsprozess wird abgeschlossen, indem die Veränderungen reflektiert und verankert werden. Ein Beispiel für Verankerung ist das Einfügen der Werte und Verhaltensmaßstäbe in den Personalrekrutierungsprozess, in die Qualifizierungsplanung, in die Planung von neuen Vorhaben und Entwicklungsschritten sowie in das Qualitätsmanagement. Im Ergebnis dieses Prozesses entsteht ein gelebtes „Haus der Unternehmenskultur", dessen

Säulen die Werte bilden, an denen die Beschäftigten, Führungskräfte und weitere Akteure ihr Handeln orientieren. Die Unsicherheit hat sich verringert, die Kontrollverluste sind reduziert und die Beeinflussungsmöglichkeiten sind transparent.

Die Umsetzung der beschriebenen Idee erfordert die Beteiligung der Menschen, die das Verhalten umsetzen und die Kultur leben sollen. Das Konzept baut auf der Philosophie und den Verfahrensweisen des Coaching auf. Es dient somit der Erschließung von internen, vorhandenen Potenzialen des Unternehmens und der Menschen. Regel- und Musteränderungen sind häufig seitens der Beteiligten innerhalb der Unternehmen schwer erreichbar. Die Nutzung von Dienstleistungen entsprechender Anbieter ist empfehlenswert.

„Human Move" verhindert nicht, dass Unternehmen schwierige Entscheidungen treffen müssen. Es führt aber zu einer Art und Weise der Gestaltung auch schmerzlicher Prozesse, die den Selbstwert aller Beteiligten aufrechterhält. Entscheidungen werden nachvollziehbar und deutbar. Der Nutzen besteht für das Unternehmen in einer hohen Transparenz der gegenseitigen Erwartungen zwischen Unternehmen und Beschäftigten. Das Unternehmen verfügt über ein Managementkonzept zu Reaktionsweisen auf veränderte Anforderungen. Die Beziehungsebene ist in die Entwicklungsprozesse einbezogen. Die Unternehmensleitung verfügt über die Sicherheit, dass alle Beschäftigten die Erwartungen und Ziele kennen, den Sinn ihrer Funktion einordnen können und Störungen gemeldet werden.

Die Beschäftigten erhalten die Möglichkeit, ausgehend von erkannten Problemen Veränderungen anzustoßen und mitzugestalten. Sie werden zu aktiven Gestaltern ihrer eigenen Arbeitszufriedenheit. Das verbessert das Selbstwertgefühl und erhöht die Kontrolle über die Veränderungen.

Diese Art der Gestaltung der Unternehmenskultur greift die Idee des aktiven Gestalters, des eigenverantwortlich handelnden Mitglieds der Gesellschaft auf. Der Mensch steht im Mittelpunkt dieser Entwicklung, er versteht, beeinflusst und entscheidet im Rahmen seiner Möglichkeiten. Er sieht Sinn in seiner Tätigkeit und den Veränderungsprozessen.

7.5 Steuerung der Unternehmenskultur durch indirekte und organisatorische Führung

Unternehmen agieren auf dynamischen Märkten. Unternehmensprozesse und –strukturen unterliegen fortlaufend einem Wandel und müssen zwangsläufig regelmäßig den vorherrschenden Bedingungen angepasst werden. Mitarbeiter und Führungskräfte müssen gemeinsam ambitioniert an der Zielerreichung arbeiten. Ein positives Unternehmensklima ist hierfür Voraussetzung. Um dies zu erreichen, ist u. a. ein modernes Führungs- und Steuerungssystem im Unternehmen notwendig. Moderne Führung heißt Delegation von Verantwortung. Führen über Ziele ist das Stichwort. Diese Art der Führung stellt hohe fachliche und soziale Anforderungen an alle Beteiligten. Desweiteren müssen klare Regeln und Verhaltensweisen für Führungskräfte festgelegt werden, welche universell eine Führungsfunktion beschreiben (vgl. hierzu auch: Garmer 2003, S. 55 ff.) (Abb. 7.8).

Abb. 7.8 Führungssystem

Die Führungsphilosophie, Führungsinhalte, Führungsorganisation und Führungswerkzeuge, insbesondere Führungstechnik bilden in dem dargelegten Führungssystem eine Einheit.

Führungsphilosophie Sie beschreibt die grundlegenden Führungsprozesse sowie die Kriterien einer Führungseigenschaft. Als verbindliche Handlungsgrundlagen sind hierbei das Leitbild und die Zusammenarbeit anzusehen, aus welchen sich mitunter die Unternehmenskultur ableiten lässt. Den Kern der Führungsphilosophie bilden das gegenseitige Vertrauen und die Wertschätzung. Auf dieser Basis kann eine dialogorientierte und erfolgreiche Zusammenarbeit gewährleistet werden.

Führungsinhalte Führungsinhalte basieren auf den definierten Unternehmenszielen. Die Aufgabe selbst steht im Mittelpunkt. Demzufolge werden die Führungsinhalte aus der Unternehmensstrategie abgeleitet.

Führungsorganisation Mit der Organisation der Führung werden die Voraussetzungen geschaffen, wobei die Führung nach oben und nach unten beschrieben wird. Somit wird im Kern die Führungstätigkeit transparent dargelegt. Hierbei werden Verantwortlichkeiten sowie das Handeln in den unterschiedlichen Aufgabenbereichen und Führungsebenen abgebildet.

Führungswerkzeuge (Führungstechnik) Eine zentrale Rolle zur Steuerung der Grundsätze nehmen die Führungswerkzeuge ein, welche den Führungsprozess steuern. Des Weiteren werden durch Instrumente die vorab festgelegten Führungstechniken, z. B. Führen durch Delegation, umgesetzt und können dementsprechend gelebt werden. Als weitere

Funktion bewirken Führungswerkzeuge eine strukturierte Analyse und gewährleisten das Zusammenwirken aller Beteiligten.

Leitlinien, Anleitungen und Instrumente einer erfolgreichen Führung können als Hilfsmittel herangezogen werden. Der im Folgenden dargestellte Führungskompass kann zu den Leitlinien gezählt werden. Er bietet den Führungskräften Orientierung im täglichen Handeln. Zwar gewährleisten solche Leitlinien keine Garantie für eine erfolgreiche Mitarbeiterführung, bieten aber dennoch ein einheitliches Führungsgrundverständnis, welches ein einheitliches Führungshandeln ermöglichen kann. Eine Ausrichtung des Handelns der Führungskräfte trägt entscheidend zu einer Verbesserung der Führungsqualität bei. Die unterschiedliche Auslegung der Führungsrolle führt meist zu Reibungsverluste oder sogar zu Konflikten, welche aufgrund klarer Spielregeln minimiert werden. Des Weiteren ist mit der dargelegten Transparenz eine Problemlösung schneller durchführbar.

7.6 Führungskompass (Abb. 7.9)

Mit der Implementierung von Prozessen, welche mit der Führung verknüpft sind, können auf Basis der Unternehmensziele und der kulturellen Gegebenheiten Synergieeffekte indirekt erzeugt werden, welche nachhaltig zum Unternehmenserfolg beitragen.

Führungsverhalten kann immer nur an Resultaten gemessen werden. Demzufolge ist jede Führungshandlung auf ein bestimmtes Ziel und Ergebnis ausgerichtet. Aber gute Arbeitsergebnisse sind nicht nur von den Fähigkeiten und Kompetenzen der Führungskraft abhängig. Alle Mitarbeiter sind ebenso für gute Resultate in ihrer Arbeitsaufgabe verantwortlich (Abb. 7.10).

Das Führen durch Delegation ist ein Führungsprinzip. Es findet Anwendung in allen Unternehmensbereichen und Führungsebenen. Grundsätzlich kann bei diesem Prinzip davon ausgegangen werden, dass so viel dezentrale Verantwortung wie nur möglich und zentrale Vorgaben so wenig wie nötig umgesetzt werden. Aber Führen auf Delegation setzt auch die Bereitschaft voraus, Fehler zu akzeptieren. Eine Rückmeldung über die erzielten Ergebnisse in Quantität und Qualität sind für die Schaffung einer Transparenz unverzichtbar. Eine gelebte Anerkennungskultur und Fehlerkultur ist eine erfolgreiche Basis für eine werteorientierte Zusammenarbeit (Abb. 7.11).

Die organisatorischen, personellen, zeitlichen und technischen Rahmenbedingungen nehmen ebenfalls eine tragende Rolle ein. Für Führungskräfte ist es aufgrund der zunehmenden Arbeitsspezialisierungen schwieriger, aktuelles und fundiertes fachliches Wissen für den zuständigen Fachbereich selbst vorzuhalten. Das muss sie auch nicht. Kenntnisse zu den wesentlichen fachlichen Gegebenheiten muss die Führungskraft besitzen. Sie muss in der Lage sein, fachlich fundiert entscheiden zu können. Spezialwissen ist nicht notwendig (Abb. 7.12).

Für Klarheit sorgen und Realitätssinn demonstrieren
- Wir agieren offen und aufrichtig und ermutigen andere zu direkten, auch harten, aber stets fairen Diskussion.
- Wir fördern Meinungsvielfalt und pflegen eine konstruktive Streitkultur.
- Wir bevorzugen keine einzelnen Mitarbeiter und verzichten darauf, uns mit Leistungen anderer zu schmücken.
- Wir treffen nachvollziehbare Entscheidungen.
- Wir geben Vertrauensvorschuss, indem wir Befugnisse, Entscheidungsfreiräume und Verantwortung auf andere übertragen und Mitarbeiter durch Beratung und Unterstützung (z.B. durch Coaching) fördern.
- Wir würdigen positive Leistungen zeitnah.
Begeisterung und Inspiration fördern und zur Entfaltung bringen
- Wir schaffen ein Arbeitsklima, das alle Mitarbeiter und Geschäftspartner inspiriert und in dem alle ihr Bestes geben.
- Wir demonstrieren Begeisterung für die jeweilige Aufgabe sowie Optimismus und Tatendrang.
- Wir stellen den Mitarbeiter in den Mittelpunkt und erzeugen gleichzeitig ein Gefühl für Verantwortung.
- Wir erreichen mit unserer Führung Kopf und Herz unserer Mitarbeiter und zeigen unser Interesse für sie als Person.
Strategische und operative Führung demonstrieren
- Wir verpflichten uns auf die Rollen und Verantwortlichkeiten der Unternehmensstrategie bis 2018. Hierzu setzen wir Prioritäten und halten eine Balance zwischen kurz- und langfristigem Denken und Handeln.
- Interessen der Unternehmung gehen vor Einheitsinteressen oder den Interessen Einzelner. Die mittlere und oberste Führungsebene fokussieren sich primär auf die strategische Führung.
- Wir verringern die Komplexität und konzentrieren uns auf wenige, einfache Geschäftsmodelle.
- Wir gehen eher weniger Aufgaben an, arbeiten diese aber vollständig ab.
Vorbild für Leistung und Schnelligkeit sein
- Wir erzeugen eine Leistungskultur, leben eine Erfolgsmentalität vor und fördern sie.
- Wir setzen anspruchsvolle Ziele und akzeptieren keine defensiven Ziele.
- Wir sorgen dafür, dass aus Fehlern gelernt wird und pflegen ein ausgewogenes Verhältnis von Analyse, Risikofreude und Experimenten (z.B. eine 80/20-Regel).
- Wir setzen Ideen und Projekte möglichst schnell in die Tat um.
- Wir vermeiden lähmenden Perfektionismus, beschleunigen Entscheidungsvorgänge und setzen Prioritäten. Wir vermeiden die „Analyse bis zur Paralyse".
- Wir sind Vorbilder, die Reden und Handeln im Einklang halten.
- Wir vermeiden Bürokratie oder bauen sie konsequent ab.

Abb. 7.9 Beispiel eines Führungskompasses

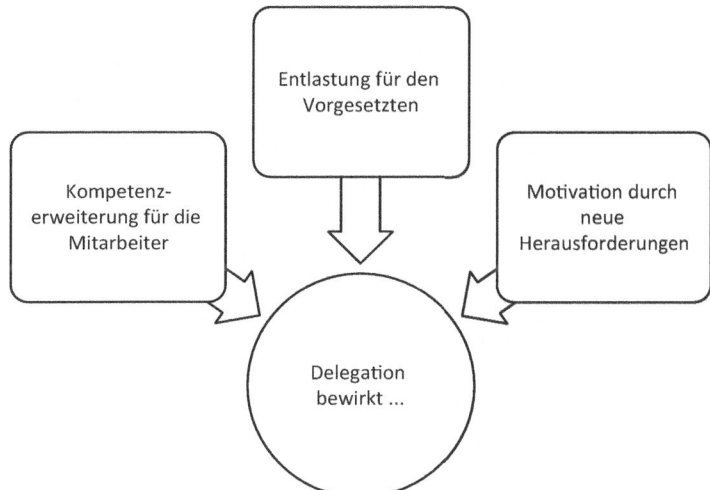

Abb. 7.10 Delegation als Führungsprinzip

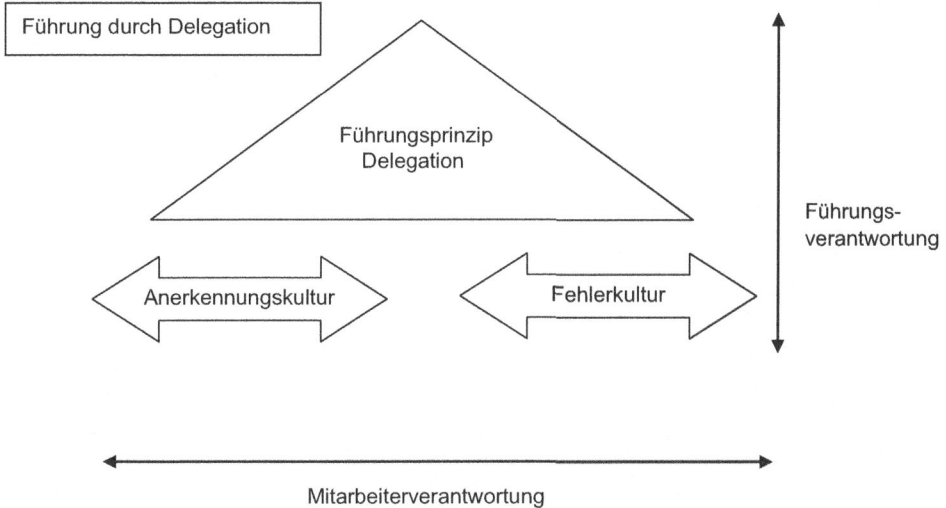

Abb. 7.11 Verantwortungsbereiche der Delegation

Um Arbeitsaufgaben durch die Mitarbeiter erfüllen zu lassen, muss die Führungskraft darauf achten, dass die Empfänger der Aufträge ausreichend Zeit, Informationen, personelle Kapazitäten und benötigte Ressourcen zur Verfügung haben. Nicht realistische Arbeitsaufträge führen in der Beziehung zwischen Mitarbeiter und Führungskraft zu einem Vertrauensverlust, welches für die Zielerreichung nicht dienlich ist. Führungskräfte, die Aufträge annehmen bzw. verteilen, müssen die operativen Faktoren abschätzen können, sodass eine maximale Wirkung erzielt werden kann. Hierzu gehört nicht zuletzt

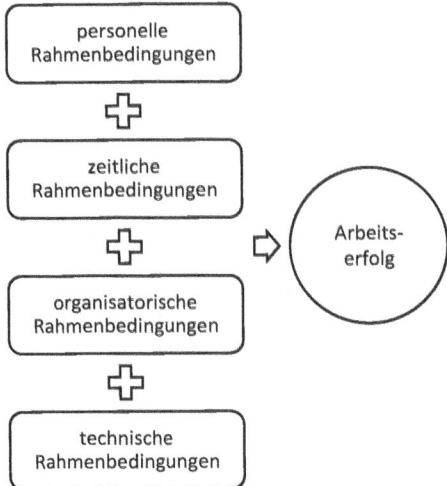

Abb. 7.12 Operative Faktoren für Führungskräfte

ein realistisches Verständnis für benötigte Zeit- und Personalressourcen (vgl. hierzu auch: Garmer 2003, S. 45 ff.). Prinzipiell ist davon auszugehen, dass in jeder Organisationseinheit die operativen Faktoren oftmals knapp und nicht im Überfluss vorhanden sind (vgl. hierzu weiterführend: Reisenauer 2011, S. 143 ff.).

7.7 Ethikmanagement als Ergebnis der strategischen und operativen Führung

Die wichtigsten Ansätze für ein Ethikmanagement wurden seit den dreißiger Jahren in den USA entwickelt. In amerikanischen Unternehmen existieren meist eine Vielzahl ethischer Leitlinien für die Unternehmensführung (Codes of Conduct, Codes of Ethics). Mit ihnen werden die Werte des Unternehmens gleichsam mit den Mitarbeitern wie auch mit der Außenwelt kommuniziert. Derartige Leitlinien beinhalten u. a. Richtlinien und Hinweise für die tägliche Arbeit. Viele Unternehmen, in den ein solches Ethikmanagement gelebt wird, haben zur Überwachung der Einhaltung der Leitlinien und zu ihrer Weiterentwicklung sogenannte Ethikkomitees im oberen bzw. im mittleren Management installiert (vgl. hierzu vertiefend Kleinfeld 2011, S. 8 ff.; vgl. ebenso: Idowu und Louche 2011, S. 65). Aufgrund der einheitlichen Betrachtung der Organisation durch das Komitee können Maßnahmen fachbereichsübergreifend umgesetzt werden (vgl. Palazzo 2001, S. 48 ff; Kleinfeld 2011, S. 45 ff., Reisenauer 2011, S. 25 f.).

Eine regelmäßige Evaluation der Maßnahmenumsetzung der Ethik-Leitlinien und das damit verbundene Verständnis der Mitarbeiter kann mit Hilfe eines Ethik-Audits durchgeführt werden. Der Audit-Bericht kann der Unternehmung wertvolle Informationen zum aktuellen Sachstand darlegen und ist dementsprechend die Grundlage für weitere Entscheidungen. Die im Unternehmen für das Ethikmanagement verantwortlichen Personen werden meist als so genannte Ethics Officers bezeichnet. Seit 1992 haben sich die Ethics Officers in einem eigenen Berufsverband zusammengeschlossen (Ethics Officers Association). Mit diesem Verband wird das Ziel eines gegenseitigen Erfahrungsaustausches, aber auch die Einflussnahme auf politischen Entscheidungen angestrebt. So wurde z. B. im Jahr 2001 ein Antrag für ein mögliches Normungsvorhaben für ein Ethikmanagement bei der ISO ausgearbeitet (vgl. hierzu vertiefend Villarreal et al. 2008, S. 48 ff., vgl. hierzu weiterführend: Zirnig 2009, S. 24). Mit der darauf folgenden ISO 26000, welche im November 2010 veröffentlicht wurde, ist ein Leitfaden erarbeitet worden, der als Orientierung und Handlungsempfehlung auf freiwilliger Basis anzusehen ist. Im Kern sagt die ISO 26000 aus, wie Organisationen für ein verantwortungsvolles Handeln gegenüber der Gesellschaft agieren sollten. Die ISO 26000 ist kein zertifizierbares Managementsystem im Vergleich zu einem Qualitätsmanagement nach ISO 9001 (vgl. Kleinfeld 2011, S. 15 ff., Murphy und Yates 2009, S. 25 ff., Idowu und Louche 2011, S. 65). Die ISO 26000 ist wie folgt aufgebaut:

1. Einleitung,
2. Geltungsbereich,
3. Begriffe und Definitionen,
4. Sozialer Kontext,
5. Relevanz für Organisationen,
6. Leitfaden für die Kernbegriffe,
7. Leitfaden zur Einführung und
8. Anhang (Abb. 7.13).

Weiter beschreibt sie innerhalb von sieben Kernthemen diverse Handlungsfelder und gibt entsprechende Empfehlungen. Als gedankliche Leitlinie dienen dabei wiederum sieben Prinzipien gesellschaftlicher Verantwortung (vgl. vertiefend: Jonge 2011, S. 45 ff.). Bei den Kernthemen handelt es sich um:

• Organisationsführung,
• Menschenrechte,
• Arbeitspraktiken,

> **Als wesentliche Praktiken zur Verankerung gesellschaftlicher Verantwortung macht die ISO 26000 zwei Punkte aus:**
>
> | Anerkennung der gesellschaftlichen Verantwortung und | Identifizierung und Einbringung der Anspruchsgruppen. |

Abb. 7.13 gesellschaftliche Verantwortung aus der ISO 26000

- Umwelt,
- faire Betriebs- und Geschäftspraktiken,
- Konsumentenanliegen und
- Einbindung und Entwicklung der Gemeinschaft (vgl. Bernhart und Maher 2011, S. 7 ff., Kleinfeld 2011, S. 34 ff.; Jonge 2011, S. 45 ff.).

7.7.1 Menschenrechte

Die beschriebenen Menschenrechte als Handlungsfeld in der ISO 26000 lassen sich in zwei große Kategorien unterteilen:

1. bürgerliche und politische Rechte und Gleichheit vor dem Gesetz und
2. die wirtschaftlichen, sozialen und kulturellen Rechte, welches ebenso das Recht auf Arbeit, Bildung und Nahrung umfasst.

Eine Vielzahl der Menschenrechte legen ihren Hauptaugenmerk lediglich auf das Verhältnis von Bürger und Staat, wobei Unternehmungen als solche nicht weiter betrachtet werden. Sie können aber ebenfalls durch bestimmte Verhaltensweisen die Menschenrechte einer einzelnen Person einschränken. Die Menschenrechte sind in vielen EU-Ländern in der Verfassung verankert. Zusätzlich werden diese durch eine Vielzahl von weiteren Dokumenten geregelt (z. B. Charta der Grundrechte der Europäischen Union). Ebenfalls wird durch Rechtstaatlichkeit und eines funktionierenden Rechtssprechungssystem der gesetzliche Schutz der Menschenrechte gewährleistet (vgl. hierzu vertiefend auch: Vitt et al. 2011, S. 33 ff.). Folgende Themen sind in diesem Handlungsfeld ausschlaggebend (Abb. 7.14):

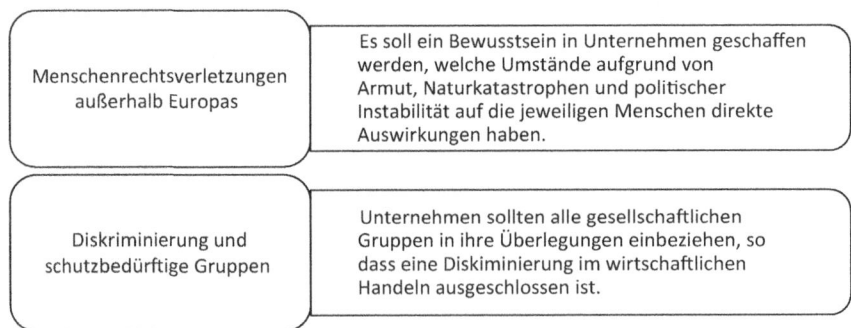

Abb. 7.14 ISO 26000 – Inhalt des Handlungsfelds Menschenrechte

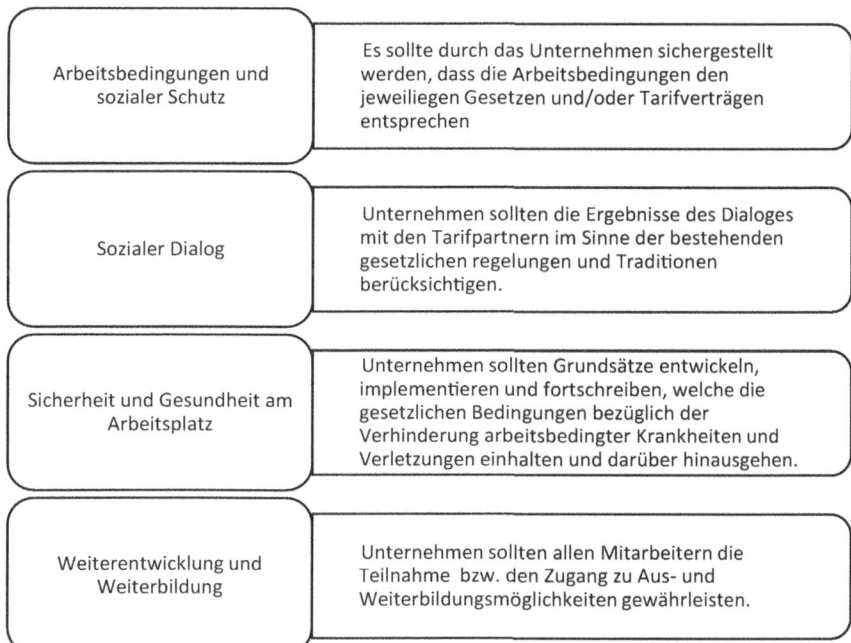

Abb. 7.15 ISO 26000 – Inhalt des Handlungsfelds Arbeitspraktiken

7.7.2 Arbeitspraktiken

Das Handlungsfeld der Arbeitspraktiken befasst sich mit Fragestellungen der Mitarbeiter-beschäftigung, mit der Beendigung von Arbeitsverhältnissen, mit der Weiterbildung, mit der Entlohnung, Aspekte der Arbeitssicherheit und mit dem Gesundheitsschutz. In vielen Mitgliedsstaaten der Europäischen Union sind eine Vielzahl der Arbeitsnormen in Gesetze verbindlich geregelt oder in Tarifverträgen ergänzt worden (vgl. hierzu vertiefend auch: Vitt et al. 2011, S. 54 ff.). Folgende Themen sind in diesem Handlungsfeld ausschlagge-bend (Abb. 7.15):

7.7.3 Umwelt

Eine Vielzahl der Aktivitäten eines Unternehmens hat direkte Auswirkungen auf die Um-welt. Aus diesem Grund muss im Unternehmen ein Verantwortungsgefühl für die Umwelt aufgebaut und verstetigt werden. Das Umweltbewusstsein muss in diesem Sinne gefördert werden (vgl. hierzu vertiefend auch: Vitt et al. 2011, S. 68 ff, vgl. ebenfalls Bernhart und Maher 2011, S. 47 ff.). Folgende Themen sind in diesem Handlungsfeld ausschlaggebend (Abb. 7.16):

Abb. 7.16 ISO 26000 – Inhalt des Handlungsfelds Umwelt

7.7.4 Faire Betriebs- und Geschäftspraktiken

Es sollte grundsätzlich ein faires Verhalten gegenüber Lieferanten, Geschäftspartnern, Behörden und anderen erfolgen (vgl. hierzu vertiefend auch: Vitt et al. 2011, S. 33, siehe hierzu weiterführend auch: Jonge 2011, S. 45 ff.) (Abb. 7.17).

7.7.5 Konsumentenanliegen

Produkte und Dienstleitungen, welche durch das Unternehmen an einen Endverbraucher angeboten werden, sind nach der ISO 26000 detailliert und für den Konsumenten nachvollziehbar zu beschreiben. Auf bestimmte Themen sollte besonders geachtet werden (vgl. hierzu vertiefend auch: Vitt et al. 2011, S. 93 ff; vgl. ebenfalls Bernhart und Maher 2011, S. 47 ff.). Folgende Themen sind in diesem Handlungsfeld ausschlaggebend (Abb. 7.18):

Antikorruption	Unternehmen sollten Maßnahmen ergreifen, welche Korruption auf allen Managementebenen ausschließen.
Fairer Wettbewerb	Unternehmen sollten sich im Rahmen der geltenden Gesetze bewegen und nach diesen Regularien handeln.
Förderung der gesellschaftlichen Verantwortung in der Wertschöpfungskette	Unternehmen sollte weitere Unternehmen motivieren, ethische und soziale sowie umweltbezogene Kriterien in die Unternehmenspolitik mit aufzunehmen.

Abb. 7.17 ISO 26000 – Inhalt des Handlungsfelds faire Betriebs- und Geschäftspraktiken

faire Vertriebs- und Vertragspraktiken; sachliche und unverfälschte Information	Prinzipell sollten alle Informationen zur Dienstleistung oder zum Produkt für den Konsumenten verständlich sein.
Information	Der Verbraucher sollte über relevante Gesundheits- und Sicherheitsaspekte aufgeklärt werden.
nachhaltiger Verbrauch	Es sollten solche Produkte und Verpackungen zum Einsatz kommen, welche wieder verwendet, repariert oder recyceld werden können.
Schutz und Vertraulichkeit von Kundendaten	Es sollten durch Unternehmen nur solche Daten gespeichert werden, welche für die Bereitstellung von Produkten unumgänglich sind.
Beschwerdemanagement	Mit dem Aufbau eines Beschwerdemanagements sollen die Kundenbeziehungen ausgebaut sowie die Dienstleistungsorientierung gestärkt werden.

Abb. 7.18 ISO 26000 – Inhalt des Handlungsfelds Konsumanliegen

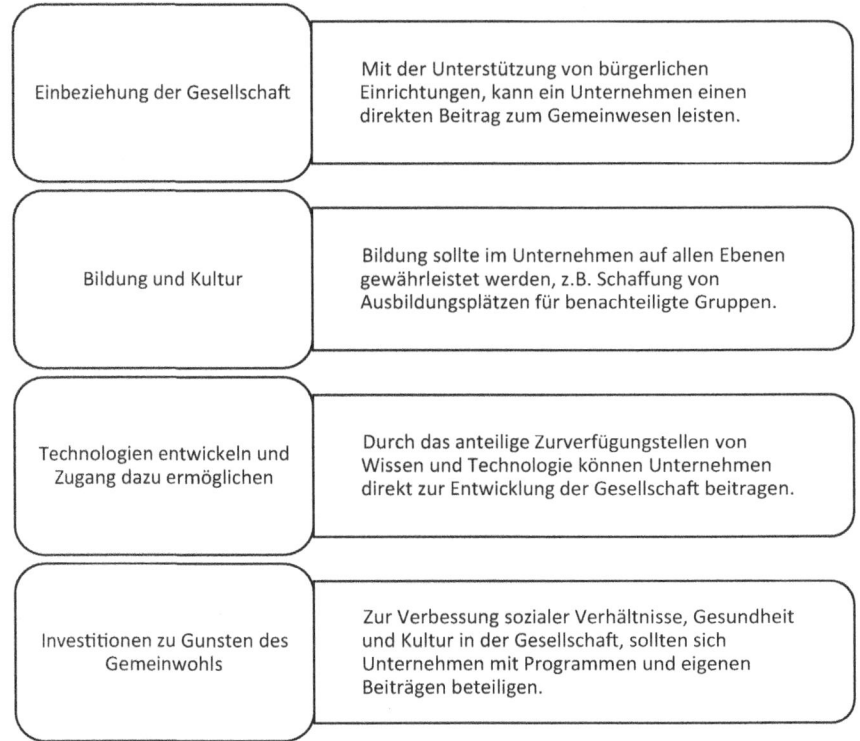

Abb. 7.19 ISO 26000 – Inhalt des Handlungsfelds Einbindung der Gemeinschaft

7.7.6 Einbindung und Entwicklung der Gemeinschaft

Zum Gemeindewesen gehören unter anderem auch die Unternehmen. Zur Stärkung der bürgerlichen Gesellschaft ist ein aktives Engagement aller notwendig, um das Wohlergehen aller zu fördern (vgl. hierzu vertiefend auch: Vitt et al. 2011, S. 110 ff.). Folgende Themen sind in diesem Handlungsfeld ausschlaggebend (Abb. 7.19):

Das Kernthema der Organisationsführung nimmt insoweit eine Sonderstellung ein, als es selbst Kernthema ist und andererseits aber auch Voraussetzung für die anderen sechs Kernthemen darstellt. Zu jedem Kernthema zeigt die ISO 26000 Handlungsfelder auf und stellt dazu entsprechende Handlungserwartungen an gesellschaftlich verantwortliche Organisationen dar (Abb. 7.20).

Durch die Implementierung eines Ethikmanagements zur Einführung moralischer und ethischer Ansprüche in die Managementebene können für das Unternehmen selbst Wettbewerbsvorteile gesichert und ausgebaut werden. Die Integration eines Ethikmanagements führt zwangsläufig zu schwierigen Entscheidungen – insbesondere auf den Gebieten der finanziellen Verantwortung und Effizienz einer Gesellschaft. Dies betrifft aber zum größten Teil nur die Einführungsphase. Langfristige unternehmensspezifische Zielvorgaben

Die Prinzipien der ISO 26000 lauten:	
- Rechenschaftspflicht	- Achtung der Interessen der Stakeholder
- Transparenz	- Achtung der Rechtsstaatlichkeit
- ethisches Verhalten (Einhaltung der Menschenrechte)	- Achtung internationaler Verhaltensstandards

Abb. 7.20 Prinzipien aus der ISO 26000

werden hierbei nicht bedroht. Ebenso werden mit der Einführung eines Ethikmanagements für den Arbeitnehmer und die Gesellschaft Zukunftsperspektiven aufgezeigt, welche aufgrund ihrer Inhalte überzeugen und ermutigen. Mögliche Anfangsschwierigkeiten können mit einem verständlichen Konzept, welches eine klare Linie schafft, überwunden werden. Die zu schaffende Transparenz und das damit einhergehende Vertrauen entwickelt bei allen Beteiligten im Unternehmen eine große Zuversicht, wobei gemeinsame Zielvorgaben realisiert werden (vgl. hierzu vertiefend auch: Murphy und Yates 2009, S. 89 ff., vgl. ebenso: Idowu und Louche 2011, S. 65).

7.8 Wechselwirkungen zwischen Personalentwicklung und Unternehmenskultur

Die wirtschaftliche Auseinandersetzung mit der Unternehmenskultur basiert auf den interkulturellen Unterschieden bei den Effizienzvergleichen. In den vergangen Jahrzehnten konnten die Japaner aufgrund ihres Verständnisses für die Unternehmenskultur wirtschaftliche Erfolge verzeichnen. Anfänglich ist man davon ausgegangen, dass im soziokulturellen Bereich die Gründe für den Erfolg liegen. Eine positive Unternehmenskultur ist der Schlüssel für die Mitarbeitermotivation, welche wieder Voraussetzung für den Erfolg des Unternehmens am Markt ist.

Literatur

Bernhart MS, Maher FJ (2011) ISO 26000 in Practice. A user guide. Milwaukee

Beschorner T, Hollstein B, König M, Lee-Peuker M-Y, Schumann O-J (Hrsg) (2005) Wirtschafts- und Unternehmensethik. Rückblick, Ausblick, Perspektiven. München

Garmer M (2003) Moral macht erfolgreich. Ethische Unternehmensführung als Antwort auf die Krise. Berlin

Hauser F, Schubert A, Aicher M (2008) Unternehmenskultur, Arbeitsqualität und Mitarbeiterengagement in den Unternehmen in Deutschland. Ein Forschungsprojekt des Bundesministeriums für Arbeit und Soziales. Köln

Idowu SO, Louche C (2011) Theory and practice of corporate social responsibility. Berlin

Jonge A (2011) Transnational corporations and international law. Accountability the global business environment. Cheltenham

Kerpen P (2007) Internes Marketing und Unternehmenskultur. Analyse der Interdependenzen unter marktorientierten Gesichtspunkten. Hamburg

Kleinfeld A (2011) Gesellschaftliche Verantwortung von Organisationen und Unternehmen. Fragen und Antworten zur ISO 26000. Berlin

Kratz H-J (2003) Motivieren – aber wie? Mehr Arbeitsfreude, mehr Zufriedenheit, mehr Engagement. Offenbach

Lohaus D, Habermann W (2012) Führung im Mittelstand. Ein praxisorientierter Leitfaden. München

Lorenz M, Rohrschneider U (2010) Praxishandbuch Mitarbeiterführung, 2. Aufl. Freiburg im Breisgau

Meifert M-T (Hrsg) (2010) Psychologie für Führungskräfte, 3. Aufl. Freiburg im Breisgau

Müller U (2004) Controlling aus verwaltungswissenschaftlicher Perspektive. Ein Beitrag zur Verwaltungsreform. München

Murphy CN, Yates J (2009) The International Organization for Standardization (ISO). Global governance through voluntary consensus. New York

Niermeyer R, Postall N (2008) Führen. Die erfolgreichsten Instrumente und Techniken, 2. Aufl. München

Niermeyer R, Seyffert M (2011) Motivation. Freiburg im Breisgau

Palazzo B (2001) Unternehmensethik als strategischer Erfolgsfaktor. Ein pragmatischer Ansatz. io-management Nr. 1/2

Reisenauer TM (2011) Moralische Unternehmensführung. Ethische Analyse der Weltwirtschaftskrise. Hamburg

Villarreal VH, Natale S, Kasala M, Sora S, Linberg K (2008) The international organization of standardization's. 26000 Initiative and the potential impact on the north american free trade agreements: a mixed-method investigation. Capella

Vitt J, Franz P, Kleinfeld A, Thorns M (2011) Gesellschaftliche Verantwortung nach ISO 26000. Eine Einführung mit Hinweisen für Anwender. Berlin

Zirnig D (2009) Corporate social responsibility. Definitorische Abgrenzung, Instrumente und betriebswirtschaftliche Erfolgswirkungen. Hamburg

Anmerkungen

8

Die Beobachtung der Arbeitsleistung von Mitarbeitern und deren zwischenmenschlichen Interaktionen in Organisationen kann letztlich als Unternehmenskultur bezeichnet werden. Als Interaktionen sind hierbei die Handlungen sowie die in Unternehmen gelebten Werte und Normen zu verstehen. Die Unternehmenskultur kann durch die einzelnen Mitglieder einer Organisationseinheit unterschiedlich bewertet und interpretiert werden. Wir können erst dann von einer gemeinsamen Unternehmenskultur sprechen, wenn diese unterschiedlichen Ansichten kommuniziert und demzufolge auch akzeptiert werden. Bevor Manager die Diskussion über eine Unternehmenskultur für kleine Gruppen anstießen, war diese schon längst in den jeweiligen Gesellschaftskreisen verankert. Man darf aber nicht die gesellschaftliche Kultur mit der, der einzelnen Organisationseinheit vergleichen. Es können sich sogar Abweichungen zu der Unternehmenskultur innerhalb einer Unternehmung auftun, da jede Gruppe, für die eine solche Kultur existiert, spezielle Anforderungen aber auch spezielle Interessen hat. Durch diese kleinteilige Betrachtung der Unternehmenskultur können im Unternehmen Defizite aufgezeigt werden. Hierbei können drei Fragestellungen näher betrachtet werden:

- Welche Defizite haben sich im Unternehmen aufgetan?
- Wie verhalten sich die Führungskräfte bei der Kenntnisnahme von Defiziten?
- Wie werden Defizite im Unternehmen abgestellt?

Die Unternehmenskultur ist nicht aus dem Forschungsbereich der Wirtschaftswissenschaften hervorgegangen. Sie umfasst vielmehr Aspekte der Soziologie und der anthropologischen Forschung. Die Kultur als eine ganz individuelle Vorstellung, woran man sich bei bestimmten Situationen orientieren kann. Kultur ist demnach ein Orientierungsrahmen, was allen dabei helfen soll, sich alltäglich zurechtzufinden. Letztendlich ist die Kultur aber auch kein Patentrezept, welches uns dahingehend Orientierung geben will, den

© Springer Fachmedien Wiesbaden 2014
A. Wien, N. Franzke, *Unternehmenskultur*, DOI 10.1007/978-3-658-05993-4_8

höchsten Nutzen für uns zu erzielen. Vergleicht man unterschiedliche Kulturen miteinander, so wird ersichtlich, dass zum Teil bei gleichen Situationen und Problem eine andere Orientierungsempfehlung durch die Kultur erfolgt. Und dies zu Recht. Jede Kultur, jedes Individuum und jede Situation ist für sich einmalig. Hinzu kommen noch die unterschiedlichen Ansichten und Bewertungen, die dieses in ihrer Vielzahl noch einmal potenzieren.

Zusammengefasst kann aber festgehalten werden, dass eine Definition der Kultur für ein Unternehmen empfehlenswert ist, da sie gemeinsame Werte und Normen, und somit indirekt Handlungen, welche von einer Vielzahl der Unternehmensmitglieder mitgetragen werden, festlegt. Eine Unternehmenskultur ist eine Art „impliziter Kodex". Sie erscheint in keinen betrieblichen Unterlagen, wie z. B. der Gewinn- und Verlustrechnung, dem Geschäftsbericht oder dem Personal-Report. Die Unternehmenskultur befindet sich in den Köpfen der Mitglieder einer Organisation. Aus diesem Grund kann eine Kultur sehr vielfältig sein, weil jeder Kopf für sich einmalig ist und dementsprechend individuelle Normen und Werte für sich definiert. Die betriebswirtschaftliche Betrachtungsweise kann sich demzufolge nur damit beschäftigen, wie man eine Unternehmenskultur am besten managen kann. Anfang der achtziger Jahre wurde sehr viel über eine strategische Unternehmensführung diskutiert. Diese Diskussion verlor aber sehr schnell im Laufe der Zeit wieder an Bedeutung. Die Nutzbarmachung der Unternehmenskultur befand sich noch in den Kinderschuhen. Es wurde sehr viel über Heldengeschichten, Teams und die innere Chemie diskutiert, woraus aber kein Nutzen und keine Ansatzpunkte für eine Steigerung der sozialen Interaktionen resultierten. Erst mit der Begrifflichkeit einer Kultur konnten Zusammenhänge zwischen Handeln, Verhalten und Vorstellungen, Werte und Normen vermittelt werden. Unter Betrachtung des Teammanagements nimmt die Unternehmenskultur mittlerweile einen sehr hohen Stellenwert ein. Hier ist die innere Chemie der einzelnen Teammitglieder für den Erfolg der Gruppenarbeit ausschlaggebend. Jedes Teammitglied hat seine eigenen Auffassungen bezüglich der verschiedenen Situationen und Vorstellungen, aus denen dementsprechend unterschiedliche Handlungsabläufe resultieren. Hinzu kommen noch die verschiedenen Verhaltensmuster der Mitglieder und die Festlegung impliziter Regeln. Erst durch den Gedankenaustausch der Mitglieder untereinander kann eine gemeinsame Kultur entstehen, welche von allen Mitgliedern gleichermaßen anerkannt und gelebt wird. Erst durch diesen Austauschprozess kann ein gemeinsames Bild der Unternehmenskultur geschaffen werden. Aber Vorsicht: erzwungen werden kann ein solcher Austauschprozess durch die Unternehmensleitung nicht. Der Prozess muss von alleine wachsen. Aufgrund der Vielfältigkeit der unterschiedlichen Kulturansichten kann die Annahme vertreten werden, dass die Prozesse, welche sich mit der Unternehmenskultur befassen, nicht lenkbar sind. Die Ergebnisse sind nicht planbar und auch nicht vorhersagbar. Sie entstehen individuell. Demzufolge kann eine Unternehmenskultur nicht vorgeschrieben werden. Sie lässt sich nicht wie eine Produktionsmaschine in Gang setzen. Manager können nur bedingt Einfluss auf die Unternehmenskultur nehmen. Die Hauptakteure hierbei sind jedoch die Mitarbeiter. Durch die Interessen, Gefühle und Wahrnehmungen der Mitarbeiter einer Organisationseinheit werden die Prozesse einer Unternehmenskultur indirekt gesteuert. Die Mitarbeiter nehmen die Interaktionen gewöhnlich subjektiv wahr. Werte, Normen und Verhaltensmuster macht sich jeder individuell zu Eigen. Unter Betrachtung der kollektiven Komponente von Unternehmenskulturen kann festgehalten werden, dass wenn ein Teammitglied bestimmte Werte, Normen oder Verhaltensmuster in die Gruppe einbringt, diese auch mit anderen Mitgliedern geteilt werden können. Auch ohne jeglichen arbeitsbedingten Bezug findet im Unternehmen ein fortwährender Kommunikationsprozess statt. Das heißt, dass informell grundsätzlich eine Unternehmenskultur vorliegt, da sie autonom und oft automatisch aus der sozialen Situation heraus entsteht. Wenn man sich nicht mehr im Unternehmen geborgen fühlt, dann führt dies meist zu einer Betrachtung der existierenden Kultur. Was kann aber eine Führungskraft tun, um eine Unternehmenskultur zu fördern und eine Balance zwischen allen unterschiedlichen Werten, Normen und Verhaltensmustern herzustellen? Sollte die Führungskraft versuchen sie zu beeinflussen oder freien Raum für deren Entwicklung gewährleisten? Nach der Lektüre dieses Buches sind Sie in der Lage, diese Fragen – bezogen auf jedwede Unternehmung – selbst zu beantworten.

Sachverzeichnis

© Springer Fachmedien Wiesbaden 2014
A. Wien, N. Franzke, *Unternehmenskultur*, DOI 10.1007/978-3-658-05993-4

The manufacturer's authorised representative in the EU is Springer
Nature Customer Service Centre GmbH, Europaplatz 3, 69115 Heidelberg,
Germany. If you have any concerns regarding our products, please
contact ProductSafety@springernature.com

Printed and bound by CPI Group (UK) Ltd, Croydon, CR0 4YY
23/04/2026
02095645-0007